Peter van Ham, Jahrgang 1964, der in Frankfurt und Los Angeles studierte, lebt heute in Wiesbaden. Seit Jahren fühlt er sich den verbotenen Regionen des Westhimalaya hingezogen, mit denen er sich entsprechend intensiv befaßt hat. Weitere Reisen führten ihn nach Südostasien, Kanada und Afrika. Van Ham verfügt über ein umfangreiches Filmarchiv mit Schwerpunkt Himalaya und Tibet und ist Verfasser von Artikeln in Reisezeitschriften.

Peter van Ham

Auf Buddhas Pfaden

2 000 Kilometer durch den Westhimalaya

Frederking & Thaler

Bildnachweis

Daniel Waldschmitt: Vorsatz
Andreas Brix: S. 49, S. 173
Hans Weihreter: Im zweiten Bildteil S. 2 oben und S. 3
O. C. Handa: Im dritten Bildteil S. 2, 3, 5, 6, 7, 8
Wolf Kahlen/Marek Kalmus, Thang-stong-rGyal-po-Archiv, Berlin 1988: Im fünften Bildteil S. 1
Holger Lindner: Im dritten Bildteil S. 4 unten (Nachbearbeitung)

Alle übrigen Fotos wurden von Peter van Ham aufgenommen.

Abbildung auf dem Umschlag vorn: Buddha Akshobhya im Kloster Lha-lun
Abbildung auf dem Umschlag hinten: die Festung von Dhankar im Abendlicht
Abbildung Klappeninnenseite: der Autor mit Geshe Sonam Angrup in Lossar
Vorsatz: Mandala-Gebetsfahne, Kye Gompa

Die Deutsche Bibliothek – CIP-Einheitsaufnahme
Ham, Peter van
Auf Buddhas Pfaden : 2000 Kilometer durch den Westhimalaya / Peter van Ham. – München : Frederking und Thaler, 1994
(Reiseabenteuer)
ISBN 3-89405-335-6

REISEABENTEUER
herausgegeben von Monika Thaler

Umschlaggestaltung: Schlotterer & Partner, München
Kartengestaltung: Holger Lindner, Wiesbaden
Herstellung: Karlheinz Rau, München
Produktion: Tillmann Roeder, München
Fotosatz und S/W-Repro: Uhl + Massopust, Aalen
Farbreproduktion: Fotolito Longo, Frangart
Druck und Bindung: Druckerei Uhl, Radolfzell
Papier: Das Papier wurde aus chlorfrei gebleichtem Zellstoff hergestellt und enthält keine optischen Aufheller
ISBN: 3-89405-335-6
Printed in Germany

Inhalt

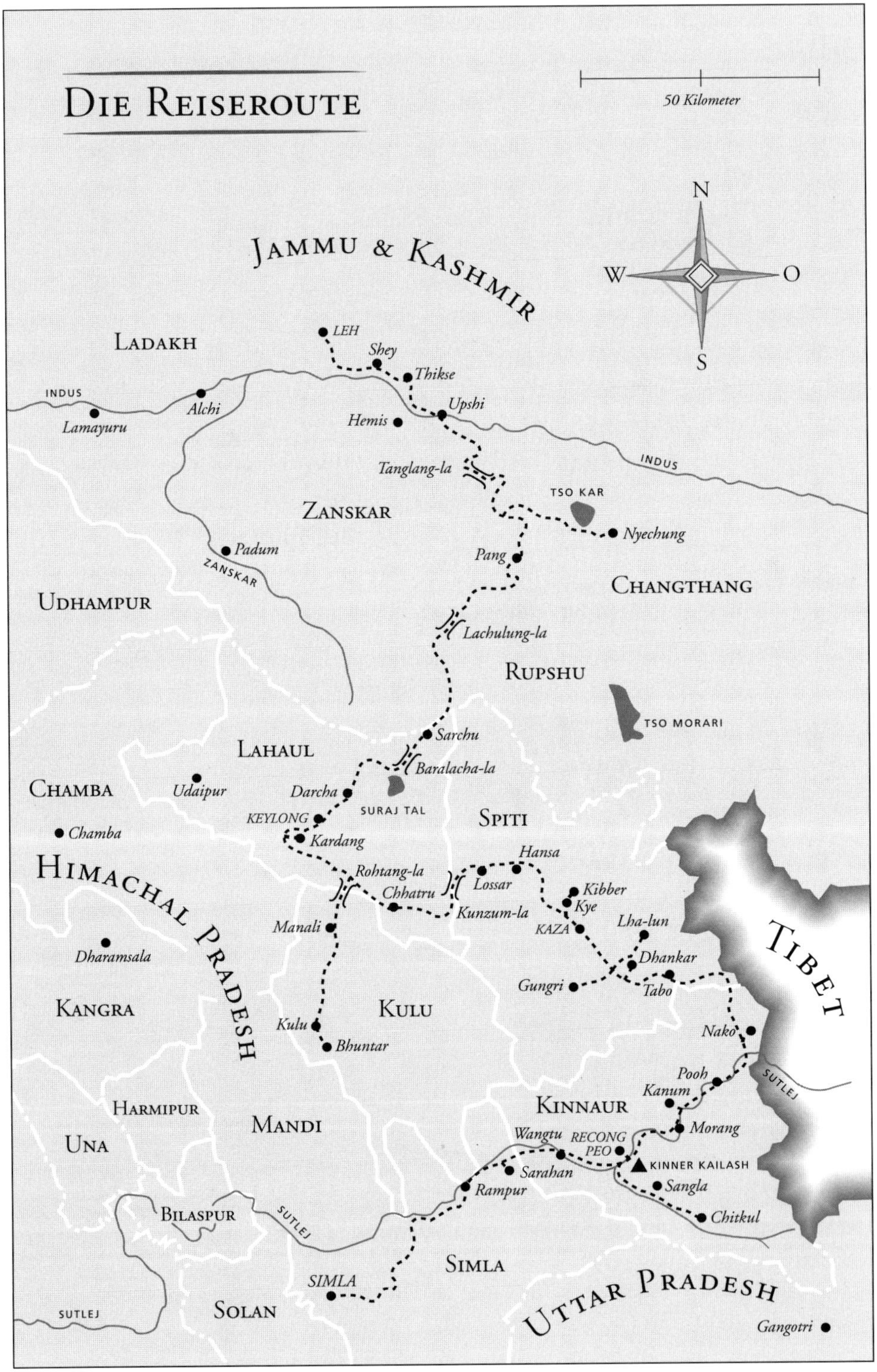
Die Reiseroute
50 Kilometer
N
W
O
S
Jammu & Kashmir
Ladakh
Leh
Shey
Thikse
Indus
Alchi
Lamayuru
Upshi
Hemis
Indus
Tanglang-la
Tso Kar
Zanskar
Nyechung
Padum
Zanskar
Pang
Changthang
Udhampur
Lachulung-la
Rupshu
Tso Morari
Sarchu
Lahaul
Baralacha-la
Chamba
Udaipur
Darcha
Suraj Tal
Keylong
Spiti
Chamba
Kardang
Hansa
Himachal Pradesh
Rohtang-la
Lossar
Chhatru
Kibber
Kunzum-la
Kye
Kaza
Lha-lun
Manali
Tibet
Dharamsala
Dhankar
Gungri
Tabo
Kangra
Kulu
Kulu
Nako
Bhuntar
Sutlej
Pooh
Kanum
Kinnaur
Harmipur
Mandi
Morang
Wangtu
Recong Peo
Una
Kinner Kailash
Sarahan
Sangla
Rampur
Bilaspur
Chitkul
Sutlej
Simla
Simla
Solan
Uttar Pradesh
Sutlej
Gangotri

»Echte Abenteuer lassen sich nicht
in Kältegraden, Höhenmetern oder Biwaknächten messen.
Dies sind Nebensächlichkeiten, die man bald vergißt.
Das Wort Abenteuer kommt aus dem Lateinischen
und bedeutet ›Ankunft‹.
Damit umgrenzt es seinen ganzen Inhalt.
Nach einem richtig bestandenen Abenteuer ist man angekommen –
bei sich selbst!«

Herbert Tichy

Vorbemerkung

Indien – das Land der tausend Naturen und tausend Kulturen. Von Palmendschungeln im Süden erstreckt sich der Subkontinent über Wüstengebiete im Nordwesten bis zu den eisigen Gipfeln des Hima-

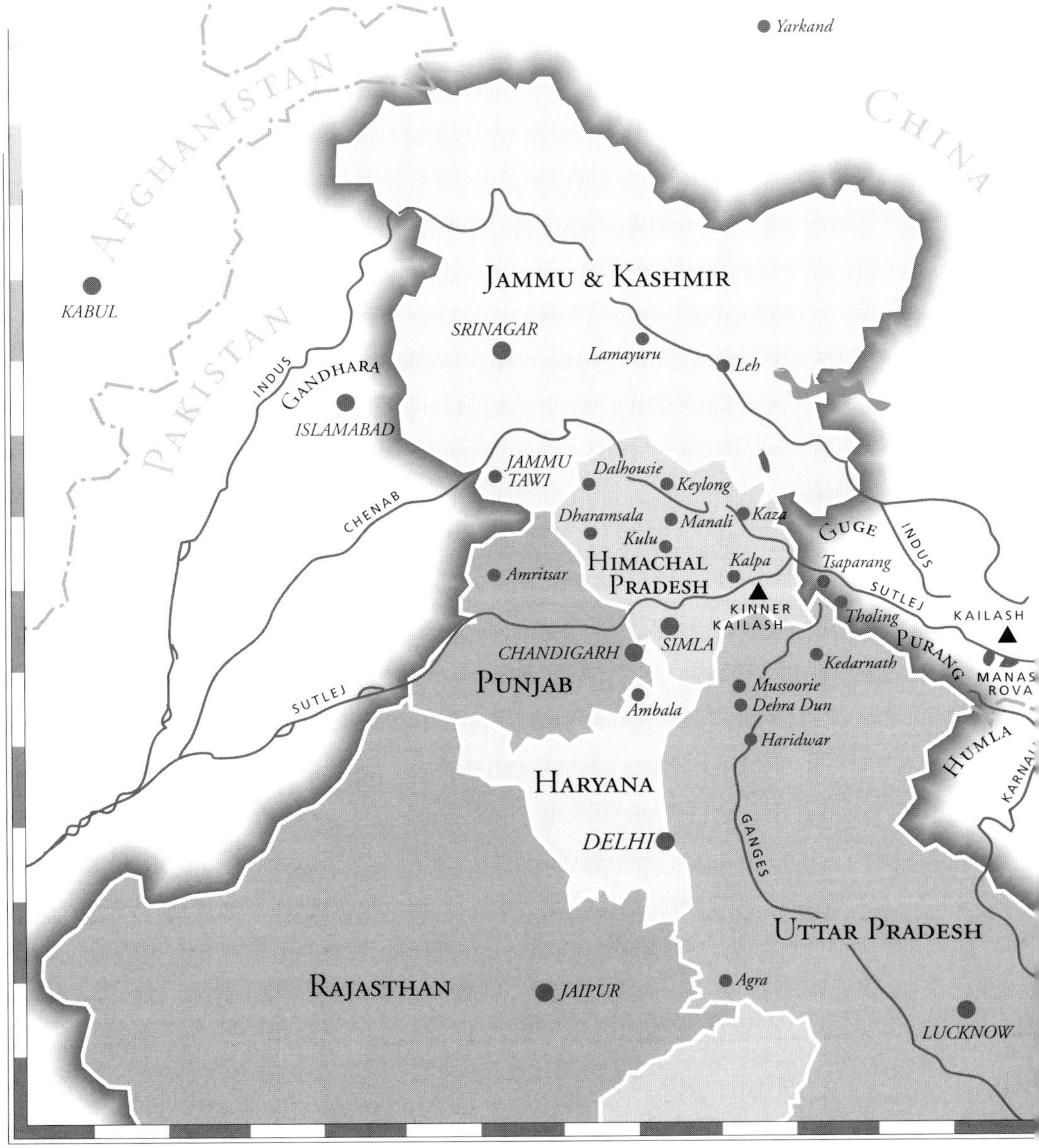

laya. Das größte und höchste Gebirge unserer Erde trennt Südasien von Zentralasien. Seine westlichen Ausläufer liegen im Karakorummassiv auf pakistanischem Boden. Der West- und Zentralhimalaya in Nordindien und Nepal grenzt zusammen mit dem östlichen Himalaya in Bhutan und Arunachal Pradesh an Tibet, und erst an der Grenze zu Burma fällt das Faltengebirge langsam wieder ab.

Trotz intensivem Tourismus gibt es im Himalaya immer noch Gebiete, die bisher kaum ein Ausländer betreten hat, die lange Zeit der Traum vieler Reisender waren und über Jahrzehnte dem Zutritt Fremder verschlossen blieben. Die meisten dieser Regionen liegen in den »sensiblen« Grenzzonen zu Tibet. So auch die Gebiete im indischen Westhimalaya, wo sich Indien bis zum Ende der 60er Jahre gegen das Vorrücken der chinesischen Truppen verteidigen mußte, die Jahre zuvor das tibetische Kernland annektiert hatten und ihren Machtbereich noch weiter auszudehnen suchten.

Dem Einhalt, den Indien China gebot, ist es zu verdanken, daß in den kulturell tibetischen Ländern auf indischem Territorium große Teile des traditionellen Erbes lebendig blieben und sich uns nun in noch ungebrochen faszinierender Form präsentieren können: Es sind dies die Regionen: Kinnaur, Spiti, Lahaul, Zanskar, Rupshu, Nubra und Ladakh.

Kinnaur und Spiti waren bis Sommer 1993 etwa vierzig Jahre lang für sämtliche Ausländer gesperrt; selbst indische Staatsbürger brauchten Spezialgenehmigungen für einen Besuch, die äußerst selten bewilligt wurden. Weite Teile Rupshus und Nubras sind auch heute noch Sperrgebiet. Lahaul wurde durch die Bestrebungen militanter Moslems, aus dem an Ladakh grenzenden Kashmir einen unabhängigen Staat zu machen, notgedrungen Ende der siebziger Jahre geöffnet. Die Truppen, die zur Sicherung der indo-tibetischen Grenze in Ladakh stationiert sind, konnten von Srinagar, der Hauptstadt Kashmirs aus, nur noch unter Gefahren versorgt werden. Durch Lahaul führt nun der einzige weitere Zufahrtsweg nach Ladakh – der Manali-Leh-Highway. Erst seit Mitte der 80er Jahre können auch Touristen diese Militärstrecke befahren. Das südliche Ladakh sowie die Nachbarprovinz Zanskar sind seit dem Ende der siebziger Jahre geöffnet.

Im Oktober 1992 entschied sich Indiens Innenminister, vornehmlich aus wirtschaftlichen Überlegungen, mit Wirkung vom 15. Juli 1993 auch Kinnaur und Spiti einem begrenzten Gruppentourismus zu öffnen, da sich die Grenzsituation in den letzten Jahren stabilisiert hatte und ausländische Investoren nicht durch eine dubiose Innen- und Außenpolitik abgeschreckt werden sollten. Damit ging für mich der lang gehegte Wunsch in Erfüllung, diesen faszinierenden entlegenen Teil Asiens, der bisher von kaum einem Europäer betreten wurde und über den es bisher so gut wie keine Literatur gab, endlich zu besuchen.

Ein Wort noch zu den Höhenangaben und zu der Namensschreibung in diesem Buch. Die Quellen, aus denen ich meine Informationen über die Höhen der Straßen und Berge bezog, divergieren in ihren Angaben teilweise erheblich. Das indische Kartenmaterial war größtenteils ungenau oder schlichtweg falsch. Auch die Angaben auf den Straßenschildern darf man nicht unbedingt als verbindlich ansehen. Da ich kein Geograph bin, können auch meine Angaben nur ungefähre Werte darstellen. Bei der Transkription tibetischer Namen habe ich mich für einen Mittelweg aus Lautschrift und deutscher Aussprache entschieden. Zur Vereinfachung gilt, daß das oft gebrauchte »CH« meist »TSCH« (*Chörten* = Tschörten), »CHH« als »SCH« (*Chheru* = Scheru) ausgesprochen wird. Tibetologen mögen mir diese Art der Schreibweise nachsehen. Alle Fachbegriffe werden innerhalb des Textes erläutert, so daß der Leser im Verlauf der Lektüre zunehmend mit der Welt des tibetischen Buddhismus vertraut wird. Das Glossar am Ende des Bandes versteht sich als zusätzliche Nachschlagemöglichkeit. Meinen historischen Abriß über die Entstehung der hinduistischen und buddhistischen Religion habe ich versucht, knapp zu halten und die komplizierten Glaubensgrundsätze möglichst einfach und verständlich wiederzugeben.

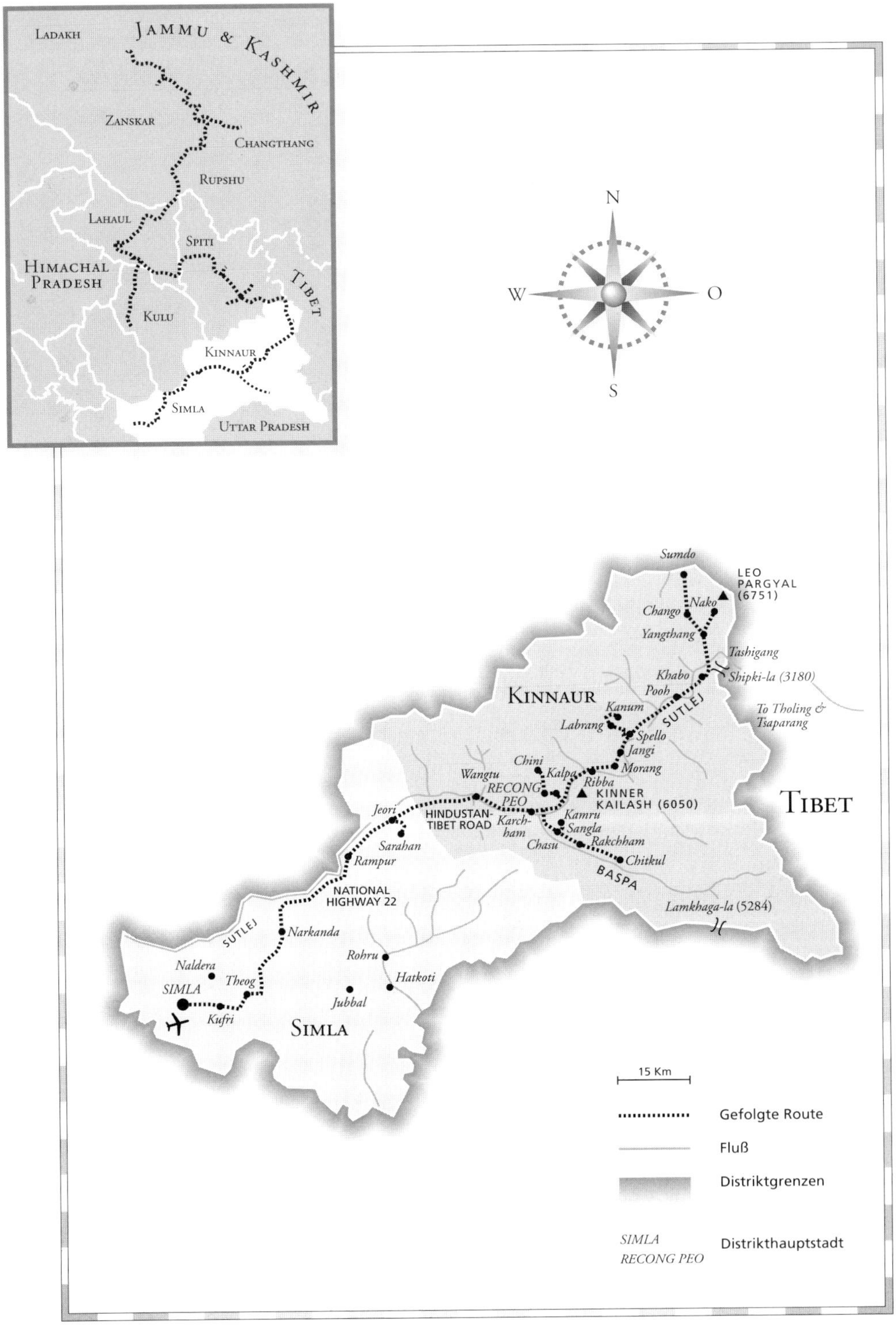
Ladakh
Jammu & Kashmir
Zanskar
Changthang
Rupshu
Lahaul
Spiti
Himachal Pradesh
Tibet
Kulu
Kinnaur
Simla
Uttar Pradesh
N
W
O
S
Sumdo
Leo Pargyal (6751)
Nako
Chango
Yangthang
Tashigang
Khabo
Shipki-la (3180)
Pooh
Kinnaur
Kanum
Sutlej
To Tholing & Tsaparang
Labrang
Spello
Jangi
Chini
Morang
Wangtu
Kalpa
Ribba
Recong Peo
Kinner Kailash (6050)
Tibet
Jeori
Hindustan-Tibet Road
Karch-ham
Kamru
Sangla
Sarahan
Chasu
Rakchham
Rampur
Chitkul
Baspa
National Highway 22
Lamkhaga-la (5284)
Sutlej
Narkanda
Rohru
Naldera
Theog
Hatkoti
Simla
Jubbal
Kufri
Simla
15 Km
Gefolgte Route
Fluß
Distriktgrenzen
Simla
Recong Peo
Distrikthauptstadt

KINNAUR

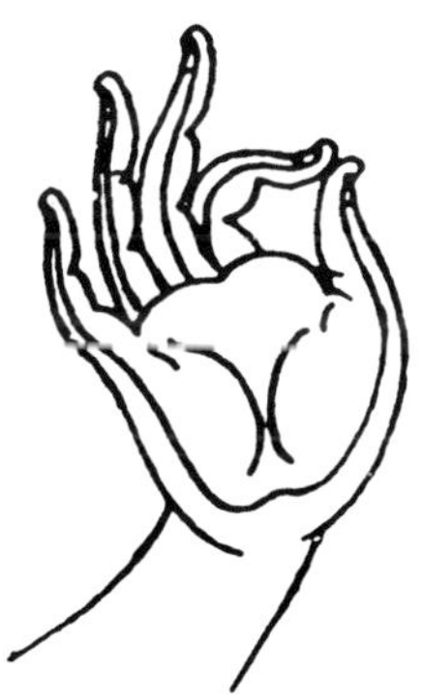

Der Beginn eines Traums

Nach dem Winter, der die meisten Regionen des Westteils des Himalaya für etwa acht Monate im Jahr unzugänglich macht, brach ich Ende Juli 1993, zwei Wochen nachdem die indische Regierung ihre nordwestlichen Grenzregionen für eine beschränkte Anzahl Reisender geöffnet hatte, zusammen mit meinem Reisepartner Andreas Brix auf, um via Delhi mit einer kleinen Propellermaschine Simla, die Hauptstadt des indischen Bergbundesstaates Himachal Pradesh, zu erreichen.

Von Simla sollte es mit einem Jeep über Rampur und Sarahan in den Kinnaurdistrikt gehen. In Recong Peo, dem Verwaltungssitz, würden wir unsere »Innerline permits«, die Genehmigungen zum Besuch von Kinnaur und Spiti, erhalten. Wir hatten vor, das Baspa Valley und die Orte entlang der Hindustan-Tibet-Road, die der alten Karawanenroute entlang des Sutlej von Indien bis nach Tibet folgt, zu besuchen, bevor die Strecke nur ein paar Kilometer vor der Grenze ins Spiti-Gebiet abbiegt.

Samstag, 24. 7. 1993, 10 Uhr 15 New Delhi Domestic Airport
Mit einer Stunde Verspätung rumpelte der 20-Mann-Propelleradler der indischen Fluggesellschaft Vayudoot das Rollfeld hinaus und versuchte dem schweren, drückenden Postmonsunklima der indischen Hauptstadt zu entkommen. In der Kabine, wo sich die Stewardeß mit ein paar Bonbons ihren Weg durch den mit verschnürtem Gepäck vollgestellten Gang zum Cockpit zu bahnen versuchte, herrschten gut und gerne 45 Grad. Weder ein Bonbon, noch die angebotenen Anissamen konnten den trockenen, schlechten Geschmack im Mund nach einer Nacht ohne Schlaf vertreiben. Erst recht nicht, wenn man achteinhalb Stunden in einem dumpf dröhnenden Jumbo-Jet und acht Stunden bei barbarischer Hitze in einem neonlichterhellten Flughafen verbracht hat, in dem sämtliche Ventilatoren ausgefallen sind. Um so ungeduldiger sah ich dem Ende dieses Flugmarathons entgegen. Schwer mit Regen beladen drückten die Wolken gegen die Siwaliks, die himalayischen Vorberge. Selbst den Monsunkatastrophen des nordindischen Flachlandes ent-

kommen, ließen sie uns die Ausmaße der diesjährigen Überflutungen aus sicherer Distanz gut erahnen. Weit unten in der Ebene breiteten sich riesige Wasserflächen aus, das Ergebnis wochenlangen schweren Regens, der wohl wieder einmal vernichtete Ernten und damit Hungersnot für tausende Menschen bedeutete. Nur eine Dreiviertelstunde dauert der Flug von Delhi nach Simla, der Hauptstadt des indischen Bundesstaates Himachal Pradesh. Das Flugzeug verläßt seine Reisehöhe, und man nähert sich tief eingeschnittenen Tälern, terrassenförmig angelegten Getreidefeldern und üppigen Tannen- und Rhododendronwäldern.

Erst kürzlich wurde auf einem schmalen Bergplateau, eine Autostunde außerhalb der Stadt, ein Rollfeld für kleine Maschinen aus dem Fels gesprengt. Eine Landung auf diesem Flughafen ist eine abenteuerliche Angelegenheit. Die Piloten müssen ihre Anflüge genau berechnen, denn hinter der kurzen Piste beginnt sofort wieder der Berghang. Ein nepalesischer Pilot hat Manöver dieser Art einmal sehr treffend mit den Worten »Es ist, als wenn man mit achtzig Stundenkilometern in eine Garage rast« beschrieben.

Wir entstiegen unserem Eisenvogel und atmeten erst einmal tief ein, froh über die frische Luft hier auf 2 000 Metern Höhe. Bald wurde unser Gepäck auf einem kleinen Handwagen in die Wartehalle gekarrt. Wir schulterten die großen Rucksäcke, nahmen die Seesäcke und die Kamerataschen in die Hände, verließen das Flughafengebäude und sahen unser Flugzeug wieder die kleine Startbahn entlangdonnern. Geschickt lenkte der Pilot es in weiten Kreisen auf größere Höhe und verschwand im Dunst der frühen Mittagssonne. Vom Flughafen verkehrt ein Bus nach Simla. Taxis waren nicht zu entdecken, da es sich die wenigsten Inder leisten können, nach Simla mit dem Flugzeug zu kommen. Die meisten reisen mit dem Bus an. Nehmen sie einen Zug, so bedeutet dies, daß sie sich ab Kalka mit einer kleinen Schmalspurbahn, die noch aus Kolonialzeiten stammt, etwa 2 000 Höhenmeter nach Simla hinaufquälen müssen. Diese Fahrt hat trotz ihrer langen Dauer ohne Zweifel etwas Nostalgisches und Schönes.

Nach der für Indien typischen Wartezeit von knapp einer Stunde, für die wie so oft nicht der geringste Grund zu erfahren war, fuhr der

Bus schließlich los. Wir waren fast die einzigen Passagiere, und so übermannte mich endlich ein wenig der Schlaf.

Ich erwachte von einem unfaßbaren Getöse. Hupen in den unterschiedlichsten Tonhöhen, lautes Rufen, Glockengebimmel und ein unbeschreibliches Gewirr von dunkelhäutigen Menschen zeigten mir an, daß wir die geschäftige Metropole Simla erreicht hatten. Auf 2 130 Metern Höhe liegt die skurrile 60 000-Einwohner-Stadt weit auseinandergezogen an den Hängen der Siwaliks. Hier steht mitten in Indien ein Stück Großbritannien. Simla war zu Kolonialzeiten der Sommersitz der britischen Regierung. Zum einen suchten die Regierungsbeamten in der Bergfrische Erholung von den tropischen Temperaturen, zum anderen wollten sie aber auch mit ihren Hillstations wie Simla und Darjeeling Oasen errichten, die ihnen die Möglichkeit des Rückzugs von »zuviel Asien« boten. Den Kern von Simla bilden nach wie vor noch die alten englischen, im georgianischen Stil erbauten Land- und Herrschaftshäuser, in denen nun die indischen Verwaltungsbeamten residieren. Viele christliche Kirchen sind in Tempel umgewandelt, und Affen springen respektlos von Dach zu Dach.

Die Monsune forden jährlich ihren Tribut von der Bausubstanz, so daß der einst prachtvolle Ort zusehends verfällt. Doch gerade diese Patina gibt ihm sein ganz besonderes Flair. Die Fahrt endete am Busbahnhof im unteren Teil der Stadt, wo, wie überall an indischen Bus-Depots, eine riesige Hektik herrschte: Weißgeschürzte Kulis waren auf den Dächern der überaus klapprigen »Tata-Busse« schweißtriefend mit dem Verladen schwerer Säcke beschäftigt, angetrieben von den erbarmungslosen Rufen ihrer Herren. Kühe trotteten gemächlich wiederkäuend über den Hof und versperrten kostbaren Platz. Frauen hockten wartend und kinderstillend im Dunkel der Halle. Dazwischen drängten sich die Straßenverkäufer mit *Chai*, dem indischen Milch-Gewürz-Tee, fritierten Süßigkeiten sowie Obst und boten dies lauthals feil, während wir wie die übrigen Reisenden so schnell wie möglich unser Gepäck vom Dach des Busses hievten und das Weite suchten.

Simla – zwischen Glanz und Verfall

Das Zentrum Simlas liegt im oberen Teil des Ortes, und wir dachten zunächst, daß wir den gewaltigen Höhenunterschied dorthin über die steilen Gassen zu Fuß überwinden müßten. Doch die Inder haben zur Erleichterung mehrere Fahrstuhlanlagen eingerichtet, mit denen man gegen ein paar Rupien in die oberen Regionen der Stadt gelangen kann. Hier, oberhalb der Christ Church, bezogen wir nach längerem Suchen und Verhandeln ein hübsches Hotel – bezeichnenderweise mit Namen »Uphar« – »Oben«. Andreas und ich wollten von hier aus versuchen, innerhalb der nächsten Tage unsere Jeep-Expedition zu organisieren, eine Aktion, die sich als gar nicht so einfach herausstellen sollte, da in Simla, was das Reisen in die Sperrgebiete des Westhimalaya betraf, zu dieser Zeit noch keinerlei touristische Infrastruktur bestand. Eine Organisation konnte – ähnlich wie das früher beim Zusammenstellen einer Karawane der Fall war – nur durch Mundpropaganda im Basar erfolgen, um überhaupt herauszubekommen, wo Jeeps, Ausrüstung und Mannschaft aufzutreiben seien.

Im oberen Teil der Stadt sind Autos verboten, und so liegt über dem Ort eine herrliche Ruhe. Sie wird nur gelegentlich vom Schreien der Makaken und von den Andachtsrufen der hinduistischen Priester unterbrochen, die per Megaphon aus den Tempeln übertragen werden. Ihnen sind sogar Heiligtümer geweiht, wie der nördliche Hanuman-Tempel. Von unserem Hotel hatten wir einen wunderschönen Blick über die sanften Berge hinab in die indische Tiefebene und nachdem wir ein wenig ausgepackt hatten, machten wir uns an die Erkundung der Stadt.

Simla ist wegen seines Klimas und Flairs nach dem Ende der Kolonialzeit auch bei den Indern ein beliebter Ferienort geblieben und wird für Hochzeiten vermehrt aufgesucht. Dann ist meist der Tourist Objekt von Entdeckungen, wenn ihm nämlich die ganze Hochzeitsgesellschaft die Hand schüttelt, ein »How do you do?« entgegenschleudert und sich, mit ihm fotografieren lassen will.

In der »Mall«, der mehrere Kilometer langen Basarstraße, begegnet einem ein buntes Völkergemisch aus Menschen ganz Indiens, Kinnauris, tibetischen Flüchtlingen und nepalesischen Straßenarbeitern mit ihren Kindern. Es erinnert daran, daß man sich hier auf einem der Schnittpunkte der Handelswege von und nach Zentralasien befindet. Haupttreffpunkt ist der große Platz vor der »Christ Church«, auf dem man die britischen hohen Herrschaften von einst förmlich noch lustwandeln sieht. Vom kleinen Pavillon aus werden sie wohl sehnsüchtig in Richtung Heimat geblickt haben, bevor sich die Damen mit seidenen Taschentüchern die Schweißperlen aus der Stirn wischten. Viele Restaurants und Hunderte kleiner Läden säumen den Platz und die abgehenden Straßen. Im Fremdenverkehrsamt fragten wir nach Jeeps, erhielten aber nur die wenig erbauliche Antwort, daß die Straßen nach Kinnaur hoffnungslos verschüttet und Reisen dorthin vollkommen ausgeschlossen seien. Wir sollten doch eher die netten »Honeymoon-Places« in der näheren Umgebung besuchen und uns eine schöne Zeit im ruhigen Simla machen. Ich erwiderte, daß ich mit Andreas erstens nicht verheiratet und zweitens ein reiner Urlaub weiß Gott nicht der Grund unseres Besuches sei. Der Tourismus-Beauftragte schmunzelte, wünschte uns Glück, doch seinem Blick war der Zweifel am Erfolg unseres Unternehmens zu entnehmen.

Alle lachen – nur die Braut nicht . . .

Ziemlich niedergeschlagen kehrte ich an diesem Abend ins Hotel zurück, während Andreas das Ganze nicht so tragisch nahm. Ich hatte den gebürtigen Göttinger kurz vor meiner Reise kennengelernt, als ich einen Reisepartner für meine Expedition suchte. Andreas hatte bereits mehrmals Tibet bereist und Nepal war mittlerweile so etwas wie eine zweite Heimat für ihn geworden. Seit jeher hatten ihn Forscher wie Sven Hedin, Wilhelm Filchner und Ernst Schäfer begeistert, deren Werke er fast vollständig gelesen und deren Forschergeist ihn richtiggehend beseelt hatte. Seine ganze Erscheinung war der seiner Vorbilder nicht unähnlich: Ein verwegen gezwirbelter Schnurrbart rechtfertigte meinen Spitznamen »Sir Francis Drake« für ihn ebenso wie sein Titel des akademischen Fechtmeisters. Andreas lebt von dieser Tätigkeit, mit der er auch in vielen Trainerstunden seine große Leidenschaft, das Sammeln von tibetischen Kunst- und Kulturgegenständen finanziert, die sich in der Kombination seiner Studienfächer Ethnologie und Kunstgeschichte niedergeschlagen hat.

Für die Inder stellte Andreas' markante Erscheinung stets eine

Herausforderung dar. Da die meisten jungen nordindischen Männer einen Oberlippenbart tragen und dieser in Indien als ein Symbol der Männlichkeit gilt, waren sie fasziniert von seinem »Schnurren«, machten ihm Komplimente und scherzten über seine imposante Erscheinung. Die Gefahren von Wetterwechseln im Hochgebirge kennend, trug Andreas einen grünen Filzhut mit Ansteckern von Lhasa, der Hauptstadt Tibets, sowie vom Kloster Tashilhunpo, dazu eine dicke grüne Weste und graue Hosen aus Gore-Tex und Trekking-Stiefel, Bekleidung, in der er sich anscheinend so wohl fühlte, daß er sie vom Abflug Frankfurt an außer zum Schlafen und Waschen nicht mehr ablegte.

Am nächsten Morgen wurden wir vom Geschrei der hoteleigenen Makaken geweckt, die sich in unser Zimmer bis an die Bettkanten herangewagt hatten. Wir vertrieben die possierlichen und für Diebstahl-Delikte bekannten Geschöpfe mit ihren rosa Gesichtern und gewahrten eine wunderbaren Morgen: Der Dunst des Morgennebels der immer noch monsungeschwängerten Luft zog hinauf in die Berge und eröffnete die Sicht auf Hunderte mehrstöckiger Wohnhäuser an den dunkelgrünen Hängen, auf denen Katzen und Hunde sich balgten, Wäsche trocknete und Rauch aus den Kaminen zog. Als ich ins Bad ging, traute ich meinen Augen nicht: Da stand Andreas und bestrich sich den Schnurrbart mit Bartwichse. Ich lachte laut und meinte, daß diese doch für eine Abenteuer-Reise weiß Gott nicht nötig sei. Andreas lächelte nur überlegen und sagte: »Wart's ab!« Später verstand ich diesen Satz, denn dieser gezwirbelte Schnurrbart sollte uns, man mag es nicht glauben, noch oft genug aus schwierigen Situationen helfen.

Wir machten uns auf in Richtung »Mall«. Alles war noch sehr ruhig um diese Zeit. Nur die Kinder zogen in ihren Schuluniformen, mit Schiefertafeln bewaffnet, zur Freilichtschule, und vom unteren Teil der Stadt drang ein entferntes Rauschen der Geschäftigkeit herauf. Erst einmal zog es unseren Magen in Richtung »Indian Coffee House«. Dieses noch aus Kolonialzeiten stammende Etablissement gibt einem zusammen mit seinen ehrwürdigen Kellnern und den vergilbten Bildern Nehrus und Gandhis an der Wand das Ge-

»Welcome to India«

fühl, es wären keine fünfzig Jahre bis heute vergangen. Die fein gekleideten Ober bedienten in hohen Turbanen und weißen Handschuhen und wiesen uns unter ständigen Verbeugungen immer wieder auf die vielen englischen »Spezialitäten« hin, die die Karte offerierte.

Nachdem wir die notwendigen Bankgänge erledigt hatten, stand dieser Tag ganz im Zeichen der Jeep-Suche. Uns blieb nichts weiter übrig, als den Busbahnhof sowie die großen Hotels abzuklappern, motorisierte Personen und Menschen anzusprechen, die uns so vorkamen, als hätten sie mit Beförderung, Touristen oder Reisen zu tun. So trennten wir uns für den Vormittag, und jeder versuchte sein Glück auf eigene Faust.

Ich ging zunächst zum kleinen *Kali*-Tempel im Westen der Stadt, wo einige Menschen dem furchterregenden Aspekt der Göttin *Parvati*, der Gemahlin *Shivas*, huldigten. Vor dem heiligen Tempelbezirk, in dessen Mitte ein kleiner Schrein mit einem goldenen Dach steht, muß man die Schuhe ausziehen. Es war ein wunderbares Gefühl, wieder mit nackten Sohlen auf den kalten, blankpolierten Steinfliesen zu laufen und die große Tempelglocke zu läuten, wie ich es schon so oft in Indien getan hatte. Das Abbild der Göttin im Schrein war flankiert von archaisch anmutenden rotbemalten Steinquadern, die mit Blumengirlanden behängt waren und kleine Goldkrönchen trugen. Ein Brahmanenpriester verteilte gegen eine kleine Spende geweihte Zuckerkugeln und heiliges Wasser, das die Gläubigen trinken und über ihr Haupt streichen. Von Indiens hygienischer Situation schon oft enttäuscht, unterließ ich jedoch das Trinken. Das Auftragen der *Thika* auf die Stirn, des roten Punktes als Symbol von Weisheit und Erleuchtung, ließ ich mir hingegen gerne gefallen.

Gegen Mittag lernte ich zufällig zwei junge kaschmirische Männer kennen, die über einen Maruti-Van verfügten, einen indischen Kleinbus. Ich erzählte ihnen von meinem Vorhaben und sie zeigten sich zunächst begeistert. Zusammen gingen wir in ein Gartenrestaurant am großen Platz vor der Kirche, das ich mit Andreas als Treffpunkt vereinbart hatte. Auf dem Weg dorthin sah ich in einem kleinen Gemüseladen einen beeindruckenden älteren Mann an der

Anmut und Würde eines indischen Mädchens

Straße sitzen. Kurz darauf ereignete sich eine äußerst liebenswürdige Szene, wie sie so wohl nur in Asien vorkommen kann: Ich fragte den Gemüseverkäufer, ob ich ihn fotografieren dürfe. Bejahend begann er, sich eifrig einen Turban zu binden. Ich stellte mich an die gegenüberliegende Seite der engen Gasse, um ihn aufs Bild zu bekommen. Die vorbeiziehenden Passanten bemerkten unser Vorhaben, und einer von ihnen schrie etwas in Hindi. Daraufhin hielt der gesamte, aus allen Richtungen gekommene Menschenstrom an und wartete in stiller Ergebenheit, bis ich mein Foto geschossen hatte. Das erlösende Klick der Kamera wurde allseits mit Gelächter

Ein Foto, an dem viele beteiligt waren

und Beifall quittiert. Ich bedankte mich mit einem ausladenden Knicks, der von den Umstehenden begeistert aufgenommen wurde. Es war schön, wieder in diesem Land zu sein, dessen Menschen sich trotz ihrer großen Armut, oder vielleicht auch gerade deswegen, menschliche Wärme und einen beneidenswerten Humor bewahrt haben.

Als wir das Restaurant erreichten, sah ich Andreas bereits in der Sonne sitzen und genüßlich an eine *lassi*, einem indischen Joghurt-Getränk saugen. Er strahlte die auf seinen vielen Reisen erlernte Gelassenheit und den unerschütterlichen Glauben aus, daß in Asien auf irgendeine Art alles klappt. Wir setzten uns zu ihm und bestellten erst einmal für alle eine große Kanne Tee. Dann begannen die Beratungen. Unsere beiden Gegenüber, die einen vertrauenerwekkenden Eindruck machten, waren prinzipiell bereit, uns nach Kinnaur zu bringen, doch wollten sie sich zunächst nach dem Straßenzustand erkundigen, der ihres Wissens momentan miserabel war. Zudem haben indische Kleinbusse sehr kleine Räder und keine hohen Chassis-Rad-Abstände, so daß die beiden verständlicherweise um ihre Achsen und Reifen fürchteten. Auch hatten sie weder Kinnaur noch Spiti jemals betreten. Kein Wunder, denn selbst die Inder brauchten für den Besuch dieser Grenzgebiete in den letzten vierzig Jahren Spezialgenehmigungen. Unsere beiden Kashmiris besaßen eben einfach ein Auto und wollten etwas verdienen. Wir verabredeten uns für den Abend, und sie zogen davon mit dem Versprechen, sich bezüglich des Zustands der Straßen und weiterer Automobile umzuhören.

Auch Andreas hatte sich mittlerweile informiert und gemeinsam waren wir zu dem Ergebnis gelangt, daß es in der 60 000-Einwohner-Stadt Simla ganze drei Jeeps gab! Zwei davon waren für Touren im südlichen Himachal Pradesh vermietet und wurden nicht vor zwei Wochen zurückerwartet. Der dritte hatte einen Achsschaden, und Ersatzteile waren erst gestern aus Delhi bestellt worden. Mit ihm war also in den nächsten drei Wochen ebenfalls nicht zu rechnen.

Entmutigt beschlossen wir, ein wenig durch den Ort zu schlendern und einen Blick in die Buchläden zu werfen, um wenigstens ein wenig Literatur über die ersehnten Gebiete zu bekommen. Immer weiter in die Ferne schien unser Reiseziel gerückt zu sein. Wir trugen uns schon mit dem Gedanken, nach Manali im Norden des Kulu-Tals weiterzufahren, um dort evtl. eine andere Tour zu unternehmen.

Als wir so in den Bücherregalen stöberten, hörte ich auf einmal eine leise Stimme neben Andreas sagen: »Excuse me, Sir! You're looking for Jeep?« Ein kleiner, tibetisch aussehender, junger Mann reichte Andreas seine Visitenkarte und stellte sich als Bediensteter eines Reiseunternehmens vor, der »Great Himalayan Travels«-Agentur. Er teilte uns mit, daß mittlerweile praktisch die gesamte Stadt von unserem Problem wüßte, und führte uns zu seinem Büro. Innen begrüßte uns ein ernster junger Inder und bat uns, Platz zu nehmen, während er am Telefonieren war. An der Wand lehnten vier weitere Gestalten, von denen einer tibetische Gesichtszüge hatte. In gutem Englisch erklärte er uns, daß sein Chef gerade dabei sei, einen Jeep für uns zu organisieren. Wir trauten unseren Ohren nicht. Wir kannten ihn doch gar nicht und hatten weder Preise noch Zeit, noch sonst etwas mit ihm ausgemacht. Wir besprachen die Reisedauer von vier Wochen, und er machte uns einen phantastischen Preis. Nun begannen die Verhandlungen über die benötigten Utensilien. Man stellte uns Vicky vor, einen 23jährigen Inder aus Simla, der für die Tour unser Koch sein sollte und sich um Kochgeschirr und Vorräte kümmern würde. Der dunkle, feingliedrige Vicky, der einen Oberlippenbart trug, hatte in einem Hotel kochen gelernt und war nun in das Reisefach übergewechselt.

Tensing, der Tibeter der Agentur, versicherte uns, daß wir faszinierende Entdeckungen vor uns hätten, und nahm mich beiseite. Als hätte er gewußt, daß ich insgeheim auf solch eine Begegnung hoffte, erzählte er mir, daß im Kloster Kye in Spiti ein weiser Lama lebe, den ich unbedingt aufsuchen solle. Leider konnte Tensing selbst uns nicht begleiten, doch unsere Expedition war gerettet! Die beiden Kashmiris, die wir kennengelernt hatten, waren froh, als wir ihnen absagten. Ihnen schien eine Reise, wie wir sie vorhatten, ohnehin zu gefährlich . . .

Ein heiliger Fluß

Der erste große Reiseabschnitt: von Simla fuhren wir über die Orte Rampur und Sarahan nach Kalpa und Chini am heiligen Berg Kinner Kailash. Von dort ging es weiter nach Recong Peo zur Entgegennahme der Besuchsgenehmigungen, leicht zurück ins Baspa Valley, das als schönstes Tal Kinnaurs gilt, mit den Orten Kamru und Chitkul, nur ein paar Kilometer von der tibetischen Grenze entfernt, und wieder nordwärts nach Labrang, Kanum, Pooh und Nako. Kurz hinter Chango biegt die Straße dann in den Spiti-Distrikt ab.

Am Morgen des 28. Juli war es soweit. Mit geschultertem Gepäck trafen wir in aller Frühe am Reisebüro ein. Im fahlen Morgenlicht beäugten wir unser künftiges Gefährt: ein dunkelblaues, mit einer Leinwandplane bedecktes Fahrzeug, in der Kabine nach typisch indischer Art reich verziert mit Lametta und Aufklebern der Götter

Shiva, *Ganesh* und *Lakshmi*. Es war ein indischer Mahindra, Modell Commander, ein Nachbau des legendären englischen Willys-Overland-Militärjeeps mit Vorderradantrieb, einigermaßen geräumig, so daß wir mit Fahrer und Koch plus Gepäck, Kochgeschirr, Kanistern und Zelten ganz gut Platz hatten. Ein Blick aufs Reifenprofil ließ uns erschaudern: Die Profile waren vorne so glatt wie Schwimmreifen, und hinten sahen die Räder auch nicht wesentlich besser aus. Lediglich das Reserverad hatte ein wenig Profil aufzuweisen. Wie sollten wir mit solchen Reifen die steilen Geröllpisten hinaufkommen? Womöglich war Kinnaur noch unter dem Einfluß des Monsuns. Dann würden alle Versuche durchzukommen trotz Vorderradantrieb zum Scheitern verurteilt sein. Glücklicherweise hatten wir vereinbart, daß Schäden am Fahrzeug zu Lasten des Reiseunternehmens gehen würden. Man hatte wohl schon gewußt, warum wir Zettel unterschreiben mußten, nach denen wir das Risiko für Schäden unserer Person selbst trügen.

Das Wissen um die Infrastruktur Simlas, die lange Organisationszeit und die Beschwichtigungen unseres Reisebüros ließen uns dann unter Widerwillen den Reifenzustand des ansonsten sehr robust wirkenden Jeeps akzeptieren. Der Fahrer des Wagens war Somphal, ein recht derb aussehender, dunkler Inder mit stark ausgeprägten Stirnwülsten und engstehenden, tief in den Höhlen liegenden Augen. Freundlich begrüßte er uns, leider kaum der englischen Sprache mächtig. Somphal war allem Anschein nach ein wenig einfacher strukturiert als Vicky, machte aber einen gutmütigen Eindruck. Man gab unserer Crew noch ein paar Briefe und Tips mit, und dann brachen wir unter Getöse und herzlichen Abschiedswünschen auf und fuhren – eine dicke Dieselwolke hinter und lassend – in Richtung Nordwesten der Sonne entgegen.

An diesem vom Monsun verhangenen Vormittag ging unsere Reiseroute über teilweise gefährlich am Abgrund verlaufende Straßen, die an den Hängen der Siwaliks in breiten Kurven entlangführten. Auf den ersten Kilometern bemerkten wir schon die vielen Schäden, die die Ausläufer des Monsuns auch in diesen Regionen verursacht hatten: Immer wieder mußten wir auf der aufgeweichten, mit großen, tiefen Pfützen schlammigen Straße anhalten, um

Räumarbeiten von Steinschlägen und Erdrutschen abzuwarten. Sogar Sprengungen waren an manchen Stellen nötig, damit die Lawinen beseitigt werden konnten. Zunächst ging die Straße leicht bergauf, passierte Kufri auf 2 510 und Theog auf 2 351 Metern Höhe, bis sie das von den Indern im Winter als »Skiort« genutzte Narkanda auf 2 708 Metern erreichte. Hier legten wir eine kleine Mittagsrast ein. Somphal und Vicky aßen an einem Straßen-*Dhaba*, einem Zeltrestaurant. Ich hatte noch ein wenig Magenprobleme durch die Kostumstellung. Daher holten Andreas und ich mitgebrachte Kekse, Bananen und Orangen hervor. Nach einem ersten Tanken waren noch etwa 1 800 Höhenmeter bergab durch die Siwaliks zu überwinden, bis wir nach vier Stunden Fahrzeit seit Simla durch Pinien- und Eichenwälder, in denen vereinzelt Rhododendron blühte, in rund 900 Metern Höhe auf den Sutlej stießen. Sutlej – das ist mit Indus, Karnali und Brahmaputra einer der vier großen und heiligen Flüsse Tibets und Indiens, die am Kailash, dem für Hindus und Buddhisten heiligsten Berg der Erde, in Westtibet entspringen.

Zehn Jahre hatte der Name dieses Flusses meine Sehnsucht beflügelt, und hier lag er nun endlich vor mir, ein silbernes Band in der Nachmittagssonne. Für die nächste Woche würde er unser Begleiter sein. Seinem Lauf würden wir auf der neben ihm verlaufenden Straße folgen. Bei unseren Ausflügen in die stets am Berg oder in den Bergen versteckt liegenden Kinnauri-Ortschaften würde er uns verabschieden und wieder begrüßen sowie uns mit seinem Rauschen Neuigkeiten aus dem Norden, aus der Kargheit und vom Zentrum der tibetischen Geisteswelt, dem Berg Kailash, erzählen. Der erste Ort im Tal ist Rampur, ein altes Handelszentrum, wo sich früher, als die Grenzen nach China offen waren, Händler aus Kashmir, Ladakh, Bhutan, Kashgar, Yarkand und Tibet jeden November zum Lavi-Handelsfest trafen. Rampur war die Hauptstadt des Bushairstaates, dessen Regierende von der indischen Gottheit *Krishna* persönlich abstammen sollen. Zeichen ihrer Macht und ihres Reichtums ist der in einer großen, gepflegten Grünanlage gelegene Palast, dessen neuen Teil der damalige Herrscher von Bushair, Maharadscha Padam Singh, 1919 erbauen ließ. Der Palast ist eine merkwürdige Kombination von englisch-viktorianischem und Kinnauri-Baustil.

Der Sutlej

Seine mit bunten Fenstern versehene Front ist versetzt mit Balkonen, Veranden und Türen aus der hier wachsenden indischen Zedernart Deodar, die in der für die Gegend typischen Weise geschnitzt sind. Hunderte kleiner gedrechselter Holzstangen verzieren die englischen Landhausdächer und geben ihnen ein »ausgefranstes« Aussehen.

Es war heiß in Rampur. Nach der Kühle des in luftiger Höhe gelegenen Simlas traf uns die Hitze Rampurs auf 900 Metern gewaltig. Wir fanden den Eingang zum Palasthof hinter einer langen, das Anwesen begrenzenden Mauer, wo uns der Sekretär des nun entmachteten Herrscherhauses Singh in Empfang nahm und uns freundlich und ausführlich den Palast zeigte. Im nördlichen Teil der Anlage liegt der alte Palast, ein baufälliges Gebäude, das aber phantasievolle Schnitzereien aufzuweisen hat.

Vor dem alten Teil des Palastes fiel uns ein pittoresker blau-weißer Pavillon mit einem geschwungenen Schindeldach und bunten Male-

Der Palast von Rampur

reien auf. Ein großer, blumenbewachsener Garten liegt im Innenhof des Hauptgebäudes, umgeben von überdachten Stauräumen mit Pferdewagen und großen Kisten aus dem Swatgebiet, im heutigen Pakistan gelegen. Die Palasträume sind voll von kolonialzeitlichem Nippes und westlich anmutenden Ölgemälden der früheren und jetzigen Maharadschas neben den Abbildungen Krishnas, auf den diese Herrscher ja angeblich zurückgehen. Die bunten Glasfenster in den Aufenthaltsräumen, die einem das Gefühl geben, in einer Kirche zu sein, stammen – erstaunlich genug – aus Belgien. Der östliche Flügel des Gebäudes wird noch immer vom derzeitigen Maharadscha bewohnt, der nach wie vor ein sehr reicher, angesehener Mann ist, aber keine weltliche Macht mehr ausüben darf.

In Rampur trifft man auch auf das erste buddhistische Heiligtum an der Hindustan-Tibet-Road nach Norden. Es ist ein typischer Kinnauri-Bau mit Schieferschindeln auf einem rutschenförmigen Dach und wurde 1895 erbaut. Gebetsfahnen hängen zu Hunderten von seiner goldbesetzten Spitze und flattern leicht im sanften Wind. Im

Inneren des Klosters befindet sich eine große Gebetsmühle, die von besonderer Schönheit ist. Sie ist mit Platten getriebenen Silbers belegt, die herrliche Blumenornamente und Götterdarstellungen tragen. Die Gläubigen, die sich mit ihrer Drehung Verdienste für ihre nächsten Leben erhoffen, haben sie mit safranfarbenen Seidentüchern behängt. Links von der Gebetsmühle steht der reichgedeckte Altar des kleinen Heiligtums. Hinter einer großen Butterlampe, die den Raum in ein schummriges Licht taucht, nimmt man drei große Statuen des historischen Buddha *Shakyamuni* wahr. Um sie herum sind Figuren buddhistischer Religionsstifter und Heiliger angeordnet. Doch noch größere Schätze bilden die vielen davorstehenden Holzreliefs, die fein herausgearbeitete, buddhistische Gottheiten zeigen. Diese Art der buddhistischen Götterdarstellung ist selten und geht wohl auf eine frühe Zeit zurück. Ähnliches hatte ich vorher noch nie im tibetischen Kulturraum gesehen. Sie scheinen eine Übertragung der hinduistischen Sandelholzschnitzerei auf Inhalte des Buddhismus zu sein. Ein erster Hinweis auf die besondere Synthese zweier Hochkulturen in Kinnaur . . .

Wir fuhren weiter den breiten und ruhig fließenden Sutlej entlang, als Somphal, der unsere Namen nicht aussprechen konnte, auf die Idee kam, uns der Einfachheit halber indische Namen zu geben. Vicky musterte uns genau, und nach langem Hin und Her, bei dem die beiden verschiedene Kreationen an uns ausprobierten, hatten sie die ihrer Ansicht nach passenden Namen gefunden: Andreas mit seinem imposanten Erscheinungsbild war von nun an »Mister *Chheru*«, »der Starke«. Mir dichteten die beiden wegen meines, wie sie meinten, sanfteren Aussehens den Titel »Mr. *Chitnu*« an. Ob wir nun wollten oder nicht, die beiden riefen uns fortan und für die ganze Reise mit ihren Namenskreationen.

Von der Hauptstraße führt bei Jeori eine kleine Gebirgspiste zwanzig Kilometer zum 1 920 Meter hoch gelegenen, in den Bergen versteckten Ort Sarahan, dem ersten typischen Kinnauri-Dorf, das wir betraten. Weit auseinander liegen verstreut die vielen Holzhäuser, die meisten von ihnen schieferschindelgedeckt, mit großen Veranden und schön verzierten Holzpfeilern. Wir durchfuhren den

Ort auf der Suche nach einem Nachtlager, und man verwies uns auf ein oberhalb des Ortes gelegenes Polofeld. Als wir ankamen, fanden wir das Tor zum Platz, der von einer hohen Mauer umgeben ist, verschlossen. Nach einer Weile kam der *Chowkildar* – so nennt man in Indien Leute, die mit der Verwahrung von Schlüsseln beauftragt sind –, begrüßte uns freundlich und erlaubte uns, auf dem Feld zu übernachten.

Unterhalb unseres Quartiers sahen wir den Sommerpalast des Maharadscha von Bushair, der vom Bruder des Fürsten bewohnt wird. Den Anblick der vielen weinroten, konisch zulaufenden Wellblechdächer konnte ich gerade noch in den letzten Sonnenstrahlen erhaschen. Bis unsere beiden indischen Freunde die Zubereitung des ersten Essens dieser Reise, eine Suppe aus Fertignudeln, abgeschlossen hatten, war es bereits finster geworden. Wir nutzten die Zeit, um unser Zelt zu errichten. Das indische Kuppelzelt, das wir von der Reiseagentur zur Verfügung gestellt bekommen hatten, war unkompliziert aufzubauen und bald hatten wir, beide mit einer Taschenlampe im Mund, das Nötigste für die Nacht beisammen. »Mister Chheru, Mister Chitna, dinner is ready!« kam es von der Feuerstelle. Wir folgten Vickys Ruf, der uns in den kommenden Wochen noch so vertraut werden sollte, und nahmen in aufziehenden Nebel bei den beiden Indern Platz. Vicky beschwerte sich, daß der Kocher nicht richtig funktionierte, doch nach all dem Warten schmeckte das einfache Gericht herrlich, was wir zu Vickys großer Freude immer wieder versicherten.

Als der Abwasch getätigt war und alle sich bereits zur Nachtruhe begeben hatten, blieb ich noch ein wenig in der Dunkelheit sitzen. Mit einem Mal umgab mich eine ungeheure Stille. Es war so ruhig hier in den Bergen, daß man diese Ruhe förmlich hören konnte. Ich blickte in die Finsternis, wo nur ein paar Dorflichter flackerten, und für kurze Zeit befiel mich das Gefühl der Einsamkeit, das einen wohl immer beschleicht, wenn man an der Schwelle eines neuen Lebensabschnitts steht. Hektisch waren die letzten Wochen vor dem Abflug in Deutschland gewesen. Reisevorbereitungen mußten getroffen werden, viele Menschen waren um mich gewesen, Motorenlärm, Treffen mit Freunden, Gespräche, schließlich der Flug. Hektik und Aufregung hatte es auch in Simla gegeben – die Unsicherheit, ob unser ganzes Unternehmen überhaupt klappen würde, das bunte Treiben, die vielen Menschen. Und hier war auf einmal nichts mehr. Nichts außer dieser grandiosen Stille. Ich blickte in die Dunkelheit, in – wie ich meinte – Richtung Westen. Irgendwo dort lag weit weg die Heimat, die nun so fern war. Hier war ich, begleitet zwar von einem Menschen, mit dem ich mich sehr gut verstand, dennoch allein mit dem Ziel meiner eigenen, langgehegten Wünsche. Ein Ziel, das ich über Jahre hinweg mit keinem anderen Menschen geteilt hatte, dessen Faszination niemand in meiner Umgebung so richtig nachvollziehen konnte, und das mich dennoch nicht mehr losgelassen hatte.

Der Tempel im Nebel

Nach der ersten, ungemütlichen Nacht in unserem sich als viel zu klein erweisenden Zweimannzelt erwachten wir im Monsunnebel. Immer wieder verdichtete er sich so sehr, daß außerhalb eines Umkreises von zehn Metern nichts mehr zu erkennen war. Dafür überfielen uns ganze Schwärme von fliegenden (und beißenden) Ameisen. Mit dem Sonnenaufgang tauchten sie plötzlich auf, umkreisten uns bei der Morgentoilette und verschwanden dann so schnell, wie sie gekommen waren. Wie ein Geisterwald lag der vor Nebel kaum noch sichtbare Bergwald da, an seinen Ästen hingen im Ungewissen verschwindende Lianen, wie sie so oft in chinesischen Gespenstergeschichten beschrieben werden. Zu der unheimlichen Stimmung paßten das Schreien der Krähen und Bergdohlen und die entfernten Pfiffe eines Viehhirten. Unser Stimmungsbarometer stieg zwar nicht gerade – doch die Vorfreude auf Sarahan überwog.

Unter einer vor dem Regen schützenden Besuchertribüne nahmen wir das herzhafte Frühstück – *Puris,* fritierte Weizenfladen mit Knoblauchkäse – ein, erfreut über Vickys Kochkünste. Dazu gab es Unmengen von Chai, der von nun an, neben dem mitgebrachten Nescafé, täglich unsere Mahlzeiten versüßen sollte. An dem kleinen Wasserfall, an dem wir uns schon gewaschen hatten, füllte ich zum ersten Mal meine Feldflasche mit in harter Handarbeit erstelltem Filterwasser. Dieses Wasserpumpen durch einen Keramikfilter zwecks Reinigung wurde eine tägliche Arbeit, mal schwerer, mal leichter, je nach Verschmutzungsgrad des Wassers – meist schwerer, da die Schwebeteilchen und der Schlamm der Gebirgsbäche der Keramikkerze schnell zusetzten.

Sarahan ist, obwohl erst an der Südgrenze Kinnaurs gelegen, schon ganz von der kinnaurischen Bauweise geprägt. Ein Beispiel dafür ist der grandiose Bhimakali-Komplex, ein hinduistischer Tempel zu Ehren der Muttergöttin des Himalaya. Gab die hundertprozentige Luftfeuchtigkeit einmal die Sicht frei, gewahrten wir den atemberaubenden Tempelbezirk. Der Tempel, dessen Entstehungszeit bis ins fünfzehnte Jahrhundert reicht, gilt unter den wenigen, die ihn bis jetzt besucht hatten, als einer der bedeutendsten Sakralbauten des Westhimalaya. Erfüllt von der Größe und Pracht der Tempelanlage brach ich in der trüben Morgenstimmung auf und balancierte über den mit glitschigen Steinen gepflasterten Weg meinem Ziel entgegen. Tibetisch anmutende Schalmeienklänge kündeten von einer wohl gerade stattfindenden *Puja*, einem Gottesdienst. Aber ein tibetischer Gottesdienst mitten in einem indischen Tempel?

Zusehends konnte ich seine Struktur erkennen: Drei große Innenhöfe sind umgeben von einer Vielzahl von Gebäuden, deren fein verzierte Holzveranden auf Sockeln aus grob behauenem Naturstein im Wechsel mit Deodarlatten ruhen. Bedeckt werden diese Gebäude von den für Kinnaur so typischen, weitausladenden Rutschendächern aus Schieferschindeln, die ihrerseits mit kleinen spitzen Holztürmchen versehen sind. Ähnliche Holztürmchen findet man auch in den alpinen Regionen unserer Breiten, etwa auf den Bauernhäusern Kärntens oder des Salzburger Landes in Österreich. Über einen breiten Treppenabsatz erreichte ich den Eingang zum Tempel. Unter reichgeschnitzten Verandabögen aus Sandelholz, die in der feuchten Luft herrlich dufteten, findet der Wechsel zwischen gewöhnlicher Welt und heiligem Bezirk durch ein mit Lotosblumen und Hindugottheiten verziertes Messingtor statt. Zeichen frommer Pilger wie am hundeköpfigen Torschloß abgelegte Blumen oder

Der Bhimakali-Tempel

entzündetes Räucherwerk verkünden den Eintritt in eine andere Welt. Vom ersten Innenhof, wo Schreiner und Schmiede ihren Platz haben, um Reparaturarbeiten auszuführen und wo sich auch ein paar Zimmer für Pilger befinden, sieht man das nächste, zum zweiten Innenhof führende Tor. Es ist völlig mit getriebenen Silberplatten beschlagen, wird von einem feinverzierten Silberrahmen begrenzt und wurde von Maharadscha Padam Singh in Auftrag gegeben, der auch den Palast in Rampur anlegen ließ. Flankiert wird es von zwei gelben Papiermaché-Tigern, die tibetische Züge tragen, ursprünglich aber wohl aus Kaschmir stammen, wo man die Papiermaché-Kunst zur Vollendung gebracht hat.

An diesem Tor findet die Übergangszone, die Kinnaur zwischen dem hinduistischen Indien und dem buddhistischen Tibet bildet, und die auch die Pujaklänge erkärt, die ich am Morgen vernommen hatte, ihren eigenen künstlerischen Ausdruck: Neben rein hinduistischen Götterdarstellungen sind links auch die acht tibetisch-buddhistischen Glückssymbole, z. B. die rechtsdrehende Muschel, der Schirm oder der unendliche Knoten in Silber gearbeitet. Die

Hinduistische Gottheit und buddhistische Glückssymbole am Silbertor des Bhimakali-Tempels

dargestellten hinduistischen Gottheiten sind u. a. Shiva und Parvati mit ihrem elefantenköpfigen Sohn Ganesh auf ihrem Reittier, dem Bullen *Nandi,* Shiva als Asket und Krishna auf der von ihm besiegten Schlange *Kaliya* tanzend. In Kinnaur nimmt man es mit der Trennung der Religionen nicht so genau. Das verwundert aber nicht weiter, erfuhr hier doch der tibetische Buddhismus seine charakteristische Prägung: Er nahm hinduistische Gottheiten in den Pantheon auf, den neben der Gestalt des historischen Buddha *Boddhisattwas* (erleuchtete Heilswesen) und Naturgeister bildeten. Hinduismus und Buddhismus leben so friedlich nebeneinander, ergänzen sich

Der Ragunathji-Pavillon, Bhimakali-Tempel

und bilden eine Synthese. Der Buddhismus führte schon immer fast überall mit seinen ihn umgebenden Religionen eine friedliche Koexistenz. Diese Tradition setzt sich ungebrochen bis in die Gegenwart fort. Dieser Eigenart verdankte er wohl auch einen Großteil seine Erfolges in den Jahren seiner Verbreitung: daß er, vor allem in den Bergregionen, Anleihen bei anderen Religionen aufnahm und in den Dienst der eigenen Sache stellte.

Im Dunkel oberhalb des Silbertores liegt in einem weitausladenden Deodarpavillon das für Nichtgläubige unzugängliche *Ragunathiji*-Heiligtum zu Ehren Krishnas und seiner Geliebten *Radha.* Schön gearbeitete Silberfiguren der Gottheiten sollen sich darin befinden. Durch den Torbogen gelangt man in den zweiten, größeren Innenhof. Hier spätestens muß sich der Besucher seiner Schuhe entledigen. Man läutet die große Tempelglocke, die den Eintritt in den heiligen Bezirk der Muttergöttin anzeigt. Der blankgeputzte Boden aus schweren Steinquadern wird durchschnitten von einem abgeteilten Marmorweg. Er durchzieht sämtliche Innenhöfe und führt zum Haupttheiligtum in die zwei vierstöckigen Türme, wo

Bhima Kali ihre Heimstätte hat. Die Deodarveranden der Türme sind reichlich verziert mit geschwungenen Blumenornamenten, in die sogar die Fenster einbezogen sind. Gekrönt werden die oberhalb der Veranden folgenden Schindeldächer von goldenen Wolken-, Mond- und Sonnensymbolen rein tibetisch-buddhistischen Ursprungs. Ein buntes, wiederum von Tigern flankiertes letztes Tor begrenzt die Stufen zum Sanctum Sanctorum. In ihm steht eine Figur des schrecklichen Aspekts Parvatis, der »Tochter des Himalaya«, die die Gemahlin des Gottes Shiva ist. Selbst große Gelehrte wie der deutsche Missionar A. E. Francke durften das Heiligtum nicht betreten, in dem absolutes Fotografierverbot herrscht. Daran sollte man sich auch halten, wenn man den vielen Gerüchten um die Blutrünstigkeit vergangener Kali-Rituale Glauben schenken kann.

Es geschah uns öfter auf unserer Reise, daß wir Heiligtümer nicht betreten oder fotografieren durften. Ein Verbot, das wir auch akzeptierten, zeugt es doch vom nach wie vor ungebrochenen Verhältnis der Bevölkerung zu ihrer Religion.

Bereits am ersten Tag unserer Reise hatten sich erste Probleme unserer Reisebegleiter mit ihrem Transportmittel eingestellt: Es zeigte sich, daß unser Fahrer, Somphal, völlig ungeeignet dafür war, den Jeep einigermaßen ökonomisch zu beladen. Bei Fahrten im Gebirge muß das Gepäck möglichst gleichmäßig im Stauraum verteilt sein, um einer Unfallgefahr durch Gleichgewichtsverlust des Gefährts oder übermäßige Achsen- und Reifenbelastung vorzubeugen. Somphal aber hatte so unvorteilhaft gepackt, daß der Wagen sich in Serpentinen gefährlich weit neigte und eine Achse stets versuchte, auszubrechen. Außerdem waren sämtliche Gepäckstücke derart falsch gestapelt, daß ständig die Gefahr drohte, sie bei Steigungen und Kurven durch die nur notdürftig mit einem Klettverschluß am Verdeck gehaltene Leinwandklappe zu verlieren. Wohlweislich hatten Andreas und ich heute morgen erst einmal das Packen übernommen, als die beiden Inder die Zelte abbauten. Leider merkten wir dabei, daß unsere Kanister undicht waren und viele Gepäckstücke mit Diesel durchtränkt hatten. An einem kleinen Lädchen konnten wir Plastikfolien erstehen, um damit die Kanister

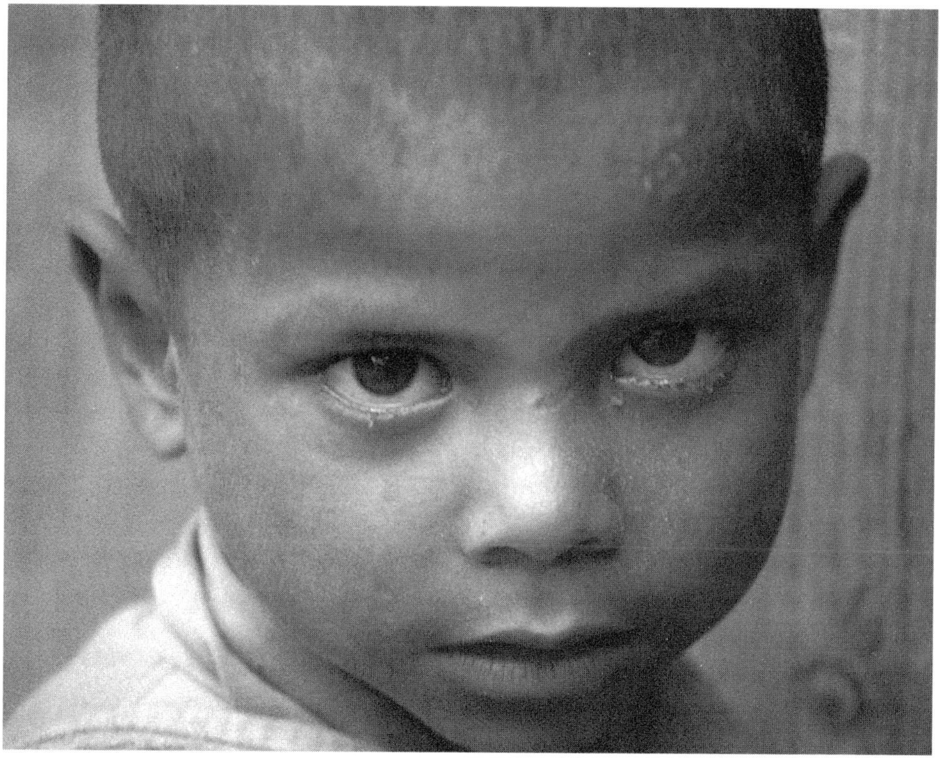

Ein Junge beobachtet uns beim Packen

einzuwickeln. Die dort vorhandenen Tanks waren von noch schlechterer Qualität, so daß es keinen Sinn hatte, unsere eigenen zu ersetzen. Wenigstens konnten wir Schnur für das undichte Gepäckkompartment bekommen, mit der Andreas unter einer Menge verwunderter Blicke eine wirkungsvolle Leinenkonstruktion zur Sicherung der Verdeckklappe improvisierte.

Bei Jeori, auf dem Weg zurück zur Sutlejebene, erlebten wir einmal mehr, mit welch einfachen Mitteln die Inder es bewerkstelligen, ihre Transporte über die höchsten Straßen der Welt zu befördern. Bis unter die Achseln ölverschmiert hockten zwei Inder im Motorraum ihres Lasters und bastelten, umgeben von Schläuchen und Kabeln, am Antrieb herum. Die buntgeschmückten Lastwagen hätten wohl nach deutschen TÜV-Normen nicht die geringste Chance, eine

Fahrerlaubnis zu erhalten. Auch die Mittel, mit denen die Inder selbst schwierige Reparaturen bewerkstelligen, sind spartanisch und provisorisch. Doch in Asien kann man sich immer wieder nur wundern, wieviel dort trotz widrigster Umstände funktioniert.

Nordwärts

In unserem mittlerweile leicht wunderlich gewordenen Jeep rollten wir gen Norden. Das Wetter hatte inzwischen aufgeklart, und in strahlendem Sonnenschein ging die Fahrt zwischen den engen, bewaldeten, mit Findlingen übersäten Sutlejschluchten hindurch. Die ungeteerte Piste war so eng, daß teilweise unsere Füße auf den Trittbrettern über dem Abgrund schwebten. Glücklicherweise kamen uns nur selten Fahrzeuge entgegen. Hinter einer Kurve öffneten sich überraschend die Schluchten, und der Blick fiel auf ein herrlich gelegenes Kinnauri-Dorf. Nur eine Häuserzeile führt auf dem Bergrücken zu dem krönenden Wehrturm. Dahinter gähnt jäh der Abgrund. Das Dorf zeugt wie viele andere Ortschaften in Kinnaur von einer Zeit, in der das Land in kleine, autonome Gebiete aufgeteilt war, die von einzelnen *Thakurs*, lokalen Fürsten, regiert wurden.

Kinnaurs frühe Geschichte verliert sich in den Mythen der indischen Überlieferung. Fast alle heilige Bücher erwähnen die Bevölkerung und das Land, seien es die Veden oder Puranas, das Ramayana- oder Mahabharata-Epos. In manchen erscheinen sie als Einheit von Gott und Mensch, in anderen als halb Mensch, halb Tier. Überall werden die Kinnauris als glückliches, lebensfrohes Volk bezeichnet, das den Tanz, die Musik und den Gesang über alles liebt. Ihre hohen Stimmen, *Kinner kanthi*, werden nach wie vor überregional bewundert und geschätzt. Im Mahabharata-Epos gilt Kinnaur als der Aufenthaltsort der *Pandavas*, fünf göttlicher Brüder, die sich während ihrer Herrscherzeit auf Erden einst in die Berge zurückzogen. Diese Brüder hatten zusammen nur eine Frau namens Draupadi, worauf die Kinnauris den in ihrem Land immer noch üblichen Brauch der

Gut verschnürt in Richtung Norden

Vielmännerei zurückführen. Sogar in den buddhistischen Büchern, wie auch in der Jain-Literaur, werden sie erwähnt. Kinnaur als Land der Pandavas soll sich einst von Sarahan bis zur Gangesquelle im Osten und der Zanskar-Gebirgskette im Westen ausgedehnt haben. Sarahan war in dieser Zeit als Shontipur der Sitz des großen Konigs Banasur, der den Sutlej vom heiligen See Manasarovar in die Ebene gebracht haben soll. In den Purana-Schriften wird Kinnaur als ein heiliges Land erwähnt, in dessen Mitte ein Honigfluß entsprang. Die Bewohner dieses Berglandes, deren Gesichtsfarbe erhitztem Gold glich, tranken stets von diesem Fluß und genossen höchste Gesundheit und Lebensfreude. Das heutige Kinnaur ist der Überrest des legendären und mythologischen Kinnerdesh. Wahrscheinlich kamen seine Einwohner schon früh mit der Kultur der Arier in Berührung, als diese von Süden und Westen in die Bergregionen drängten. Im Laufe der Geschichte wurden die Kinnauris wohl immer weiter in die höherliegenden Gebiete vertrieben, dem jetzigen Kinnaur-Distrikt von Himachal Pradesh. Der ab dem 6. Jhdt. v. Chr. belegte Teil der Geschichte Kinnaurs ist bestimmt vom

Wechsel zwischen Autonomie des Landes und Zugehörigkeit zu indischen Großreichen. In Zeiten der Autonomie regierten die Thakurs, lokale Fürsten, deren Mächtigster Dev Purna, der Thakur von Kamru war. Er unterwarf im 7. Jhdt. alle anderen Kleinfürsten und bildete das Imperium von Bushair. Über die Jahrhunderte verlagerte sich der Herrschaftssitz in den Süden nach Rampur, so daß sich die unzugänglichen Nordregionen zunehmend dem Einfluß Tibets mit seiner buddhistischen Religion öffneten. Aus diesem Gebiet kam auch der bedeutendste Klosterbegründer des tibetischen Kulturkreises, Rinchen Zangpo, der 958 in Sumra geboren wurde. Der Grenzhandel florierte und es erscheint unwahrscheinlich, daß die Ausbreitung des Buddhismus ohne gleichzeitige Gebietsausweitung von tibetischer Seite aus vonstatten gegangen sein soll, auch wenn indische Studien dies bestreiten.

Anfang des neunzehnten Jahrhunderts geriet der südliche Teil des Landes unter die Herrschaft der nepalesischen Gurkhas. Der Rest des Landes wurde ihnen tributpflichtig. 1814 sicherten sich die Engländer das Protektorat über Kinnaur und setzten Mahendra Singh als Raja von Bushair ein. Mit dem Abzug der Engländer aus Indien 1947 erlosch auch die Macht der lokalen Rajas, und 1960 wurde Kinnaur ein integrer Bestandteil des indischen Bundesstaates Himachal Pradesh.

Am frühen Nachmittag kamen wir zum ersten Mal in Kontakt mit Kinnauris in ihren traditionellen Trachten. Ihre *Dhotis*, deckenähnliche Tücher aus schwerer Wolle mit bunter Borde sind so geknotet, daß die Muster stets an der Seite sichtbar sind. Mit einer Silberbrosche wird der Dhoti zusammengehalten. Um sie wird ein bis zu acht Meter langes Tuch, der *Gachhang*, als Gürtel gewickelt. Darüber trägt man eine Woll- oder Samtjacke bzw. einen großen Schal. Um den Hals wird reichlich Silberschmuck und auf dem Kopf die Kinnauri-Kappe, der *Thepang*, mit roter oder grüner Samtborde getragen. Die traditionellen Schuhe sind aus Wolle und Ziegenhaar gefertigt.

In der Nähe eines kleinen Shiva-Schreins, an dem Vicky und Somphal anhielten, um zu beten, war eine ganze Gruppe von Kin-

Kinnauri-Frauen in ihren traditionellen Trachten an einer Jhula

nauri-Frauen damit beschäftigt, Lasten auf einer Kabelbrücke, zum Transport über den Sutlej, zu verstauen. Diese windige Konstruktion überspannte eine Schlucht von ungefähr einem Kilometer Breite über eine Tiefe von etwa siebenhundert Metern. Das Prinzip dieser *Jhulas* ist einfach und mühselig: Auf einer Holzgondel, die an einem Eisenkabel hängt, wird das Gepäck verschnürt und mit einem zweiten Seil herübergezogen. Entweder wartet ein Abholer an der gegenüberliegenden »Station«, zieht die Last mit der Hand (mittlerweile auch schon vereinzelt elektrisch) hinüber, oder die Absender machen sich auf den weiten Weg ins Tal, steigen am anderen Flußufer wieder die Hänge hinauf und nehmen dann ihre Waren für den Weitertransport ins Gebirge oder in die Seitentäler in Empfang. »Bestimmt werden auf solchen Brücken nur Güter übergesetzt!« dachte ich – und sollte kurze Zeit später eines Besseren belehrt werden.

Weiter ging die Fahrt linker Hand oberhalb des Sutlej. Zahlreiche silbern glänzende Flußläufe kamen von den steilen Bergrücken und speisten den Sutlej mit Wasser. Unter uns sahen wir auf der gegenüberliegenden Seite die alte Straße, die früher einmal, tieferliegend, entlang des Flusses geführt hatte. Sie endete aber im Hochwasser und war von Erdrutschen verschüttet, weswegen man die neue Route aus dem Gebirge gesprengt hat. Bei Sungra wechselt die Straße mittels einer neuen Eisenbrücke über den Sutlej. Kurz vor einer kleinen Anhöhe erfüllten auf einmal fremdartige Klänge das Tal: dumpfe Trommelschläge, quietschende Schalmeien und tiefe Männergesänge vermittelten wild und archaisch die Freiheit der Berge! Es waren Kinnaurs wandernde Musikanten, die mit Beginn des Sommers durch das ganze Land von Dorf zu Dorf ziehen, um das *Phulaich*- oder *Ukhyang*-Fest zu feiern: das Fest der Blumen, welche die Kinnauris so lieben, daß sie die größten Anstrengungen unternehmen, um die Blumen von den Berggipfeln zu holen. Die Blumen werden in Girlanden eingearbeitet, die für die Göttin Kali bestimmt sind. Mit ihnen erwacht das aus dem Dorftempel getragene Standbild der Kali zum Leben. Durch die zusätzliche Opferung eines Widders oder eines Ziegenbocks wird der Göttin gehuldigt und ihr Segen erbeten. Die Zeremonien vollziehen sich natürlich mit viel Tanz und Alkohol. Für die Untermalung sorgen die Musiker, die in Indien außerhalb des Kastensystems stehen und zu den *Parias*, den »Unberührbaren«, gehören.

Eine solche »Männergesellschaft« aus jungen und ganz alten Musikern hielt an unserem Jeep und zeigte uns ihre mitgeführten Gegenstände: den Wedel aus Yakhaar zur Abwehr von Dämonen, die *Ghee*- oder Butterlampe, und die Axt, die neben ihrer kultischen Bedeutung noch traditionell aus Zeiten mitgeführt wird, als man nach der Schneeschmelze zu manchen Dörfern neue Brücken schlagen mußte, wenn die Flüsse die alten weggerissen hatten. Einer der Musikanten hatte an seiner Kappe Stoffbänder befestigt, die mit Silber- und Goldbeschlägen verziert waren. An ihnen hingen auch die Spenden, die die Musiker in den Dörfern für ihre Dienste bekommen hatten und mit denen sie ihre Reisen finanzierten.

Nach einem kurzen Austausch über Herkunft und Reiseziel zog die Prozession laut singend weiter. Wir überholten sie, hupten zum Abschied und erreichten bald darauf Wangtu, wo wir unsere Mittagsrast einlegten. Das Tosen des Flusses, der an dieser Stelle sehr

Kinnaurs wandernde Musikanten

reißend ist, erfüllte den ganzen Ort und hallte von den Felswänden wider. Nach einer kleinen Ration Obst und Keksen (auch hier waren die *Dhabas* für westliche Mägen nicht zu empfehlen), setzte ich mich ein wenig ins Dorf ab. Ich marschierte in Richtung Fluß und wurde neugierig von den Kinnauris beobachtet, die vermehrt in traditioneller Kleidung anzutreffen waren. Ich strich um ein paar moderne Gebäude in einem kleinen Garten, als ich ein Stückchen flußaufwärts eine solche Brückenkonstruktion entdeckte, wie wir sie zuvor über die tiefe Schlucht gespannt gesehen hatten. Mit dem Unterschied, daß die Gondel diesmal mit einem Bauern und seinem Sohn beladen war. Die gleiche, leichtsinnige Art, über den Fluß zu setzen, wird also auch für den Personentransport verwendet – zwar an einer flacheren Stelle, dafür aber über einem tosendem Gewässerabschnitt.

Animiert von meinem skeptischen Blick rief mir der Bauer aus seinem gefährlich schaukelnden »Lift« zu, ob ich es nicht auch einmal probieren wollte. Ich lehnte dankend ab. Später erfuhr ich, daß sogar Pferde und andere Tiere in Kinnaur mit diesen Gondeln transportiert werden. Sven Hedin, der große schwedische Asienforscher, war Anfang 1909 durch Kinnaur gekommen. Er beschrieb diese Brücken als einen »guten Ort für Menschen, die sich mit Selbstmordgedanken tragen . . .«

Auf dem verbleibenden Rest unserer Tagesetappe wurde die Landschaft karger, felsiger und rauher. Langsam lichteten sich die Deodarwälder, die von Westnepal bis Afghanistan den gesamten Himalayabereich bis etwa 2 500 Meter Höhe durchziehen. Bei Tapri sollte die letzte Tankstelle bis Kaza, dem Hauptort Spitis, stehen. Neben uralten Tanksäulen, deren Pumpmechanismen freilagen, gab es ein Streckenschild der »Hindustan-Tibet-Road« zu lesen. Kaurik, der letztgenannte Ort, ist der Grenzort zu Tibet. Große Freude, endlich hiersein zu dürfen, erfüllte mich beim Lesen all der Namen wie Pooh, Chango und Sumdo, die ich so gut von meiner Lektüre kannte.

Von Powari brachte uns eine nicht weniger anstrengende Bergpiste nach Recong Peo auf 2 290 Meter Höhe, den neu angelegten Verwaltungsort Kinnaurs. Mehrmals mußten wir aussteigen und sprangen freiwillig aus dem Jeep, so eng und gefährlich nahe über dem Abgrund lagen die Serpentinen. Die Konsistenz des Bodens am Berghang war sandig und locker, so daß wir uns wiederholt vor kleinen Lawinen in acht nehmen mußten, die uns in weißen Staub hüllten.

1992 hielt hier, in der »Hauptstadt« Kinnaurs, der 14. Dalai Lama eine Einweihung in die höchsten Lehren des tibetischen Buddhismus ab. Zum Anlaß dieser Initiation wurde oberhalb des Ortes ein kleines Kloster gebaut und eine ca. zehn Meter hohe Statue des kommenden Buddha *Maitreya* errichtet.

Ein alter Mönch, der auf einem tibetischen Teppich saß, blickte erstaunt auf, als wir das Gebäude betraten, Andreas auf tibetisch einen guten Tag wünschte und ihm ein Bild des Dalai Lama über-

Das neue Kloster von Recong Peo

reichte. Der Gute war so verdutzt, daß er den Gruß nicht einmal erwiderte. Wie vielen der neuen Exilanlagen, die provisorisch und mit nur wenig finanziellem Aufwand angelegt worden sind, fehlt auch diesem Kloster die Atmosphäre, die die alten Heiligtümer so anziehend macht. Doch war es schön, endlich Gebetsfahnen im Wind gegen die untergehende Sonne flattern zu sehen und die Freude der Bevölkerung zu spüren, wenn man sich mit Interesse und Ehrfurcht ihrer Kultur und Religion nähert. Für ein Foto ihrer Zwillinge schenkte uns eine Gruppe zum Kloster pilgernder Mütter saftige, lokal angebaute Aprikosen und ein freimütiges Lächeln. Sie rieten mir gestikulierend, auch den Kern der Frucht aufzubeißen, da dieser einen weiteren, nußartig-wohlschmeckenden inneren Kern enthalte. Ich probierte es, und tatsächlich kamen da die an Haselnüsse erinnernden Keimblätter der Aprikose zum Vorschein.

Recong Peo ist kein besonders schöner Ort, und so blieben wir nur kurz, um uns im Basar noch einmal mit Verpflegung und anderen Utensilien einzudecken, die auf der Straße bis Kaza kaum noch zu bekommen sind. Die Nacht verbrachten wir im ehemaligen Hauptort Kalpa, oberhalb Recong Peos auf 2960 Metern Höhe, und schlugen in einem Apfelbaumhain bei der Schule unser Lager auf. Sofort war der Platz gesäumt mit Kindern des Ortes, die uns beim Ausladen halfen, Schlafmatten aufbliesen, sich Grimassen schneidend in Positur für die Kamera stellten und versuchten, Andreas am Bart zu zupfen. Vicky und Somphal bauten ihre Küche unter einem schützenden Gebäudevorsprung auf, und auch an diesem Tag gerieten wir in die Dunkelheit, bis wir zu Abend essen konnten. Die beiden gaben die Schuld dem Kocher, wir sahen sie eher in ihrer Desorganisation, zumal sie nach dem Ausladen, an dem sich Somphal kaum beteiligte, immer erst einmal für eine halbe Stunde verschwunden waren. Andreas und ich mußten noch öfter ein Wörtchen mit ihnen reden, damit die Dinge geregelter abliefen.

Von Kalpa sollte es die schönsten Ausblicke auf den 6050 Meter hohen Kinner Kailash geben, den heiligen Berg Kinnaurs, doch an diesem Abend verhüllte er noch sein Antlitz unter dichten Wolken. Ein kleiner Spaziergang nach dem Essen in den Ort ließ mich erkennen, daß Kalpa nicht viel zu bieten hat. Nur ein paar neue Wohnhäuser entdeckte ich, aus denen mich dunkle Augen verwundert anstarrten. Ich hatte anfangs ein wenig Bedenken wegen der Nachtruhe auf knapp 3000 Metern, doch dann schlief ich dennoch gleich ein. Als ich am nächsten Morgen aus dem Zelt trat, erstrahlte der Kinner Kailash in herrlichstem Licht. Für die Bevölkerung ist er die Winterresidenz des hinduistischen Gottes Shiva. Jedes Kind kennt hier das Massiv mit seinen sechs vergletscherten, schneebedeckten Gipfeln und nennt mit Ehrfurcht seinen Namen.

Aus den Räumen der Schule, neben der wir campiert hatten, drangen am nächsten Morgen kurze, stoßartige Schreie, gefolgt von dumpfem Rumpeln. Die Geräusche hörten sich mehr nach Kampfsport an als nach Schuldbildung. Erst als wir das Frühstück beendet und zusammengepackt hatten, verstummten auch die merkwürdigen Laute. Einen der Schüler, die die Treppe zur großen Pause herunterkamen, fragte ich nach der Bewandtnis des Brüllens und Schlagens. Ich bekam die einfache Antwort, daß dies die morgendli-

Exiltibeterin auf dem Weg zum Basar in Simla

Mädchen am Kali-Tempel, Simla

Kinner Kailash (6050 m)

Die reichverzierte Veranda des Hauptheiligtums von Sarahan

In exponierter Lage wacht diese Ortschaft über den mittleren Sutlej

Kinnauri-Jhulas: nach Sven Hedin ein geeigneter Ort für Selbstmord!

Chini – am Fuße des Kinner Kailash

Drei-Chörten-Kult in Kamru

Drei Kinnauri-Mädchen – eine lebendige Fortführung des Drei-Chörten-Kults

Traditionelles Dorfleben im Baspa-Tal

Kamru – früherer Sitz des Großthakurs im Baspa-Tal

Der reiche Altar des Klosters von Kamru

Geschnitztes Krokodil als Abwehrmagie auf einem Dach in Chini (Foto: Brix)

che Gymnastik gewesen sei. In Indien ist Schule noch sehr stark mit Drill verbunden. Dies beginnt beim Uniformzwang und endet mit der körperlichen Züchtigung. Es war Freitag, und heute wollten wir in Recong Peo unsere Genehmigung für die Weiterfahrt in die indotibetischen Sperrgebiete bekommen. Doch vorher wollte ich unbedingt noch das Dorf Chini in unmittelbarer Nachbarschaft von Kalpa sehen, das ich von einer alten Fotografie her kannte, die mich jahrelang fasziniert hatte. Nach sechs Kilometern tauchte die Silhouette des idyllischen alten Dorfes auf. Alte, verfallende Holzhäuser wechseln in Chini, was »Zucker« bedeutet, mit neuen Bauten. Immer noch liegt es grandios, umgeben von Obstplantagen, Weizen-, Buchweizen- und Gerstenfeldern, über einem steilen Abhang vor dem Kinner-Kailash-Massiv. Mit seinen offenen, noch ganz in der Tradition lebenden Menschen, seinen unbeschwerten Kindern und seinem zeitlos anmutenden Leben erweckte dieses Dorf in mir das tiefe Verlangen, weitere Tage verstreichen zu lassen und nur das Spiel der Wolken an den Gebirgshängen zu beobachten. Hier falten die Menschen noch die Hände zum traditionellen »*Namaste*«, haben Zeit, das tibetische Steinspiel zu spielen, in der Morgensonne auf ihren Terrassen stundenlang ihr Haar zu kämmen, sich zu sonnen und Aprikosen auf den Dächern zu trocknen.

Selbst die Tempel wirken hier pittoresker als anderswo und erinnern an etwas zu groß geratene, bunte Vogelhäuschen. Ihre schrägen Dächer schmücken kleine, im Wind klingelnde Glocken und geschnitzte Figuren von Tigern, Vögeln und Krokodilen. Dies läßt auf ihr großes Alter schließen, denn die Zeit, da Flußkrokodile den Sutlej bevölkerten, ist lange vorbei. Im Inneren eines Tempels entdeckte ich eine wunderschöne weiße Buddha-Statue aus Marmor, die die realistischen Züge moderner Hindu-Plastiken trug – ein weiteres Beispiel der Auswirkungen der Glaubenssynthese in der kinnaurischen Kunst.

Doch wir mußten aufbrechen, wollten wir noch vor dem Wochenende vom Deputy Commissioner in Recong Peo unsere »Innerline Permits« erhalten. In einem großen, dunklen Verwaltungsgebäude hatten Andreas und ich endlose Formulare in dreifacher Ausfertigung zu beschriften, vier Paßbilder und ein paar zusätzliche Versicherungen zur Ehrbarkeit unserer Person abzugeben. Danach bedeutete man uns, das Gebäude zu verlassen und am Nachmittag wiederzukommen. Die Pässe behielten die Beamten bei sich. Alles Drängen und Hinweisen auf die an diesem Tag noch zurückzulegende Wegstrecke halfen nichts – die Mühlen der Bürokratie mahlen auch in diesem Lande langsam und (über)gründlich. Wir nutzten die Zeit, um unseren Kocher, über dessen Zustand uns Vicky seit Anfang der Reise in den Ohren gelegen hatte, einzutauschen. In einem kleinen Verschlag entdeckten wir einen Kocherladen. Ein dunkelgrüner, standfester Pumpmechanismus erschien Vicky und mir als am zweckdienlichsten. Die geschickt arbeitende Inderin, der das kleine Geschäft gehörte, tauschte noch schnell die letzen Ventile und Schrauben aus, und gegen einen geringen Aufpreis, verbunden mit dem Eintauschen unseres Kochers, gab sie uns das Gerät. Kaum aus dem Laden gekommen, merkte ich, daß Inder sogar ihre Mitbürger »anschmieren«. Als ich den Kocher in den Jeep legen wollte, hatte ich grüne Farbe an den Fingern: Man hatte uns ein gebrauchtes Gerät verkauft. Leicht beschämt verschwand Vicky im Verwaltungsgebäude, um zu sehen, wieweit unsere Anträge gediehen waren. Vier Stunden dauerte es, dann hatten wir endlich die begehrten Formulare. Zehn Jahre des Wartens hatten sich erfüllt.

Die »Alpen« Kinnaurs

Bergab stellte der Anfahrtsweg von Recong Peo nicht mehr so ein großes Problem dar. Wohlbehalten im Tal angekommen, fuhren wir ein Stück den donnernden Sutlej zurück, um bei Karchham, einer baufälligen Holzhüttensiedlung, ins Baspatal einzubiegen. In Karchham, das in einer Felsnische liegt, die vom Sonnenlicht täglich vergessen wird, stoppten wir zu einer kleinen Teepause an einem dunklen, rußverschmierten Verschlag. Es war ein wunderbares Gefühl, unterwegs zu sein – anzuhalten, wo man wollte, für einen Moment die vom Sitzen steif gewordenen Glieder zu strecken, den Straßenstaub von den Kleidern zu schütteln und ein wenig in die dunklen, scheuen Augen der zufälligen indischen Weggefährten zu blicken. Wenn Andreas und ich ihnen sagten, wie schön wir ihr Land fanden, wackelten sie bescheiden und dankend in der typisch indischen Art mit dem Kopf – still und auch stolz. Bald hatten wir unseren hervorragenden Tee getrunken und jeder von uns bestieg wieder sein eigenes Gefährt, unterwegs zu seinem eigenen Ziel, doch verbunden durch die Gemeinsamkeit, »auf dem Weg zu sein«.

Den Anblick des schönen Baspa-Tals, das bei den Indern als letztes *Shangri-la*, als letzter mystischer »Ort der vollkommenen Glückseligkeit« gilt, muß man sich teuer erkaufen. Zunächst geht nämlich eine holprige, zunehmend gefährlich ausgesetzte Serpentinenpiste durch eine enge Schluchtenlandschaft, die den im Tal verlaufenden Baspa weit unter sich läßt. Hoch an ihren Hängen liegen die terrassenförmigen Ortschaften Sapni, Barua und Shang . Die Kinnauris sind im wahrsten Sinne des Wortes ein Bergvolk, denn ihre Dörfer liegen nicht etwa in großen Höhen auf Plateaus, sondern direkt an den Steilwänden. Das Klettern muß ihnen wohl im Blut liegen und ein Teil ihrer Bedürfnisse sein, denn sonst könnten sie unter diesen Umständen nicht leben.

Die Straße war wie die Strecke nach Recong Peo nur an manchen Stellen provisorisch geteert und ansonsten staubig und sandig. Alle auch nur ein wenig von der militärischen Hauptverbindungsstrecke, dem National Highway 22, abweichenden Straßen werden nur notdürftig instand gehalten. Bei dieser Straßensituation hatten wir äußerstes Glück, auf der ganzen Reise nur ein einziges Mal eine verschüttete Straße zu erleben.

Etwa vier Stunden fährt man den Baspa aufwärts. Wegen der Gefährlichkeit der Strecke sind in die Felsen zahlreiche Schreine gebaut worden, vor denen Vicky sich stets verneigte und Somphal sogar für einen Moment das Steuer losließ, um die Hände zum Gebet für eine segensreiche Fahrt zu falten. An den größeren Tempeln sind Priester »stationiert«, die den Reisenden gegen ein paar Rupien segnen und ihm »Zuckerhostien« in den Mund stecken. Angesichts der Gefährlichkeit der Route begannen auch Andreas und ich zunehmend stille Gebete zu murmeln... Auf halber

Strecke erfüllte auf einmal ein bestialischer Gestank die Luft: Eine Kuh lag verendet und halb verwest in einer Kurve. Das Ausweichmanöver erforderte ein gewisses Maß an Geschicklichkeit und Zeit, da das Tier ausgerechnet in einer der engsten Kehren lag und wir nicht vorhatten, ähnlich zu enden.

Hat man die vielen Serpentinen hinter sich, öffnet sich das Gebirge und gibt den Blick frei auf eine breite, liebliche Ebene, die auch in den Alpen liegen könnte. Der auf 5284 Metern Höhe entspringende Baspa bildet hier vor seinem Sturz durch die Schluchten, die wir hinaufgekommen waren, ein breites Becken. Im Nachmittagslicht glänzten seine vielen Wasserläufe wie Silber, und die umgebenden Berge »glühten«, wie man es aus heimischen Gefilden kennt.

Nach ein paar Kilometern erreichten wir den neu angelegten Hauptort der Region – Sangla. Über ihm bewacht Kamru die Nordseite des Tals. Schon von weitem sieht man seine pittoresken Wehrtürme aus dem 14. Jahrhundert, die die Heimstätte des früheren Groß-Thakurs von Kinnaur waren. Bei unserer Ankunft lief ganz Kamru zusammen und schaute uns beim Errichten der Zelte auf einem abgeernteten Maisfeld zu. Auch der Bürgermeister des Ortes, der uns unseren Lagerplatz zugewiesen hatte, kam, um die Fremden zu bestaunen. Vicky und Somphal, die es ansonsten vorzogen, aus Sicherheitsgründen im Jeep zu schlafen, konnten für die Nacht bei ihm gegen ein paar Rupies Quartier beziehen.

Kamru ist ein rein traditionelles Kinnauri-Dorf mit keinem einzigen modernen Gebäude. Es wirkt wie ein Relikt aus längst vergangenen Zeiten. Große Bauernhäuser, viele Hindu-Schreine und ein altes, reich ausgestattetes und ausgemaltes kleines Kloster, an dessen Außenwänden viele einfache Gebetsmühlen eingelassen sind, bilden den Ortskern. Die Tradition, die diesen Menschen einen relativ gehobenen Lebensstandard beschert hat, ist noch nicht verlorengegangen. Zwar sind sie für unsere Verhältnisse arm, doch leben sie keineswegs im Elend wie ihre Nachbarn im indischen Tiefland. Durch geschickt gewählte Sozialformen wie die Polyandrie, die Vielmännerei, blieb in Kinnaur der Grundbesitz der Familien immer im Ganzen erhalten und wurde nicht endlos unter den

Nachkommen zersplittert. Dies bescherte der Bevölkerung stets einen gewissen Wohlstand. Die Polyandrie ist seit der Eingliederung in den indischen Staat zwar offiziell abgeschafft, wird aber nach wie vor in abgelegenen Gebieten praktiziert. In einem Land, das von seinen Entwicklungsmöglichkeiten stark limitiert ist, sind solche soziologischen Regelmechanismen durchaus sinnvoll, und es ist voreilig, sie ohne weiteres einfach zu verbieten.

Auf meinem Weg durch das Dorf blieb ich fasziniert an der reich geschnitzten Fassade eines großen Bauernhauses stehen. Aus schweren horizontalen, mit Blumenornamenten und Glückssymbolen verzierten Deodarlatten war die Veranda gefertigt, an jeder Ecke von *Makaras*, mythischen Seeungeheuern, flankiert. Auf einmal rief eine Stimme über mir in bestem Englisch: »Hello, want some tea?!«

Eine freundlich blickende Kinnaur-Frau mittleren Alters winkte vom Balkon und bat mich heraufzukommen. Vom mit Stroh und Heu ausgelegten Erdgeschoß, wo das Vieh gehalten wird, geleitete mich ein hübsches Mädchen, das vor dem Haus an der Straße Wäsche gewaschen hatte, über dunkle Treppen und weite Korridore hinauf auf die Terrasse. Hier begrüßte mich Miss Sunila Negi herzlich, und als ich sie und ihre Schwester so nebeneinanderstehen sah, wurde mir bewußt, warum man den Frauen der Sangla- und Kalparegionen in Indien eine Schönheit ohnegleichen nachsagt.

Die Kinnauris sind feingliedrig gebaut, mit persischen Zügen in den Regionen südlich Kalpas und leicht mongolischen bzw. tibetischen Zügen in den nördlichen Gebieten. Tatsächlich habe ich Menschen gesehen, die Nachkommen der Soldaten Alexanders des Großen sein könnten, der auf seinen Eroberungszügen bis Indien kam – so europäisch wirkte ihr Äußeres –, mit blonden Haaren, heller Haut und hellbraunen Augen. Die Kinnauri-Männer sind durchschnittlich zwischen 170 und 175 cm groß und als ehrlich, tüchtig und gastfreundlich bekannt.

Gastfreundlich war auch Miss Negi. Sie reichte mir Tee, bot mir einen Stuhl an und nahm neben mir Platz. Wir blickten in die Ebene, und sie erzählte mir, daß sie Direktorin einer Hauptschule in Thakri, etwas westlich stromab im Baspa-Tal sei. Daher verfügte sie über die gute Englischkenntnisse. Die Frau hatte einen interessanten Lebensweg gewählt: Aus einer großen, reichen, hinduistischen Familie stammend, übernahm sie als älteste Tochter die Verantwortung für die gesamte Familie – Großeltern, Mutter, zwei Brüder, eine Schwester und einige Haus- und Hofangestellte – nachdem ihr Vater früh gestorben war. Den Besitz, der sich aus Ländereien für die Getreide- und Obstwirtschaft zusammensetzte, verwaltete sie – da die Mutter sich nie mit der Landwirtschaft vertraut gemacht hatte – selbst, bis der ältere Bruder alt genug war, um ihr dabei zu helfen. Der zweite Bruder ging nach Delhi und eröffnete ein kleines Geschäft. Die jüngste Schwester heiratete, scheiterte aber in ihrer Ehe und kehrte – wie es in Indien Sitte ist – ins Elternhaus zurück. Sie mußte also mit Großeltern, Mutter und Hausangestellten wieder versorgt werden.

Die Frau sah den Wandel der Zeiten und die zunehmenden Schwierigkeiten, die Familie allein aus den Erträgen der Landwirtschaft zu ernähren. Daher entschied sie sich, Lehrerin zu werden, um weitere finanzielle Mittel nach Hause zu bringen und damit den Hof halten zu können. Sie war so erfolgreich, daß sie bald die Direktion der Schule übernehmen konnte. Ich fragte sie nach ihrem Ehemann, worauf sie mit einem melancholischen Seufzer antwortete, daß dafür nie Zeit in ihrem Leben gewesen sei. Am Anfang habe sie darunter gelitten, doch später hatte sie es als schicksalhafte Pflicht angenommen, ihr Leben wohl für andere leben zu müssen.

Miss Negi wirkte für eine traditionelle Hindufrau erstaunlich emanzipiert. Ihr Selbstbewußtsein ließ auf ihre Zugehörigkeit zu einer hohen, gebildeten Kaste schließen. Als ich sie fragte, woher sie die Kraft für ihr Tun nehme, antwortete sie: »Aus den Lehren meines Gurus Sai Baba.« Sai Baba ist ein hinduistischer Heiliger aus Sündindien, der wegen seiner Lehren hohes Ansehen genießt. Bei uns ist er leider mehr durch seine Zaubertricks, wie die Manifestation von *bhuti* – heiliger Asche, die auf einmal aus seinen Händen rieselt – bekannt.

Sie fragte mich, warum ich hierher gekommen sei. Ich erwiderte, daß mein Gespräch mit ihr Grund genug für mich sei, solch eine weite Reise anzutreten: Menschen kennenzulernen, die ihre Lebensweise ungebrochen aus der Tradition und dem Glauben herleiten. Sie freute sich sehr über unser intensives Gespräch und bot mir an, wiederzukehren und länger in ihrem Haus zu leben. Hoffentlich werde ich dies eines Tages tun können . . .

Im Fort von Kamru wurden früher die Thakurs von Kinnaur inthronisiert, ebenso wie die späteren Rajas von Bushair stets hier ihre zweite Einsetzung erhielten – als Ausdruck dafür, daß sich ihr Machtbereich auch auf die nördlichen Gebiete des Landes erstreckt. Heute ist der eingefriedete Palast mit seinem hohen Wehrturm und den schindelgedeckten Häusern ein der Gottheit *Kamakshi* geweihter Tempelbezirk. Sein Kultbild wurde aus Guwahati im weitentfernten ostindischen Assam hierhergebracht. Durch ein geschnitztes Holztor, das neben archaisch anmutenden Figuren wieder die Darstellungen von Krokodilen trug, gelangte ich in den Tempelhof. Die Gebäude waren zu dieser fortgeschrittenen Stunde leider schon verschlossen.

Als ich mich setzte, fiel ein weiteres Mal die Hektik unserer Zivilisation von mir ab: Die Sonne versank, Stille kehrte ein, der Duft einfacher Abendmahlzeiten stieg aus den Häusern, und Himmel und Mond spielten mir eine wahrhafte Symphonie in Blau und Rosa vor. Die Wolken verschleierten den Raldang, gaben ihn für Momente roten Goldes wieder frei, bevor sie in die Bergschluchten trieben, um dort für die Nacht zu rasten.

Am nächsten Morgen wurde ich schlagartig in die Moderne zurückgeholt. Somphal hatte den Motor gestartet und ließ ihn zu vollen Touren aufheulen, so daß dicke Dieselschwaden bis ins Zelt hineinzogen. Nachdem wir diesen »Motorcheck«, für den es keinen ersichtlichen Grund gab, ungefähr zehn Minuten ausgehalten hatten, war meine Geduld am Ende. Mit einem Satz befreite ich mich von meinem Schlafsack und lief zu Somphal, der seelenruhig im Jeep saß, vor sich hinstarrte und versuchte, seine Fußgelenke nach der nächtlichen Kühle wieder durch Betätigung des Gaspedals zu lokkern. Es begann eine lange Diskussion, bei der ich merkte, daß Inder keinerlei Sinn für Lärmbelästigung und Umweltverschmutzung ha-

Baspa-Tal – die »Alpen« Kinnaurs

ben. Somphal fand sein Verhalten völlig normal. Er hatte beim Militär gelernt, daß man am Morgen als erstes die Fahrzeuge in Gang bekommen muß und dies war für einen Fahrer das Wichtigste. Ihn hätte es auch nicht im geringsten gestört, in der dieselverpesteten Luft zu frühstücken. Der Motor wäre bis zur Abfahrt weitergelaufen, die bei der anfänglichen Desorganisiertheit unserer Crew nach dem Frühstück bis zu zwei Stunden auf sich warten lassen konnte. In Indien beträgt der Dieselpreis nur etwa sechs Rupien, das sind umgerechnet etwa dreißig Pfennige, für die der Fahrer ja nicht selbst aufzukommen hatte. Doch die Hauptgründe für Somphals Unbekümmertheit dürften sein fehlendes technisches Verständnis und sein komplett unterentwickeltes Umweltbewußtsein gewesen sein.

Auch mit Vicky hatten wir in dieser Hinsicht unsere Probleme. Anfangs ließ er seine Essensverpackungen, Dosen und Abfälle, liegen, wie sie ihm aus der Hand fielen. Doch war er wenigstens noch Hinweisen zugänglich und lernte im Verlauf der Reise, alle Abfälle zusammenzuhalten und sie bis zum nächsten Ort mitzunehmen, um sie dort auf den Müll zu werfen. Das Argument, das ihn zur Änderung seiner Verhaltensweise brachte, war die Religion, die stark in ihm verankert war. Nach dem Hinduismus ist alles in der Welt durchdrungen vom Weltgeist *Brahman*. Das ethische Verhalten des Hindus schließt eine Ehrung der Natur mit ein. Er ist nur ein Teil des Ganzen und das Ganze ist ein Teil von ihm. All sein Tun hat Konsequenzen, denn er befindet sich im ständigen Austausch mit der ihn umgebenden Welt. Einfacher gesagt: Verschmutzt er die Welt, verschmutzt die Welt auch ihn. Mit diesem Argument hatten wir es geschafft, einen kleinen Teil zur »Entwicklungshilfe« beizutragen.

Wir setzten das Abstellen des Motors durch, und zum Frühstück stand wieder der Großteil des Dorfes an unserem Zeltplatz parat. Andreas hatte das morgendliche Singen der zur Schule eilenden Kinder auf seinen Walkman aufgenommen. Eine riesige Anzahl Kinder umringte »Mr. Chheru«, als dieser den begeistert Johlenden zur Freude auch der alten Bewohner Kamrus die Gesänge auf Wunsch mehrmals vorspielte.

Wir folgten dem alten Pilgerpfad, der den Kinner Kailash mit dem Kailash in Tibet verbindet, nach Nordosten. Durch einen lichten Pinien- und Zedernwald gelangten wir über Rakchham nach Chitkul auf 3 450 Metern Höhe. Hat man die Kontrollen durch das stark vertretene Militär hinter sich, gibt es auch hier einen schönen alten Ort zu entdecken.

Chitkul liegt in nach Heublumen duftenden Heidekrautfeldern, die von einem eisigen Gletscherbach aus dem Massiv des Phawarang (6 349 Meter) bewässert werden. Auf der gegenüberliegenden Seite erheben sich die Berge, die Kinnaur von Uttarkhand trennen, dem heiligen Land der Hindus, in dem die Gangesquelle und zahlreiche religiöse Pilgerstätten liegen. Die Quelle des Ganges läßt sich in einem mehrtägigen Marsch über den Lamkhaga-Paß erreichen.

Am frisch geebneten Dorfplatz und dem mittlerweile schon obligaten Thakur-Turm vorbei, keuchten wir zur höchsten Stelle des Ortes, wo ein kleines, in hinduistisch-buddhistischer Mischarchitektur erbautes Haus als Kloster fungiert. Umgeben von Malvenblüten ist auf einem weißen, tibetisch anmutenden Steinbau ein schirmförmiges, holzschindelgedecktes Dach gesetzt. Vor dem buntbemalten Türrahmen saß der Lama von Chitkul in einem safrangelben Hemd und der typischen Kinnauri-Kappe und zeigte mir nach unserer Begrüßung sein kleines, mit Statuen angefülltes Heiligtum. Eine Verständigung war nur mit Händen und Füßen zwischen uns möglich, doch war sie gar nicht so sehr vonnöten, als wir gemeinsam in der Sonne saßen, das Trocknen der entsteinten Aprikosen auf dem Vorplatz des Tempels beobachteten und dem Rauschen des Bergbaches zuhörten.

Todesmutig ins Ungewisse

Wir hatten heute noch eine lange Etappe bis Kanum und Labrang im Morang-*Tehsil* vor uns. Der Distrikt Kinnaur ist in sechs Verwaltungsbezirke, Tehsils genannt, eingeteilt. Im Süden liegt Nachar-Tehsil, das Baspa-Tal ist unter dem Sangla-Tehsil zusammengefaßt. Gen Norden folgen dann die Tehsils Kalpa, Morang, Pooh und Hangrang an der Grenze zu Spiti. In den südlichen Bezirken fällt noch Regen, doch ab Kalpa wird es zunehmend trocken. Hier verläuft auch die Religionsgrenze, wie das ebenfalls in anderen Regionen der Fall ist, z. B. zwischen dem fruchtbaren islamischen Kashmir und dem, ab einer gewissen Höhe und Kargheit beginnenden, buddhistischen Ladakh.

Zum Sutlej zurückgekehrt, stießen wir auf der linken Flußseite auf das Dorf Morang mit seinem großen Kloster und den zerfallenen Wehrtürmen. Es machte auf uns aber einen so abweisenden und kalten Eindruck, daß wir uns entschieden, bis Kanum, einer Hochburg des Buddhismus mit vier Klöstern weiterzufahren.

Bei Spello verpaßten wir die kaum ausgeschilderte Abfahrt und fuhren zwanzig Kilometer weiter in dem Glauben, irgendwann doch noch einmal an unser Etappenziel zu gelangen. Es begann zu dämmern. Der zeitliche Abstand zwischen Tag und Nacht ist in diesem engen Schluchtengebiet nur sehr kurz und so war es um uns herum bald stockfinster. Wir versuchten, in der Ebene einen Lagerplatz zu entdecken, doch war es unmöglich, hinunter zum ruhigen Flußbett, das hier aus grauem Schlamm besteht, zu gelangen. Direkt an der Straße ragten die Felswände senkrecht empor, so daß es auch keine Möglichkeit zum Campen gab, wollte man die Zelte nicht unmittelbar auf der Straße aufbauen. Nach der Karte mußte die Hindustan-Tibet-Road direkt an Kanum vorbeiführen. Dem war aber nicht so. Kurz vor Shi Asu entschieden wir uns, kehrtzumachen. Auf dem Rückweg fanden wir nach vielem Fragen endlich die versteckte Abzweigung, und es folgte die gefährlichste Fahrt der ganzen Reise.

In pechschwarzer Dunkelheit zog sich die enge, steile Schotterpiste, zehn Kilometer an schwindelerregenden Abhängen, bei Schritttempo ins Unerträgliche. Zusätzliche Ängste bereiteten uns die abgefahrenen Reifen, und Somphal, unser Fahrer, war nur noch am Beten, vor allem, wenn der Rand des einspurigen Weges gefährlich unter der Last des Wagens in den Abgrund bröckelte.

Schließlich blieb nur noch das Aussteigen übrig. Ein aus Spello mitgenommener Kinnauri zog es vor, uns frühzeitig zu verlassen, als er sah, daß es zunehmend notwendig wurde, eigenhändig die Straße auszubessern, damit der Jeep überhaupt passieren konnte. In den Lichtkegeln der Scheinwerfer liefen wir voraus, entfernten große Felsbrocken, die das Fahrzeug mit Sicherheit einen Reifen gekostet hätten, und füllten kleinere Steine in Schlaglöcher, durch die wahrscheinlich die Achse beschädigt worden wäre. Als nach einer Stunde die Lichter Kanums immer noch weit entfernt am Berghang gegenüber auszumachen waren, gaben wir am späten Abend entnervt auf. Wir hatten seit unserer Abfahrt nichts mehr gegessen, und weit und breit war keine Quelle zu entdecken. Andreas zog mit allen auftreibbaren Behältern in die Nacht, um gegebenenfalls irgendwo eine Wasserleitung anzuzapfen. Nach einer Viertelstunde kehrte er mit ein wenig Wasser und der Meldung zurück, daß wir kurz vor einem Abgrund gehalten hätten, in den es die gesamte Straße gerissen habe! Der Weg nach Kanum war für den Jeep also völlig unpassierbar geworden. Keiner von uns war bereit, um diese Uhrzeit noch einen Fußmarsch durch unbekanntes Steinschlaggebiet zu wagen, und so entschieden wir uns, an der Straße unser Lager aufzuschlagen. Wir suchten einen durch Bäume vor weiteren Geröllawinen geschützten Flecken und fanden ihn schließlich in einem Aprikosenhain unterhalb der Straße. Vicky begann ein notdürftiges Abendmahl mit dem wenigen zur Verfügung stehenden Wasser, und wir bereiteten unser Lager. Es war so dunkel, daß ich mir fast ein Auge an einem Stacheldraht ausstach. Ich entschied mich daher, weitere Zeltaufbauaktionen zu unterlassen und diese Nacht – Steinschlag hin oder her – mit Isomatte und Schlafsack im Freien zu verbringen.

Für meine durch Flöhe zur Qual gewordene Nacht wurde ich am Morgen mit einem herrlichen Blick entschädigt: Das majestätisch in den Steilhang gebaute Kanum glänzte im Sonnenaufgang. Vier Klöster konnte ich aus dieser Entfernung ausmachen, sieben religiöse Gebäude sollten es insgesamt sein. Beim Versuch, mich aus meinem Schlafsack zu schälen, überkam mich plötzlich ein Hitzeschwall, und mit einem Schlag brach meine Erkältung aus, mit der ich in Form von Halsschmerzen schon ein paar Tage zu kämpfen hatte. Starker Husten, Schnupfen und Fieber machten mir die nächsten Tage zu schaffen. Der letzte Tag mit seinem zehnstündigen Fahrtmarathon und seinen holprigen Pisten, die ständiges Festhalten im Jeep erforderten, der Staub und der Fahrtwind im offenen Wagen seit Tagen, der Wechsel zwischen Hitze und auffrischendem Wind, das wenige Essen und die chaotische Nacht waren wohl etwas zuviel gewesen.

Nach einer Katzenwäsche am lecken Schlauch starteten wir den Abstieg ins Flußtal. Hinter einer einfachen Holzbrücke begann der steile Weg nach Kanum. Es war ein herrlicher Spaziergang durch schattige Haine, an deren Wegen sich die Bewässerungskanäle für die Terrassenfelder entlangzogen. Der Pfad führte direkt auf einen großen Platz im Herzen der Stadt. Von diesem Platz blickt man auf den Ursprung des Namens Kanum, der sich herleitet aus »*Ka*«, den Anfangsbuchstaben für »*Kangyur*«, den 108 Bänden der kanonischen Schriften des tibetischen Buddhismus, und »*Num*«, welches Ort bedeutet. Kanum ist also »ein Ort der heiligen Bücher«, und an seinem Dorfplatz liegt unübersehbar das Kangyur-Gebäude, die Bibliothek. Es ist ein quaderförmiges, rein tibetisches, zweistöckiges

Bauwerk mit nur ein paar kleinen Lichtöffnungen, wesentlich älter als die 108 Bände Kangyur und 225 Bände *Tangyur*, die Kommentare zur Lehre Buddhas, die sich jetzt darin befinden. Diese wurden 1820 in Narthang, in der Nähe Tashilhunpos, dem Sitz des Panchen Lamas in Tibet, von den dortigen Holzdruckstöcken abgezogen. Tibetische Bücher bestehen aus einer Anzahl schmaler, beidseitig beschrifteter Seiten. Zu ihrer Aufbewahrung werden sie in Seidentücher gewickelt und zwischen zwei Holzdeckel gelegt. Die besonders heiligen Werke liegen oft zwischen silbernen und sogar goldenen Buchdeckeln. In vielen Orten des Himalaya werden die Bibliotheken einmal im Jahr auf die Felder getragen, um den Segen Buddhas für die Ernte zu erlangen. Bücher sind für den tibetischen Buddhisten heilig; ihr geistiger Inhalt umgibt sie wie eine Aura und kann auf den Gläubigen übergehen, wenn er sich nur in ihrer Nähe aufhält. Deshalb sind die Bücherregale oft in den Hauptversammlungshallen tibetischer Klöster untergebracht.

Im oberen Stockwerk der Bibliothek, die man über eine Holzleiter erreicht, steht eine große Statue des historischen Buddhas. Neben der großen Ansammlung heiliger Schriften ist das Besondere dieses Gebäudes, daß seine Wände über und über mit *Tsa-tsas* behängt sind. Tsa-tsas sind aus Lehm und der Asche heiliger Männer geformte Votivgaben, die der Darstellung von Gottheiten oder den Symbolen Buddhas dienen. An den Mauern des Kangyurs sind Hunderte *Mani*-Steine aufgeschichtet – in Stein gemeißelte Gebete. Eine einheimische Frau umrundete betend das Gebäude. Wie man es sonst nur bei Nomaden des Kernlandes Tibets antrifft, hatte sie das Haar zu 108 Zöpfen geflochten. Ihr tibetisches »Jullay« als Antwort auf meinen Hindugruß »Namaste« zeigte mir, daß wir die Religionsgrenze spätestens an diesem Morgen überschritten hatten.

Neben dem Kangyur-*Lhakang* liegt umgeben von Weiden und Pappeln ein Kloster namens Labrang. Es trägt eine interessante Mischform hinduistischer und tibetischer Architektur. Auf einen kalkgeweißten, rein tibetischen Steinbau wurde hier ein rundes Himachal-Holzdach gesetzt. Der Tempel erhält dadurch einen ganz eigenen Reiz.

Terrassenbauweise in Labrang; im Vordergrund ist ein Gebetsmühlenschrein erkennbar

Leider war der Chowkildar, der Verwahrer des Schlüssels, nicht auffindbar, so daß wir nur die Fassade und ein paar Malereien am Eingang betrachten konnten. Wir gingen weiter zum Hauptheiligtum Kanums, der Lundup Ganfel Gompa, ein *Gelug-pa*-Kloster der reformierten Schule der Gelbmützen, deren Oberhaupt der Dalai Lama ist. Wie die meisten buddhistischen Klöster ist auch Lundup Ganfel oberhalb des Dorfes angesiedelt und fordert einen schweißtreibenden Aufstieg. Das Kloster heißt im Lokaldialekt »*Khache-Lhakhang*«, was soviel wie Muslim- oder Kashmiritempel bedeutet. Hier wurde entweder von dem kashmirischen Gelehrten Shakyavirbhadra ein Tempel errichtet, als dieser von 1213 n. Chr. zehn Jahre in Kanum lebte, oder aber das Heiligtum geht direkt auf Rinchen Zangpo zurück, den großen tibetischen Übersetzer, der Anfang des 11. Jahrhunderts auf seinen Wegen von und nach Kashmir hier Station gemacht haben soll. Der jetzige Tempel ist Anfang des Jahrhunderts von einem ladakhischen Lama namens Tomo Geshe errichtet worden. Lediglich die 25 Mönchen Platz bietenden

Mönchszellen sind noch aus älterer Zeit. Mit neuen Fresken, vielen Musikinstrumenten und einigen Figuren, darunter einer großen Statue des historischen Buddhas Shakyamuni, die um 1830 aus Tashilhunpo hierhergebracht wurde, ist die Versammlungshalle, ausgestattet.

Auf dem Altar des Haupttempels entdeckten wir ein paar schöne alte Tsa-Tsa-Schreine. In Schreinen werden die Tsa-Tsas mit ihren unterschiedlichen Gottheiten zu plastischen *Mandalas* angeordnet, Schaubildern des buddhistischen Pantheons bzw. im übertragenen Sinne der eigenen Persönlichkeit, die einem Mönch auf Reisen als Meditationshilfe dienen.

Wir konnten uns nur wenig mit dem Chowkildar verständigen. Er war anscheinend ein wenig ungehalten, daß wir ihn in seiner Mittagsruhe gestört hatten. Daher verließen wir ihn bald und begaben uns auf den Rückweg. Wir wählten einen Pfad oberhalb Kanums, der von *Chörten* markiert wurde. Chörten sind die tibetische Ausprägung der indischen *Stupas*, der Grabhügel, Denkmäler und Reliquienschreine zu Ehren Buddhas. Auf einem Sockel mit stufenförmiger Verjüngung ruht ein weißgekalkter, bauchiger Mittelbau. Die hölzerne Spitze ist meist dreizehnfach geteilt. Sie wird von den Symbolen Schirm, Halbmond, Sonne und Flamme gekrönt. Die Chörten repräsentieren in vielschichtiger Symbolik einerseits Buddha und seine Lehre, andererseits aber auch den menschlichen Körper mit seinen Energiefeldern wie auch die fünf Elemente des tibetischen Buddhismus (Erde, Wasser, Feuer, Luft und Äther). Zu Tausenden prägen die Chörten im Himalaya das Landschaftsbild: an speziell durch Visionen gefundenen Plätzen, auf Paßhöhen, an Dorfeingängen oder als Wegweiser zu Klöstern.

Manche Chörten sind in Schreine eingebaut, andere haben Holzdächer oder werden wie Puppen mit wertvollen Stoffen gekleidet. Die meisten sind mit Tsa-tsas bedeckt, und an ihnen lehnen oft Hunderte von Manisteinen. Besonders auffallend ist in Kinnaur der »Drei-Chörten-Kult«, *Rigsum-gompo* genannt. Auf Hausdächern sowie in der Nähe von Klöstern sind entweder freistehend oder in einem Schrein drei Chörten in den Farben Rot, Gelb und Blau

Der Lama von Chitkul

Meru-Tsa-tsas an einem Chörten

Prozessionswagen mit Masken der Mata Devi in Morang (Foto: Weihreter)

Der Morang-Tehsil

Buddha-Shakyamuni-Triade mit zwei Aspekten Avalokiteshvaras im Lotsava-Lhakang von Pooh aus dem 10. Jahrhundert (Foto: Weihreter)

Hinduistisch-buddhistische Mischarchitektur am Kloster Labrang in Kanum

Erntezeit in Labrang

Ein mit Gebetsfahnen geschmückter Obo weist den Weg nach Tibet

Altes Fresko der dreiköpfigen und achtarmigen Usnisavijaya mit Weihinschrift in Nako

Der Meru der Mönche aus Chango in Nako

Wie auf dem Mond: Nako mit seinem »Smaragdsee«

Der kleine Ling-Rinpoche in Bodhgaya 1992

aufgestellt. Sie repräsentieren die drei Beschützer der Boddhisattwa-Familien, *Vajrapani, Manjusri* und *Avalokiteshvara*. Boddhisattwas sind im Glauben der Tibeter Wesen, die auf ihren eigenen Eingang ins *Nirwana* verzichtet haben und freiwillig immer wieder auf die Erde zurückkehren, um anderen auf dem Pfad der Vervollkommnung zu helfen. Mit ihnen verbinden sich die Bodhisattwa-Tugenden Stärke, vollkommene Weisheit und mitleidvolle Barmherzigkeit. Die Dreier-Chörten-Gruppen stehen zugleich symbolisch für die drei verschiedenen Gruppen von Göttern und Dämonen: *Nagas*, Fels- und Luftgottheiten und Götter. Die Buddhisten, in deren Land wir uns nun befanden, umwandeln die Chörten und ihre Schreine stets im Uhrzeigersinn, lassen sie also rechts von sich liegen. Aus Respekt vor ihren Sitten taten wir ihnen das stets nach.

Die Bauwerke wiesen in Kanum den Weg zu einem weiteren Kloster, dem Tashi Choeling, Nonnenkloster des Ortes. Leider fanden wir es ebenfalls nur verschlossen vor. Um so mehr genossen wir den herrlichen Blick auf das sich zu unseren Füßen ausbreitende Kanum, fast zweigeteilt in eine buddhistische und eine hinduistische Stadthälfte, die sich um den Dabla devata-Tempel anordnet. Der Grund dafür, daß an diesem Tage fast alle Tempel geschlossen waren, lag darin, daß in der Nacht zuvor ein hinduistischer Einwohner Kanums gestorben war und die Priester beider Religionen mit seinen Bestattungsritualen beschäftigt waren – ein weiteres Zeichen für die Synthese von Hinduismus und Buddhismus in Kinnaur.

Auf dem Klosterhof vernahmen wir vom Berghang gegenüber lautes Johlen und Singen. Dort blickte das alte, schöne Labrang nach Norden, den Sutlej hinauf. Immer wieder ist dieser Fluß gegenwärtig, der den Kinnauris so heilig ist wie den Indern der Ganges. Von Tibet hat er sich seinen Lauf durch die Hauptkette des Himalaya gebahnt und – von Labrang aus gut sichtbar – tiefe Schluchten in den Felsmassen hinterlassen.

Wir passierten erneut viele Chörtenschreine am Weg bergab und bekamen langsam den Eindruck, daß sie hier eine ähnlich kultische Bedeutung genießen wie andernorts Statuen oder Fresken Buddhas. Die Erklärung hierfür ist, daß es chörtenähnliche Gebilde auch schon in der vorbuddhistischen *Bön*-Zeit gab. Padmasambhava, der große Tantriker, der im achten Jahrhundert den Buddhismus nach Tibet brachte, konnte Kinnaur nur durch Unterwerfung der lokalen Naturgottheiten und Geister für die Lehre Buddhas gewinnen. Intelligenterweise inkorporierte er die alten, stark im Bewußtsein der Bevölkerung verwurzelten Kulte in die neue Lehre und erweiterte bzw. erneuerte ihren Inhalt. Im Falle der Chörten bedeutete dies wohl, daß die alten Bön-Symbole der Geisterabwehr in Form von kultischen Steinhaufen die vergeistigte, symbolträchtige Ebene der buddhistischen Stupas hinzubekamen.

In Kinnaur wird noch immer eine ältere und dämonischere Form des Buddhismus praktiziert als in den später missionierten Gebieten wie Spiti, Ladakh oder Tibet. Hier findet sich auch der höchste Anteil an *Nyingma-pa*-Klöstern – der Schule, die direkt auf Padmasambhava zurückgeht – und selbst in den wenigen Klöstern der anderen Schulen hält meist der von den Tibetern *Guru Rinpoche* (»Der erhabene Lehrer«) genannte Heilige den höchsten Altarplatz inne. Paradoxerweise ist aber in Kinnaur auch einer der bedeutendsten Gelehrten des Vajrayana geboren, der sich um eine reine Form der buddhistischen Lehre bemühte: Rinchen Zangpo (958–1055 n. Chr.), der größte Klosterbegründer des tibetischen Kulturkreises, dem es zu verdanken ist, daß viele indische, frühbuddhistische Schriften erhalten geblieben sind, und der viel dazu beitrug, den Buddhismus von Geisterglauben und Magie zu befreien.

Ein kleiner Junge führte uns den schmalen Pfad entlang des schroffen Geröllhügels hinauf. Bald standen wir auf dem Dorfplatz von Labrang, der, wie bei den meisten am Hang gebauten Kinnauri-Dörfern, am unteren Ende liegt. Die eng übereinander gebauten Flachdachhäuser, zu denen oft kein eigener Weg führt, sind hier nur durch Leitern aus Baumstämmen miteinander verbunden. Ganz Labrang glich zu dieser Zeit einem gelben Meer aus Stroh, Heu und Korn. Alle Familien waren gerade mit der Ernte beschäftigt. Auf den Dächern trocknete das Stroh, an einer Stelle war ein runder Dreschplatz ausgelegt, auf dem das Heu von geführten *Dzos*, Kreuzungen aus den tibetischen Hochgebirgsyaks und indischen Hausrindern, gedroschen wurde. Anderswo waren Frauen dabei, Korn in die Luft

Uralter Kinnauri-Chörten in Labrang

zu werfen und den Wind die Spreu vom Weizen trennen zu lassen. Von oben kamen Kinder von den Feldern, beladen mit weiteren Fudern Heu oder Gerstenähren, die fast so groß wie sie selbst waren. Die Frauen des ganzen Dorfs arbeiteten zusammen – wie es überhaupt auffiel, daß es vor allem die Frauen waren, die mit der Bearbeitung der Frucht betraut schienen.

Die Männer waren noch auf den Feldern. Aus der Ferne hallten ihre Gesänge wie »Holla, holla, es ist nicht schwer, die Arbeit ist nicht schwer...« Die worfelnden Frauen hatten wiederum ihre eigenen Gesänge, wobei mir auffiel, daß sie das Rieseln des Korns mit langen Pfiffen begleiteten. Nur kurz wurden wir Fremden bestaunt, dann ging jeder wieder seiner Arbeit nach.

Wir gingen zum Dorfkloster. Eigentlich kletterten wir mehr, denn der Weg über Felsbrocken dorthin wurde zunehmend steiler. An einem großen, alten, überdachten Chörten überholten uns auf Dzos reitende Jungen und schenkten uns schwitzenden Rotköpfen ein mitfühlendes Lächeln. Die Gompa mit ihrem vorgelagerten Hof auf einem kleinen Plateau ist neueren Datums und war leider geschlossen. Anscheinend war sogar der Lama von Labrang nach Kanum gerufen worden, um dort bei der Beisetzungszeremonie zu helfen. Doch der grandiose Anblick auf Kanum und die dahinter sich bis ins Unendliche ziehenden Gebirgsketten entschädigten für alle Anstrengung. Das Kloster bildet mit seinen umgebenden Chörten ein weit auseinanderliegendes Mandala, eine Form, für die ich immer empfänglicher wurde. Hier kam hinzu, daß die Chörten mit dem Muttertempel durch Leinen, an denen Gebetsfahnen hingen, verbunden waren. Auf allen Seiten bildeten sie die energetischen Außenposten des Klosters, sogar bis tief ins Tal, durch den lichten Kiefernwald hindurch. In weit ausschweifenden Wegen passiert ein Pilgerweg als Meditationsgang sämtliche dieser Chörten. Wir folgten ihm talwärts, und auf halbem Weg packte Andreas endlich einen seiner aus Deutschland mitgeführten Schätze aus: Trockenobst mit Studentenfutter und Schokolade!

Wie tat dies meinem angeknacksten Gesundheitszustand gut! Ich fühlte mich, als würden sämtliche Kräfte in mich zurückkehren, die mir der zehn Kilometer lange Bergtreck an diesem Vormittag geraubt hatte. Unüberlegterweise hatte ich mit einem sanften Spaziergang gerechnet und weder Bergstiefel angezogen noch Thermo-Unterwäsche. Die hohe Transpirationsrate bei diesen dreißig Grad ließ mich aber doch recht schnell ermüden. Der oft und unvermittelt einsetzende kalte Bergwind auf dem schweißnassen Körper führte zu einer raschen Auskühlung, was nicht gerade zur Besserung meiner Erkältung beitrug. An diesem Tag hatte ich einmal mehr gesehen, daß das Gehen im Hochgebirge kein Spaziergang ist und man seine Kleidung dementsprechend wählen sollte.

Nach einer weiteren halben Stunde Fußmarsch entlang des steilen Abhangs erreichten wir endlich den Jeep. Mein Fieber war wieder angestiegen. Doch hätte ich auf diese beiden Ortschaften nicht verzichten wollen, und so war ich froh, daß ich mich zu ihrem Besuch durchgerungen hatte. Vicky hatte vorsorglich süßen *Khir*, indischen Reispudding, vorbereitet, den ich, über fehlende starke Gewürze dankbar, nur so in mich hineinschlang. Bald war der Jeep gepackt, und wir sahen mit Grauen die Gewalt des vor uns niedergegangenen Steinschlags sowie die Schotterpiste, die wir in der Nacht zuvor heraufgekrochen waren. Tagsüber hätte es Somphal bestimmt abgelehnt, diesen mörderischen Weg zu fahren!

Pooh und das Ruderboot

Ebenso langsam wie am Vorabend schlichen wir den Pfad nach Spello hinunter, oftmals wieder mit Straßenreparaturen beschäftigt. Nach einer guten, heißen Stärkung mit Chai an einem Tea-stall ging es nun nach Pooh, dem 2 837 Meter hoch gelegenen Hauptort des gleichnamigen Tehsils. Pooh hatte mich seit jeher fasziniert, da ich bei diesem Namen immer an Pooh, den Bären, denken mußte, dessen Geschichten ich als Kind gelesen hatte. Seine naive und doch so weise Art, vollkommen sorglos im Hier und Jetzt zu leben, hatte einen Autor sogar motiviert, ihn als Beispiel zur Erklärung des japanischen Zen-Buddhismus zu wählen. Heute abend aber wollte ich von Pooh nur noch ein weiches Bett und eine warme Mahlzeit. Beides gab es dann auch in einem staatlichen Guesthouse in diesem für mich sonst leider enttäuschenden Ort. Pooh, das auf einer Ebene hoch über dem Sutlej, eingerahmt von den kahlen, braunen Bergen der Runang-Range, liegt, »entpoohppte« sich als fast ausschließlich vom Militär besiedelt. Das Militär ist in Pooh so übermäßig stark vertreten, daß der Ort völlig in Wellblechbaracken und Zelten untergeht.

Zum Abend füllte sich das Guesthouse zusehends mit verschiedenen Reisenden. Es zeigte sich, daß die Inder entgegen ihrer nach außen proklamierten Politik, nach der nur Gruppen mit einem anerkannten indischen Reiseveranstalter die Sperrgebiete besuchen dürfen, auch Individualtouristen einließen. Eine Deutsche war sogar alleine mit dem Fahrrad unterwegs. Auch sie hatte lediglich das Permit aus Recong Peo benötigt, das man ihr aber ohne Schwierigkeiten ausgehändigt hatte. Es paßte wieder einmal zu meinen bisherigen Indien-Erfahrungen, daß im Land selbst alles anders kommt, als es vorher den Anschein hat. Ein Bekannter von Andreas, Experte für Schmuck aus dem Himalaya, war mit einem amerikanischen Freund ebenfalls in Kinnaur und Spiti unterwegs. Es gab ein feuchtfröhliches Wiedersehen. In Manali hatten die beiden einen Jeep gemietet und waren wie wir das Sutlejtal heraufgekommen. Von nun an sollten wir immer wieder am Ende unserer Tagesetappen aufeinanderstoßen. Den Abend verbrachten wir zusammen bei Kerzenlicht, aßen Gummibärchen (wovon der Lebenskünstler Andreas drei Kilo von zu Hause mitgebracht hatte) und tranken irischen Whiskey (den wir als Medizinersatz mithatten), nachdem die Köche der verschiedenen Grüppchen ihre Vorräte zusammengeworfen hatten. So war für alle ein üppiges Dreigängemenü aus Hühnersuppe, Gemüsereis und Reispudding zustande gekommen. Zu späterer Stunde gesellten sich auch ein paar Kinnauris zu uns, die im Guesthouse beschäftigt waren. Mit einem der drei, der die englische Sprache beherrschte, kamen wir ins Gespräch. Nach ein paar Gläsern Whiskey wurden die Zungen lockerer und unser Besucher kam ins Geschichtenerzählen. Trotz der Mauern, die uns umgaben, hatte ich bei seinen Erzählungen das Gefühl, mit einer Karawane zu ziehen und auf einer Paßhöhe am Lagerfeuer seinen Worten zu lauschen:

»Einst lebte in einem kleinen Dorf in Kinnaur ein schönes Mädchen namens Dolma. So bezaubernd war ihre Anmut, daß jeder im Dorf von ihr schwärmte. Eines Tages ging sie auf ein Fest ins Kashang-Tal und traf in der Menge auf einen Jungen namens Tongku. Es war Liebe auf den ersten Blick, und die beiden trafen sich fortan jeden Tag, wenn sie ihr Vieh auf die Weide trieben. Niemand wußte von ihren geheimen Treffen. Es kam der Tag, an dem Tongku zu Dolma sagte, er sei der heimlichen Treffen überdrüssig. Er wolle ihrem Vater ein formelles Heiratsangebot unterbreiten. Dolma erstarrte über seine Worte. Sie war den alten Sitten und Gebräuchen gefolgt, vor einem Jahr Nonne geworden und eine Heirat war ihr fortan verboten. Nie würde sie den Mut aufbringen, diese Schranken zu durchbrechen. Tongku war darüber sehr traurig und schlug vor, eine heimliche Gandharva-Hochzeit im Tempel des Waldes zu zelebrieren. Doch Dolma ließ sich nicht darauf ein und eilte in ihr Dorf zurück. Fortan trafen sie sich nicht mehr, und obwohl Tongku sein Bestes gab, ihre Familie von seiner ehrbaren Liebe zu überzeugen, konnte er doch nichts ausrichten. So verlebten sie ihre Tage ohne den anderen, bis sie sich nach Jahren auf dem gleichen Fest von einst wiedertrafen. Dolma erschrak, doch fühlte sie erneut die Unwiderstehlichkeit in sich aufsteigen, mit der es sie schon damals zu ihrem Liebsten gezogen hatte. Nun entschied sich Dolma, Tongku schließlich doch heimlich zu heiraten, sollten die anderen sie ruhig mit Schimpf und Schande überschütten.

Doch die beiden wurden auf ihrem Weg zum Waldtempel von einem eifersüchtigen Hirten erspäht. Durch ihn verbreitete sich die Geschichte ihrer heimlichen Vermählung wie ein Lauffeuer über das Tal. Dolmas Verwandte nannten die Verbindung unmoralisch und nicht rechtens und nötigten sie mit Gewalt, ins Dorf zurückzukehren. Als sie die widerstrebende Dolma mit Augen voller Tränen in ihren Heimatort brachten, kamen sie zu einer Brücke, unter der ein Fluß voll reißender Strudel und Strömungen entlangfloß. In ihrer Verzweiflung stieß Dolma ein letztes Mal den Namen ihres Liebsten aus und stürzte sich in die Fluten.

Noch heute schwören die Menschen des Tals, manchmal des Nachts einen weiblichen Schatten umgehen zu sehen. Sie sagen, es sei der Geist der schönen Dolma, die ihren Tongku sucht . . .«

Nach dem Frühstück auf der sonnenbeschienenen Terrasse der Herberge machten wir uns auf zum Hügel in Richtung Pooh. Auch dieser Ort beherbergt ein auf Lotsava Rinchen Zangpo zurückgehendes Kloster in der Dorfmitte. Am geschäftigen Basar vorbei, wo Vicky etwas Lammfleisch für unser nächstes Essen einkaufte, erreichten wir den *Lotsava-Lhakang*, den »Tempel des Übersetzers«. Der Tempel mit dem goldenen Dach enthält eine große Figurengruppe von Buddha Shakyamuni und seinen zwei Lieblingsschülern. Vor der imposanten Dreiergruppe stehen weitere Statuen. Zwei davon stellen den Boddhisattva Avalokiteshvara dar, die Verkörperung des Mitgefühls. In den Feldern außerhalb Poohs steht ein weiteres Kloster, die Rigsum Gompa. Zentrum der Verehrung ist eine große Gebetsmühle, *Dong-yur* oder auch Mani genannt.

Im fünfzehnten Jahrhundert wurde die Gebetsmühle in den tibetischen Buddhismus eingeführt. Ihre Drehung – verbunden mit der Rezitation von Gebeten – soll dem Gläubigen die Möglichkeit geben, Verdienste für seine späteren Leben zu erwerben. Aus dieser Zeit stammt auch die Gebetsmühle der Rigsum Gompa. Das Kloster ist den Bodhisattwas Avalokiteshvara, Manjusri und Vajrapani geweiht. Ihre Figuren stehen im Hintergrund der Mani.

Wir verließen Pooh bald, um den wohl großartigsten Tempeln Kinnaurs im Bergort Nako endlich näher zu kommen. Hinter den ersten vom Guesthouse aus noch sichtbaren Bergen wurde die Landschaft nun endgültig karg. Für die fehlende Vegetation entschädigten uns die Ausmaße und Farben der Felsmassive umso mehr. Abenteuerlich eng und steil sind die Schluchten bei Khabo, zehn Kilometer hinter Pooh, wo Sutlej und Spiti zusammenfließen. Die Straße folgt nun auf der linken Seite dem Spiti flußaufwärts, der im Gebirgsmassiv des Kunzum-Passes an der Grenze nach Lahaul entspringt und bis hierher etwa zweihundert Kilometer zurückgelegt hat.

Kurz vor Yangthang führt eine kleine Abzweigung nach Nako. Beim vor uns liegenden Schutt dachte ich an die Piste nach Labrang, doch die Straße erwies sich als akzeptabel und gut passierbar. In steilen, engen Serpentinen erhebt man sich über die Ebene, und es ist, als würde man nicht nur die Höhe, sondern auch den Planeten wechseln. Ockerfarbene Berge, mit deren Gipfeln man fast auf einer Höhe steht, ragen in die Wolken hinein, die Wolkenschatten verdunkeln sie wie Stoffetzen. Darunter ziehen sich wie Aale die silbernen Bäche und Zuflüsse des Spiti. Lediglich ein paar grüne Flecken sind zu entdecken – die Orte, wo die glücklichen Umstände von Ebene und Wasser es ermöglichten, Oasen vor den Steilhängen der Berge anzulegen.

Hier oben sind die Ortschaften anders, und die hölzernen Flachdächer der Häuser lassen vermehrt auf tibetischen Einfluß schließen. Beim ersten Anblick eines imposant am kahlen Hang gelegenen Dorfes stiegen wir aus dem Jeep, obwohl der Ort nicht mit dem übereinstimmte, was ich über Nako bisher gelesen hatte. Wir gingen ein paar Schritte auf die Erbsenfelder und Pappelhaine zu, als ich plötzlich einen Motor aufheulen hörte. Ich lief zurück zur Straße und sah nur noch die Staubwolke unseres um die nächste Serpentine biegenden Fahrzeugs aufwirbeln. Alles Winken und Rufen half nichts, Somphal war weg – wohl in dem Glauben, daß wir zu diesem – für Nako gehaltenen Ort – zu Fuß gehen wollten.

Nun hieß es, den steilen Felshang über die Terrassen hinaufzulaufen – und dies bei dreißig Grad Außen- und neununddreißig Grad Innentemperatur, die mir immer noch zu schaffen machte. Unter Flüchen, die unserem doch recht einfach strukturierten Fahrer galten, machten wir uns an den Aufstieg. Ich kam so ins Keuchen, daß ich an der Höhenangabe, 2 950 Meter, die die indischen Vermesser Nako gegeben hatten, ernsthaft zweifelte. Der Angabe Giuseppe Tuccis, des großen italienischen Tibetologen, der 1933 nach Nako kam und es mit 3 500 Metern datierte, schenkte ich in diesen Momenten mehr Vertrauen.

Nach einem einstündigen Klettermarsch erreichten wir endlich Maling, den Nachbarort Nakos. Ich hatte noch nicht einmal meine Feldflasche mitnehmen können, so schnell war Somphal davongefahren, und mein Hals schmerzte stark vor Austrocknung. Bei unserer Ankunft im Dorf erhielten wir von einem jungen Bauern eine Einladung zum Tee. Doch ich wußte nicht, ob er uns vielleicht den vielzitierten tibetischen Buttertee anbieten würde, den ich in diesem Moment wahrscheinlich nicht herunterbekommen hätte. So lehnte ich dankend ab. Außerdem war ich absolut noch nicht in der Stimmung, Höflichkeiten auszutauschen. Mir war viel eher nach einem »Schlagabtausch« mit unserem eigensinnigen Fahrer zumute. Am vom Touristdepartment eingerichteten Guesthouse, einem kleinen Haus mit ein paar zusätzlich aufgestellten Zelten oberhalb Nakos, fand ich ihn nach weiteren zwanzig Minuten dann auch: Er lag im Jeep und schlief! Mein heftiges Worte-Donnerwetter wurde kleinlaut, entschuldigend und demütig beantwortet. Es tat mir bald wieder leid, daß ich mich von meiner Wut hatte hinreißen lassen und die Beherrschung verloren hatte. Nachdem mein Ärger abgezogen war, gewahrte ich die volle Schönheit des Ortes: Umgeben von nackten, braunen Berggiganten, zwischen Geröll und wie von Riesenhand geworfenen Findlingen lag da ein kleiner Smaragd in der Landschaft – ein tiefgrüner See, umgeben von Pappeln. Er grenzte an die Steinhäuser Nakos mit seinen hölzernen Flachdächern, dessen Gebäude ineinander verschachtelt ein Labyrinth von engen Gassen entstehen ließen. Um den Ort waren Gersten- und Erbsenfelder terrassenförmig angelegt und leuchteten prall und grün in der Sonne.

In ihrer naiven Art hat die indische Regierung zur Ankurbelung des Tourismus auf den See von Nako ein kleines Ruderboot legen lassen: als besondere Attraktion im Gebirge, wo Schiffe so gut wie unbekannt sind. Ignoranz über die hier vorhandenen Kulturschätze hat wohl zu dem Gedanken geführt, Nako »etwas Besonderes« verpassen zu müssen, damit überhaupt jemand hier hochfindet. Wer will, kann sich zu einem horrenden Preis sogar über den See rudern lassen.

Im Bann des Sonnengleichen

Nako ist auf einem sanften Hügel in einer kleinen Ebene gebaut. Sie bricht im Westen jäh ab und steigt im Osten noch einmal über dreitausend Meter zum 6 751 Meter hohen Leo Pargyal an. Das Dorf ist mit *Mendongs,* Manimauern, gesäumt, die zu den Kult- oder Tempelbauten führen. In Nako konnten wir acht Tempel entdecken, vier davon aus neuerer Zeit. Die acht Tempel, entweder durch das große Erdbeben von 1975 zerstört oder nur durch ihre Nähe zu Manimauern von den Profanbauten zu unterscheiden und zu entdecken, sind so angeordnet, daß in jeder Himmelsrichtung eine Kultanlage liegt. Mit diesen vier Anlagen (die Hauptanlage besteht alleine aus vier Bauten) schützt sich die Bevölkerung gegen die den Ort überall umgebenden Geister. Trotz der geringen Größe des Dorfes ist jeder Tempel für einen gewissen Ortsteil angelegt.

Der alte Haupttempelbezirk mit seinen vier großen Gebäuden liegt im Nordwesten Nakos und ist nach Osten ausgerichtet. Mitten im Ort ist auf einem Hügel ein Frauenkloster erbaut worden. Im Norden, in der Nähe des an der Straße liegenden Dorfeingangs, hat

Blick aus einem Tempel in Nako

man für eine große Gebetsmühle einen Tempel errichtet. Im südlichen unteren Teil des Ortes befindet sich nahe des Sees ein weiterer Gebetsmühlenraum, der zusätzlich Statuen Buddha Shakyamunis und Tsongkhapas beinhaltet. Leider sind wegen des Rußes in diesem Tempel nur noch einige der schönen, im tibetischen Stil gemalten Fresken erhalten. Doch tragen sie eine Besonderheit der sakralen Kunst Tibets, die ich sonst nur noch in Tabo antraf: Sie sind mit tibetischen Schriftzeichen geweiht. Schließlich liegt oberhalb Nakos am östlichen Berghang noch ein weiteres, chörtengesäumtes Kloster, das aber völlig leer ist. Zu ihm führt an langen Mendongs vorbei ein Weg durch viele interessante *Kankanis,* Durchgangs-Chörten, die aus grob behauenen Steinen errichtet sind. Die alte buddhistische Anlage Nakos ist größtenteils 1025 von Lotsava Rinchen Zangpo angelegt worden. Die fast vollständig verfallenen Gebäude sind zwar recht wuchtig, zugleich aber, zumal der sakrale Bezirk nicht eingehalten wurde und teilweise Profanbauten in ihn hineinragen, so unscheinbar, daß wir fast den ganzen Tag nach dieser hochgepriesenen Tempelanlage suchten.

Seit der Zeit der letzten Beschreibungen hat sich in Nako viel verändert. So liegt das Kloster nicht mehr außerhalb des Ortes, sondern das Dorf ist bis zu ihm hingewachsen. Paradoxerweise befindet sich heute an diesen altehrwürdigen buddhistischen Mauern eine indisch geleitete, rein hinduistische Schule, in der die tibetischen Kinder zu einer ihnen völlig wesensfremden Mentalität erzogen werden. Ein Gespräch mit dem Lehrer ergab, daß noch nicht einmal die Lokalsprache Kinnauri, geschweige denn Tibetisch gelehrt wird.

Die Bildung übernahmen unter der tibetischen Staatsform die Klöster. Dieses Privileg ist ihnen heutzutage fast vollständig genommen, so daß es bei den jungen Generationen mit dem Sprachverlust zwangsweise zum Verlust der kulturellen Identität kommen wird.

Doch zum Kloster: In seinen vier nach außen völlig kahlen und äußerst schlecht erhaltenen Gebäuden eröffnet sich dem Betrachter beim Eintritt in den Haupttempel, der auch hier Lotsava Lhakang oder *Lhakang C'enpo*, »der große Tempel«, genannt wird, ein überwältigendes Pantheon, dessen Zentralfigur die Gottheit *Vairocana* ist. Im zehnten bis elften Jahrhundert zog sich der Vairocana-Kult, der im damaligen Entwicklungsstadium buddhistisch-tantrischer (mystischer) Praktiken fast die Ursprungsfigur des Buddhismus, den historischen Buddha Shakyamuni, verdrängte, durch die Gebiete des Westhimalaya über die Wüste Taklamakan bis nach China. Vairocana, der zentrale Siegesbuddha und Erleuchter, erfreute sich als Patron gewisser mystischer Zirkel in dieser Zeit größter Popularität und war die wichtigste Figur kaschmirischer Kunst der Klöster Westtibets. Seine Darstellungen sind nur noch in Nako, Tabo, Lhalun und Alchi erhalten. Heute lebt dieser Kult noch in Japan, wo Vairocana als *Dainichi Nyorai* verehrt wird. Das berühmteste Vairocana-Mandala bildet der Borobudur, ein riesiges, stupaförmiges Bauwerk in der Nähe von Yogyakarta auf Java. Vairocanas Geschichte ähnelt der des historischen Buddha. Es handelt sich dabei um den buddhistischen Prinzen *Sudhana* (tibetisch: *Nor-zang*) der durch ganz Nordindien reiste, um bei 52 Lehrern Weisheit und

Erleuchtung zu erfahren. Diese 52 Lehrer waren Lebenssituationen sowie Götter und Göttinnen. Jede dieser Stationen lüftete für Sudhana einen weiteren Schleier, der ihn zuvor von der strahlenden Buddhaschaft getrennt hatte. Am Ende seiner Wanderschaft hatte er sein wahres Selbst entwickelt: die Gottheit Vairocana. Am Borobudur auf Java zeigen 108 Fresken die Stationen der geistigen Vervollkommnung Sudhanas.

Vairocana nahm in der zweiten Verbreitungswelle des Buddhismus in Tibet unter Rinchen Zangpo eine zentrale Rolle als oberste Gottheit ein. Er, der große Sonnengleiche, symbolisiert als eine Emanation des Urbuddha die höchste Intelligenz, aus der die Welt der Objekte herrührt.

Im Lotsava-Lhakang, dem interessantesten der Tempel Nakos, ist Vairocana als große weiße Stuckplastik mit den restlichen vier *Thatagatas*, denen er angehört, den *Dhyani*-Buddhas, verkörpert. Die Thatagatas sind die ersten Emanationen des Urbuddha als Spiegelung in der Region der reinen, himmlischen Formen. Zu ihnen gehören neben Vairocana *Aksobhya* (blau), *Ratnasambhava* (gelb), *Amitabha* (rot) und *Amoghasiddi* (grün). Die Farbgebung folgt nicht etwa ästhetischen Prinzipien, sondern hat rein mystisch-esoterische Bedeutung. Vairocanas mystische Bedeutung ist die, daß der Meditierende das Erlöschen des physischen Elements der menschlichen Natur erkennt. Er steht für die Erkenntnis der Vergänglichkeit aller Erscheinungen physischer wie psychischer Art.

Die fünf Statuen stellen den Archetypus des Universums tibetischer Geisteswelt dar, aus dem alle Erscheinungen des Lebens entstehen. Der Eingeweihte versucht über die Farbsymbolik, die er als Eintrübungen des gleißenden Urlichts (Vairocana) versteht, zur Erkenntnis dieses Urlichts, identisch mit der letzten Wahrheit des Universums, zu gelangen.

Im Lhakang C'enpo von Nako sind die Gottheiten in einem monumentalen, barock anmutenden Schrein voller Fabelwesen untergebracht, gekrönt von einem gehörnten *Garuda*, einem ursprünglich hinduistischen Götterreittier, das in die tibetische Kunst übernommen wurde. Weitere 32 kleinere Götter darstellende

Stuckplastiken sind im Raum vorhanden. Zusammen bilden sie das *Vajradhatu*-Mandala und repräsentieren einzelne Aspekte der Erkenntnis auf dem Weg zur Erleuchtung.

Östlich vom Lhakang C'enpo liegt der *Tsug-Lhakang*. In ihm reihen sich um die Zentralfigur der glückbringenden *Tara*, der Schutzgöttin Tibets – hier in einer seltenen gelben Farbe dargestellt – neuere, wesentlich grober ausgeführte Figuren der acht Medizinbuddhas. Hervorragend ist aber auch hier der mit Elefanten und Wasserungeheuern verzierte, von einem Garuda gekrönte Rahmen, in der die gelbe Tara aufgestellt ist. Im oberen Tempel, sind die Buddhas der zehn Richtungen gemalt, alle mit Weihinschriften versehen. Über der Tür befindet sich *Gesar*, der König von Ling, auf einem Wildesel. Um ihn herum sind die schrecklichen Gottheiten, die Beschützer der Lehre, dargestellt.

Zu unserem Leidwesen hatte sich unser Fahrer, der heute anscheinend wirklich seinen schwarzen Tag hatte, einen weiteren Fauxpas geleistet: Er wollte an unserer Feuerstelle, die Vicky im Windschatten einer Manimauer gewählt hatte, einen schönen, flachen Gebetsstein zum Abstellen des benzinverschmierten Kochers verwenden. Dem Wächter des Tempels war das nicht entgangen. Er geriet als orthodoxer Buddhist über den Vorfall natürlich völlig in Rage und wollte uns zunächst überhaupt nicht in die Tempel hineinlassen. Erst am nächsten Tag, als wir erfuhren, was vorgefallen war, ließ er sich unter unseren Entschuldigungen und Beteuerungen unserer Unwissenheit, die er als Buddhist doch als zentrales Grundübel der Menschheit kennen müßte, dazu umstimmen, uns die Tempel zu zeigen. Am Abend zuvor hatte Somphal nur nach einem Messer für die Nacht verlangt, »falls der Betrunkene, der ihn vorhin bedroht habe, noch einmal zurückkehre . . .«.

Das Verhalten Somphals mag als Beispiel dafür dienen, wie das Gros der Inder zur tibetischen Kultur und den Einwohnern ihrer Norddistrikte steht. Während wir Reisenden uns den dortigen Menschen mit Neugierde und Respekt näherten, war doch Desinteresse und

Überheblichkeit im Verhalten unserer Inder nicht zu verleugnen. Für sie sind die Kinnauris und Tibeter Hinterwäldler und Bauern, denen die Bewohner der Großstädte haushoch überlegen sind. Somphal kommandierte die Frauen herum, sich für ein Foto in Positur zu stellen, während Andreas und ich uns stets die Erlaubnis einholten, bevor wir sie fotografierten. Lediglich Vicky entwickelte auf dieser Reise mit der Zeit mehr Feinsinn und Gespür für die Menschen. Er lernte, daß die großartigen Sakralbauten, die sein religiöses Empfinden ansprachen, Ausdruck einer hochentwickelten Kultur sind. Bald war es ihm unmöglich geworden, sich über Menschen zu stellen, die zu solchen Leistungen fähig sind. Seine Einstellung wurde toleranter, und er begriff, daß man auch von anderen Religionen lernen kann.

Der Vorfall hatte meinen Wunsch, ein paar Aufnahmen von den Innenräumen zu machen, vereitelt. Die Tempel sind vom Archaeological Survey of India als »Objekte besonderen nationalen Interesses« unter Denkmalschutz gestellt worden, und ohne Sondererlaubnis herrscht absolutes Fotografierverbot.

Nach der Führung wanderte ich mit dem Chowkildar noch durch den Ort und ließ mir die restlichen Tempel zeigen. Vor dem oberen Gebetsmühlentempel hatte sich eine Gruppe der dorfältesten Frauen versammelt. Ich sah in wettergegerbte, ausdrucksstarke Gesichter voller Falten und Runzeln. Sie hatten die Augen halb geschlossen und murmelten in sich versunken die heiligen Silben »*Om muni padme hum*« und andere Gebete. Dazu ließen sie die Perlen ihrer *Malas* langsam durch die Finger gleiten. Wir setzten uns eine Weile zu ihnen, als ich plötzlich das tiefe Dröhnen einer großen Ritualtrommel vernahm.

Ich verabschiedete mich von meinem Führer, der sich mittlerweile ausgesprochen umgänglich gezeigt hatte, und folgte dem Dröhnen bis zum Westabbruch des Tals, wo etwas abseits des Ortes ein stattliches Bauernhaus lag.

Aus seinem Innern kamen die dumpfen Schläge, und eine große Anzahl von Schuhen vor der Eingangstüre ließ auf eine Puja schließen. Niemand war im Hausflur zu sehen. Ich zog ebenfalls die

Die Mönche aus Chango beim Meru-Ritual

Schuhe aus und trat vorsichtig durch die niedrige Türe. Auf einmal kam eine Frau aus einer Seitentür und ihrem zuerst verwunderten Blick folgte ein freundliches, lautes »Jullay«. Ich erwiderte mit gefalteten Händen ihren Gruß und sie bat mich, einzutreten. Aus dem Raum rechter Hand kam das Trommeln und ein tieftönender Singsang. Ich fragte, ob ich eintreten dürfte und gewahrte drei Mönche, die an der Längsseite des blaugestrichenen Raumes saßen und Gebete rezitierten. Vor sich hatten sie niedrige Tischchen aufgebaut, die sich unter den auf ihnen befindlichen Ritualgegenständen förmlich bogen. Glocken waren da zu finden, die das weibliche Prinzip, die Weisheit, symbolisieren, und *Vajras*, die Donnerkeile oder Diamantzepter des Vajrayana-Buddhismus. Sie stehen für die Zerteilung der Dunkelheit und Unwissenheit und verkörpern das männliche Prinzip, die Methode des uneigennützigen Vorgehens und des Mitgefühls für alle Lebewesen. Die in Silber gefaßten, aus menschlichen Oberschenkelknochen geformten Schalmeien ließen auf die Zugehörigkeit der Mönche zu einer unreformierten Sekte schließen. Weitere Musikinstrumente waren die große Trommel, die Becken mit der großen Kuppe und die *Damarus*, die kleinen Schamanentrommeln.

Opferreis, Weihwassergefäße, Thermoskannen mit Buttertee und Flaschen mit milchigem *Chang* (tibetisches Gerstenbier) belebten neben mehreren Büchern die Ritualtische. Doch übertroffen wurden all diese Dinge noch, als ich meinen Blick auf Geheiß des Lamas nach rechts wandte: Hier hatten die drei Mönche aus Chango, die von der Familie aus diesem weit im Norden Kinnaurs gelegenen Kloster eingeladen worden waren, um ein Segensritual für das Haus zu vollführen, einen knapp drei Meter hohen *Meru*, einen mystischen Weltenberg, errichtet.

Eigens für die Familie hatten die Mönche in einem dreitägigen Ritual die Sockelplateaus des Merus und sämtliche andere Bereiche des lamaistischen Weltbildes aufgebaut. Auf den vier Sockeln standen *Tormas*, aus Butter geformte und rot angestrichene, kegelförmige Figuren, die auf jeder Stufe die jeweils dort lebenden Existenzformen darstellten. Diese Erddämonen, schatzhütenden Schlangengeister, Riesen und götterfeindlichen Titanen konnten durch ihre Manifestation in den Tormas von den Mönchen beschworen und besänftigt werden, womit auch der Segen für das Haus hergestellt war.

Im obersten Bereich des Merus beginnen die sechs niederen Himmelsregionen, die erste von den Großkönigen oder Weltenhütern beherrscht, die zweite auf dem Gipfel von *Indra* und den 80 000 himmlischen Nymphen bevölkert. In ihrer Mitte steht der Wunschbaum, um dessen Früchte sich Götter und Titanen streiten. Mit ebendiesem Wunschbaum, symbolisiert durch eine Pfauenfeder, verband sich als Höhepunkt der Zeremonie der Lama durch eine Schnur. Damit war er in mystischem Kontakt mit diesem Spender der Wünsche und konnte seine Energien nun zum Segen der Familie kanalisieren. Wie in schamanistischen Traditionen fungierte hier der Lama als Mittler zwischen den Welten, Grenzgänger, Kontaktperson und Überbringer von Sphären, zu denen gewöhnliche Sterbliche keinen Zugang haben.

Dieser Tag war für mich ein erster intensiver Einstieg in die unfaßbar große Welt des Lamaismus. Ich war wie erschlagen von dem esoterischen Ambiente, und vielleicht machte mich die körperliche Schwäche noch empfänglicher für die Kraft der Symbolismen und Rituale. Ich war froh, als die Lamas, ebenfalls sichtlich erschöpft, nach einer Stunde endlich eine Pause einlegten und wir von der überaus freundlichen Familie, die inzwischen mit vielen Nachbarn in dem kleinen Altarraum Platz genommen hatten, vorzüglich bewirtet wurden. Zunächst gab es, schon während der Zeremonie, Chai, dann Reis mit Erbsencurry, dazu *dahi*, also Joghurt vom Dzo, und am Schluß Buttertee. Ich hatte dieses so verschriene Getränk noch nie gekostet und war angenehm überrascht. Mag es an der guten Qualität der Butter gelegen haben oder an meiner Ausgezehrtheit – mir schmeckte dieses an eine kräftige Brühe erinnernde, salzige Getränk wirklich gut. Lediglich als ich das dazu gereichte Gerstenmehl hineinrührte, um damit nach tibetischer Tradition den Rest Tee aufzunehmen, merkte ich, daß einem das Getränk auch über werden kann. Vierzig Tassen, wie sie hier wegen des Klimas und der Höhe täglich getrunken werden, stellen schon eine Herausforderung an den Magen dar.

Durch die Pause kam ich mit den Mönchen ins Gespräch. Links von mir saß ein junger Novize, der nur durch einen roten Überwurf als Mönch zu erkennen war. Er war Lehrer, konnte ein wenig Englisch und erklärte mir den Sinn des Rituals. Der mittlere Mönch schien ein einfacher Arbeitsmönch zu sein, obwohl er recht firm in den Rezitationen wirkte. Den größten Eindruck aber machte der Lama auf mich, zweifelsohne ein in den Studien fortgeschrittener Mann, der mir durch seinen Mitgefühl und Weisheit verratenden Blick imponierte.

Als ich mich von ihm verabschiedete, gab er mir durch Handauflegen noch seinen Segen mit auf den Weg. Ich war froh, als mich draußen wieder ein wenig der einfache Alltag der Bauern begrüßte. Die Familie, die mich so gastlich bewirtet hatte, ließ es sich nicht nehmen, sich mit meiner Ausrüstung fotografieren zu lassen. Eine Frau zog meine Fleece-Jacke an, eine andere hängte sich meine Feldflasche um, eine dritte hielt meine Kameratasche ins Bild.

Am Smaragdsee und den vielen Chörten vorbei wankte ich, fast benommen von meinen Eindrücken, zum Guesthouse-Zelt. Vairocana, der Sonnengleiche, und seine in Nako beginnende Welt hatten ihren Bann auf mich gelegt.

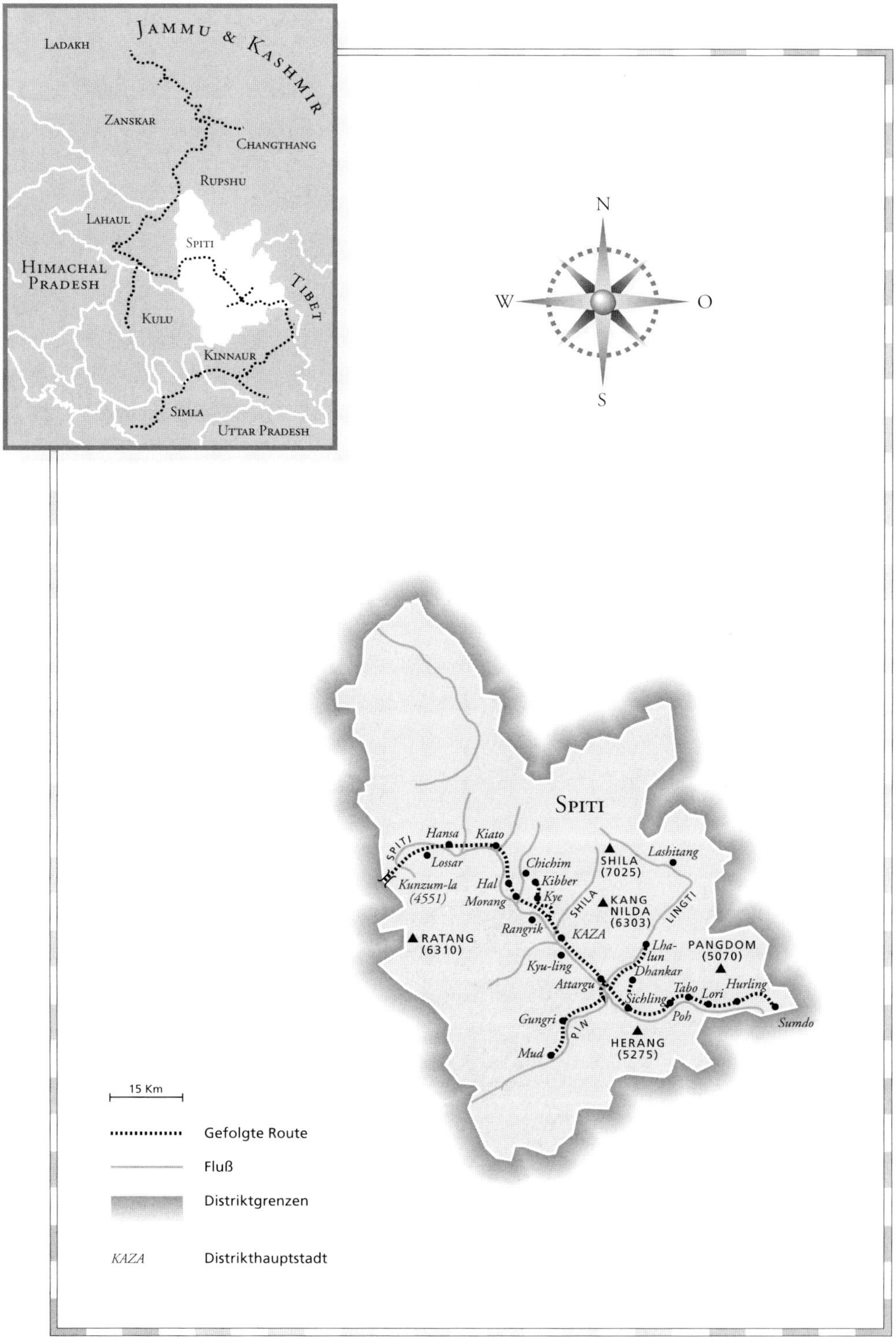

Ladakh
Jammu & Kashmir
Zanskar
Changthang
Rupshu
Lahaul
Spiti
Himachal Pradesh
Tibet
Kulu
Kinnaur
Simla
Uttar Pradesh
N
W
O
S
Spiti
Spiti
Hansa
Kiato
Lossar
Kunzum-la (4551)
Hal
Morang
Chichim
Kibber
Kye
Shila (7025)
Lashitang
Kang Nilda (6303)
Shila
Lingti
Rangrik
KAZA
Ratang (6310)
Lha-lun
Pangdom (5070)
Kyu-ling
Dhankar
Attargu
Tabo
Lori
Hurling
Sichling
Poh
Sumdo
Gungri
Pin
Herang (5275)
Mud
15 Km
Gefolgte Route
Fluß
Distriktgrenzen
KAZA
Distrikthauptstadt

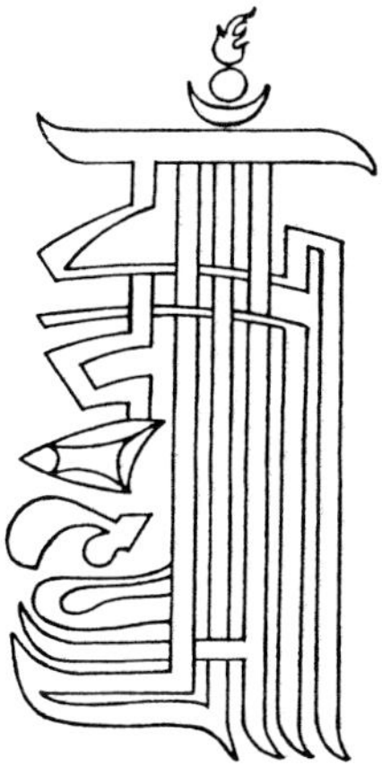

SPITI

Ins Land der erleuchteten Götter

Der zweite große Expeditionsabschnitt: Von Nako fuhren wir über Chango und Sumdo, wenige Kilometer vor der tibetischen Grenze, ins karge Spiti. An den Oasen Hurling und Lori vorbei erreichten wir Tabo, das älteste Kloster Spitis, mit kaschmirisch-buddhistischer Kunst von Weltrang. Über Sichling ging es nach Dhankar, der alten Hauptstadt Spitis, und von dort ins Lingti Valley mit dem frühbuddhistischen Kleinod Lha-lun. Zurück am Fluß Spiti, besuchten wir das Pin Valley, gefolgt von Kaza, der Hauptstadt des kleinen, ehemals unabhängigen Königreichs. In der näheren Umgebung liegen das große Kloster Kye und das Dorf Kibber, von dem behauptet wird, daß es mit 4 205 Metern der höchste mit Elektrizität und einer Straße versehene Ort Asiens ist. Via Rangrik und Hansa fuhren wir schließlich nach Lossar, dem letzten Ort vor der Grenze nach Lahaul.

Von Nako ist es nur ein Katzensprung nach Tibet. Ein *Obo*, eine Steinaufschichtung gegen Dämonen, markiert auf einer Paßhöhe den Weg zur Tashigang Gompa, am Oberlauf des Sutlej gelegen. Um dorthin zu gelangen, muß man einem schmalen Fußweg folgen, der weiter über den Shipki-la nach Tibet führt. An diesem Weg stand ich mit dem Tempelverwalter von Nako und blickte gen Nordosten. Ungefähr acht Stunden läuft man nach Tashigang, und mein Begleiter versicherte mir, daß eine Wanderung dorthin eine segensreiche Pilgerfahrt sei.

Ich dachte jedoch an etwas anderes. Der brausende Wind fegte durch meine Haare und mein Gesicht, die Sonne brannte in meinen Augen. Zu meinen Füßen breitete sich ein Felsenmeer aus – Wellen aus braunen, nackten Hügeln, die sich bis ins Unendliche fortzusetzen schienen. Dort irgendwo auf dem tibetischen Hochplateau, vielleicht zwei, drei Jeep-Tage von meinem Standort entfernt, lag einst das große geistige Zentrum, von dem im elften Jahrhundert die zweite Verbreitung des Buddhismus in Tibet seinen Lauf nahm: das Königreich Guge mit seinen Städten und Klöstern Tsaparang und Tholing. Unter König Yeshe-ö und seinen Nachfahren entstanden von Guge aus durch die Gelehrten Rinchen Zangpo und Atisha zahlreiche Zentren geistiger und künstlerischer Hochkultur im gesamten westlichen Himalaya. Alle damaligen geistigen Größen des tibetischen Buddhismus waren an diesem Kulturaufbau beteiligt. Künstler aus Kashmir, dem damaligen Ort höchster Vollendung buddhistischer Kunst, wurden eingeladen, um die Klöster auszumalen und die geistigen Konzepte umzusetzen. Erst im siebzehnten Jahrhundert, als der Austausch mit Kashmir durch die islamischen Eroberer allmählich zum Erliegen kam, verlosch auch langsam der Glanz Guges. Dies ging einher mit einer zunehmenden Austrocknung des Landes, so daß Tsaparang und Tholing bald aufgegeben werden mußten. Durch das wüstenhafte Klima in Westtibet hatten sich jedoch die Zeugnisse der einstigen Hochkultur Guges bis in die heutige Zeit erhalten. Noch Tucci, der berühmte italienische Tibetologe, konnte in den dreißiger Jahren die Pracht von Tholing und Tsaparang aufnehmen und wissenschaftlich erfassen.

Doch dann vollbrachte der Mensch innerhalb von wenigen Wochen das, was die Wüste selbst in fünfhundert Jahren nicht vermocht hatte. Irgendwann in den sechziger oder siebziger Jahren fanden Maos Rote Garden auch den Weg ins weite Tsaparang und verwandelten den Ort in eine Stätte des Chaos. Unermeßliche Kunstschätze wurden unter dem Motto »Zerstöret das Alte, errichtet das Neue« vernichtet, Götterstatuen aufgeschlitzt und deren Gliedmaßen abgehackt, um eventuell verborgene Schätze in ihnen zu finden. Schätze fanden die Roten Garden nicht. Dafür hinterließen sie ein Bild der Zerstörung: Tempelruinen, Figurenfragmente, denen nur noch die Armstümpfe geblieben waren und aus denen die Strohfüllungen abscheulich hervorquollen, besudelte Altäre, ausgeräumte Chörten, zerrissene Bücher. Wie sehr mußte sich der Buddhismus in Tibet leider selbst recht geben, wenn er die »drei Wurzelverdunklungen«, die drei Grundübel der Menschheit, in den Eigenschaften Gier, Haß und Verblendung sieht. Tibet und alle Orte geistiger und körperlicher Unterdrückung sind die besten Beispiele dafür, daß der Buddhismus recht hat, was seine Sicht auf die Natur des Menschen betrifft.

Um so heftiger zog es mich in diesem Jahr zu dem so nahe gelegenen Ziel meiner persönlichen Pilgerfahrt – nach Tabo, dem ältesten und schönsten Kloster Westtibets, dem Kunstjuwel und Kleinod der Berge, an dem tausend Jahre spurlos vorübergegangen sein sollen! Es sollte im herrlichen kaschmirischen Stil ausgemalt worden sein, Figuren und Fresken aus der Zeit Rinchen Zangpos enthalten und, was seinen äußeren Zustand angeht, unübertroffen in der buddhistischen Welt sein. Die Chinesen kamen in den Zeiten der Kulturrevolution nicht bis Tabo, obwohl Teile des östlichen Spiti noch im neunzehnten Jahrhundert zu Tibet gehörten. So hat sich dieser Schatz bis in unsere Tage erhalten. In der rar gesäten Literatur wird Tabo nach Tholing als wichtigstes Kloster bezeichnet, und der Gedanke, vor diesem dreidimensionalen Mandala, nach dessen Konzept Tabo erbaut worden ist, stehen zu dürfen, ließ mich zehn Jahre lang nicht los. Nun war ich nur noch eine Tagesreise von meinem Ziel entfernt!

Von Nako zurück am Ufer des Spiti führte uns die Straße zwischen den Schluchten der Sechstausender hindurch. An ihren Hängen bemerkte ich feine, blau schimmernde Gesteinsadern. In dieser Gegend wird ein blauer Zeolith gefunden, dem die Einheimischen magische Kräfte zuschreiben. In pulverisierter Form findet er in der tibetischen Medizin Verwendung als externes und internes Mittel gegen alle Krankheiten des Körpers sowie des Geistes. Die tibetische Heilkunde ist aus der indischen und chinesischen Medizin entstanden, hat aber über die Jahrhunderte ihre eigene Ausprägung erlangt. Sie ist eine allumfassende Heilkunde, in der Pflanzen und Mineralien ebenso wie Yoga-Übungen und Meditationen Verwendung finden. Auf dem Gebiet der chronischen Erkrankungen hat die tibetische Medizin einige beachtliche Erfolge zu verzeichnen.

Nach einer Weile im Jeep bemerkte ich, daß sich Andreas fast ohne Unterlaß in der Bauchgegend kratzte: Nakos Wanzen hatten ihn heimgesucht! Ob ihm wohl ein wenig Zeolith-Pulver geholfen hätte? Wanzen sind das große Ärgernis auf Himalaya-Reisen. Man befindet sich zwar in Höhen, in denen Mücken nicht mehr leben können, so daß man vor der Malaria keine Angst haben muß, doch die Bisse dieser anstelle des Tieflandungeziefers auftretenden platten Kollegen sind nicht weniger unangenehm. Sie sind sogar äußerst schmerzhaft und haben die Tendenz, lange nicht zu verheilen. Ich hatte Glück, bisher noch nicht ihre Bekanntschaft gemacht zu haben. Ein letztes Mal sah ich den Leo Pargyal durch die engen Schluchten blicken, den man in Kinnaur nicht von ungefähr den König der Berge nennt.

Der nächste Ort, den wir erreichten, war Chango, das Dorf, aus dem jene Lamas stammten, deren Ritual ich in Nako miterleben durfte. Ihr altes Druk-pa-Kloster soll noch auf die Tage Padmasambhavas zurückgehen. Chango ist aber von der Straße kaum einzusehen. Überall stehen große Pappelhaine. Da wir niemanden antrafen, der uns den Weg zeigen konnte, fuhren wir weiter. In Sumdo, der Grenze nach Spiti, mußten wir an einem Checkposten unsere Permits zeigen. Der von seinem Job gelangweilte Grenzpolizist wollte sich gar nicht mehr von uns seltenen Gesprächspartnern trennen. Ein wenig Probleme gab es, da sich bei dieser Kontrolle herausstellte, daß unser Jeep keine Erlaubnis besaß, Touristen zu befördern, kein sogenanntes »Tourist permit«. Dies hatte unsere Reiseorganisation offensichtlich aber nicht gestört, uns das Gefährt trotzdem zu vermieten. Daraus schlug der geschäftstüchtige Grenzer natürlich sofort Kapital und forderte offen, aber mit Nachdruck eine »kleine Spende«. Mit einem *Bukshish* aus ein paar Rupien-Scheinen und einigen Zigaretten kamen wir dann auch durch. Mich konnte das alles nicht aufregen, so beglückt war ich, nach den Jahren des Wartens endlich meinen Fuß auf den steinigen Boden Spitis zu setzen. Mit einem Satz entsprang ich nach einer Kehre dem Jeep und stellte mich für einen Moment in den dröhnenden Wind. Ich blickte hinauf in den tiefblauen Himmel, wo eine Wolke die andere über den kargen Fels jagte, und sog die klare Luft tief in mich ein.

Auf der Hochwüste von Spiti trifft man auf Brauntöne in ungekannter Vielfalt, auf Farben wie Ocker, Kalkweiß, Anthrazit, Karmesin und Safran, nur kurz unterbrochen vom zarten Grün der vereinzelten Weiden und Pappeln. Das Silber des sich dahinschlängelnden Flußbandes und das ewige Indigo des Himmels vervollständigen

Piste im südlichen Spiti

diesen einzigartigen Farbkosmos. Wir passierten die ersten kleinen Pappelhain-Oasen Lori und Hurling mit rein tibetischen, ordentlich weißgekalkten Häusern, die alle ein rotes Band unterhalb der mit Reisig und Dornengestrüpp bedeckten Dächer tragen, und bekamen den letzten, noch ausstehenden Farbton aus Spitis Malkasten präsentiert: sattes dunkles Grün von Gersten- und Zuckerschotenfeldern.

Spiti liegt mitten im Himalaya-Hauptkamm entlang des gleichnamigen Flusses. Die durchweg tibetische Bevölkerung nennt ihre Heimat »Piti«, was Mittelland, Land zwischen Indien und Tibet, bedeutet, und teilt es in drei Regionen. Wir durchfuhren gerade Sham. Bei Kaza, dem Hauptort Spitis, liegt Bhar, und die nordwestliche Grenzregion nach Lahaul bildet das Gebiet Tud.

Spiti erhält jährlich eine durchschnittliche Regenmenge von gerade 177 mm. Damit kann auf diesem felsigen Boden, dessen Struktur keinen Tropfen Wasser speichern kann, keinerlei Vegetation gedeihen. Anbau ist nur mit Hilfe des Schmelzwassers aus den

Bergen möglich, das in geschickt angelegte Bewässerungskanäle geleitet wird. Nur noch vereinzelt stehen anspruchslose Wacholdersträucher und ein paar Dornenbüsche. An manchen Stellen, vor allem in der Region Bhar, erreicht das Tal eine Breite von mehreren Kilometern, was dieses öde Land ungeheuer weit und groß erscheinen läßt.

Rudyard Kipling nannte Spiti in seinem Roman »Kim«: »eine Welt im Innern einer Welt – ein unendliches Tal, wo die Berge nur aus dem Schutt und den Trümmern gebildet waren, die aus dem Schoße des Gebirges gekommen waren«. »Dort schien es, daß ein Marschtag den Wanderer nicht vom Fleck brachte, wie man dies oft in einem Alptraum erleben kann. Während Stunden gingen sie mühsam eine Felswand entlang, und dann war es nur der kleine Teil des Ausläufers des Hauptmassivs! Ein abgerundetes Stück Wiese entpuppte sich, wenn sie es endlich erreichten, als ein weites Plateau, das weit ins Tal reichte. Drei Tage später war es dann eine undeutliche Geländefalte auf dem Weg nach Süden. ›Ganz sicher wohnen hier die Götter‹, sagte Kim, beeindruckt durch die Stille und das bestürzende Kommen und Gehen der Wolken nach dem Regen, ›dies ist kein Ort für Menschen!‹«

Viele Menschen sind es allerdings nicht, die hier leben. Eine Zählung von 1991 ergab mit 9 117 Menschen eine durchschnittliche Bevölkerungsdichte von 1,2 pro Quadratkilometer. Dafür ist Spiti um so mehr ein Ort der Götter. Die vielen Klöster entlang des Spiti und seiner Zuflüsse, wie dem Pin oder dem Lingti, zeugen von der ungebrochen tiefen Religiosität der Bevölkerung. In Spiti dominieren mit 21 Klöstern die Gelug-pa, die reformierte Schule der Gelbmützen. Aber auch die alten Schulen konnten sich in Spiti halten. So gibt es im Tal allein sieben Nyingma-pa-Klöster, die auf die dämonischen Tage Padmasambhavas zurückgehen und ihren Hauptsitz in einem Seitental am Pin-Fluß haben. Es bestehen außerdem zwei *Sakya-pa*-Tempel, wovon der bedeutendere, die alte Tangyud-Gompa, im Erdbeben 1975 vollständig zerstört und an anderer Stelle wieder neu errichtet wurde.

Der erste Höhepunkt der Zeugnisse für die Götter liegt gleich im unteren Abschnitt Spitis. Auf 3 050 Meter erreichten wir am späten Nachmittag die braunen Lehmburgen von Tabo. Sanft abfallende Schutthänge im Rücken, enge Gebirgsschluchten voraus, liegt auf einem Plateau oberhalb des hier schmalen Spiti das älteste und schönste noch existente Zeugnis frühtibetisch-kaschmirischer Kunst. Wegen seiner feinen Malereien, die denen der südindischen Höhlen stilistisch ähnlich sind, wird Tabo auch das »Ajanta des Himalaya« genannt. Die neun Kultbauten, deren Fassaden hervorragend restauriert worden sind, liegen eingefriedet innerhalb einer zwei Meter hohen Mauer. Es ist schon ein seltsamer, unwirklicher Anblick: die lehmfarbenen, fensterlosen Kästen mit den Gebetsfahnen und den kleinen Türmchen, dahinter ein Gipfel, dem Kailash sehr ähnlich.

Die indische Regierung hat nach der Öffnung Spitis für Touristen gegenüber des Klosterhofes ein Guesthouse gebaut. Wir luden unsere Sachen aus und fragten den Pächter nach einem Zimmer. Er hatte für indische Verhältnisse bereits gesalzene Preise: 300 Rupien verlangte er für ein Doppelzimmer. Wir zogen es vor, unsere Zelte im Hof des Klosters aufzubauen.

Auf dem zugewiesenen Platz begann das Ausladen. Ich fühlte mich immer noch krank und bemerkte mit Mißmut, daß sich Somphal einfach in den Schatten einer Mauer setzte und uns zusah. Als ich versuchte, eine schwere Kiste mit Kochutensilien aus dem Jeep zu hieven, und dabei scheiterte, war ich mit meiner Geduld am Ende. Ich lief zu Somphal und schrie ihn an: »Would you mind helping?!« In seinem radebrechenden Englisch antwortete er zögernd: »I driver. I drive. I no help.« Trotz meiner Empörung versuchte ich, ruhig zu bleiben, und war froh, als Vicky zu uns kam. Auch er beschwerte sich über Somphal, der schon seit Tagen ein völlig unkameradschaftliches Verhalten an den Tag gelegt hatte. Vielleicht begingen wir einen Fehler, als wir gemeinsam auf ihn einredeten, doch schließlich bekamen wir Somphal dazu, auch ein paar Kisten zu entladen. Als wir das Lager errichtet hatten, kam Somphal auf mich zu und gestand mir, daß er unendliches Heimweh hatte. Schluchzend erzählte er, daß er seine Frau und seine Tochter nur für eine Nacht gesehen habe, nachdem er drei Wochen fort gewesen war. Dann hatte er schon wieder zu unserer Expedition aufbrechen müssen. Er tat mir leid, und ich versicherte ihm, ihn zu verstehen. Nur unter viel gutem Zureden und dem Versprechen, bald nach Kaza zu kommen, wo ein gutes Bett auf ihn warten würde, konnte ich ihn schließlich von seiner fixen Idee abbringen, auf der Stelle umzukehren. Mit Somphal hatten wir keinen »pflegeleichten« Reisebegleiter, doch ich sah ein, daß man in Gebieten, in denen noch keinerlei touristische Infrastruktur besteht, auch solche Probleme einplanen muß. Den einfachen Somphal begann diese Reise zu überfordern, weil er nicht das geringste Interesse an der buddhistischen Religion und Kultur mitbrachte. Die Tour war für ihn nur ein notwendiges Übel, um seinen Lebensunterhalt zu verdienen. Er wäre lieber zu Hause gewesen und begann offenbar abzuwägen, was ihm wichtiger war: die weitere Teilnahme an der Reise und damit die Ausbezahlung des restlichen Geldes oder sein eigener Seelenfrieden. Für Andreas und mich war nun Vorsicht geboten, wollten wir nicht die Tour gefährden. Wir entschlossen uns, möglichst behutsam mit Somphal umzugehen. Oft genug hatten wir von Trägern und Fahrern gehört, die ihre Auftraggeber einfach bei Nacht und Nebel sitzengelassen hatten. Langsam beruhigte sich unser Fahrer wieder, so daß wir das Essen einigermaßen harmonisch einnehmen konnten. Einen anschließend angebotenen Whiskey und ein paar Zigaretten schlug er allerdings aus. Vielleicht dachte er, er müsse seine Autonomie beibehalten für zukünftige Aktionen . . .

Am Abend schlenderte ich noch ein wenig durch das Kloster, an dessen Westflügel neben einem großen, silbern bemalten Chorten und einem Gebetsmühlen-Tempel eine neue Versammlungshalle sowie eine Schule mit Schlafräumen für die Mönche errichtet worden sind.

Eine friedliche Stille lag über der Anlage. Nur aus einer Mönchszelle hörte man noch das eifrige Rezitieren heller Kinderstimmen, die immer wieder die gleiche Textpassage vor sich hersagten. Ich lugte um die Ecke und wurde von einem jungen Mönch, der gerade dabei war, seine Robe zu flicken, mit einem freundlichen Gruß hereingebeten. Stolz erklärte er mir, daß 1996 der Dalai Lama hier zum tausendjährigen Bestehen Tabos die Kalachakra-Initiation halten wird. Er lud mich ein, daran teilzunehmen, als auf einmal eine Gruppe von fünf Jugendlichen den Raum betrat. Es waren Studenten, die sich in den Ferien auf dem Gelände als »Watchmen«, als vom Archaeological Institute of India angestellte Aufseher, verdingten, und deren Aufgabe es vor allem ist, Fremde vom Fotografieren abzuhalten.

Wie man sehen konnte, hatte die indische Regierung also bereits Vorkehrungen für den zu erwartenden Touristenstrom getroffen. Bei meinem Besuch gab es allerdings noch mehr Aufseher als Touristen. Ein Watchman mit Namen Sonam hatte offenbar Sympathie für mich, denn er suchte das Gespräch mit mir und freute sich, daß Tabo Ziel meiner langjährigen Pilgerwünsche war. Ich zeigte ihm mein für die Reise aus Fotokopien zusammengestelltes Buch und erklärte ihm einiges zu den Abbildungen und Grundrissen. Vor allem meine Versuche, die Tempelnamen richtig auszusprechen, lösten einige Belustigung aus. Als ich mich verabschiedete, um am Morgen ausgeschlafen für die Morgenandacht zu sein, kam Sonam mir nach und flüsterte mir ins Ohr, daß er mir, wenn ich wollte, morgen allein das Kloster zeigen und mir ein paar Aufnahmen erlauben würde. Das Schicksal meinte es offenbar gut mit mir und meiner Pilgerfahrt.

Am frühen Morgen weckte uns ein Gong. Im Laufschritt kamen die Mönche aus ihren Zellen gelaufen und betraten barfuß die neue Versammlungshalle. Jeder von ihnen vollführte sieben Verbeugungen vor der Statue Buddhas, eine Ehrerbietung gegenüber dem historischen Buddha und der eigenen Buddhanatur.

Dann nahmen sie unter dem geschickten Über-die-Schulter-Werfen ihrer Roben in vier langen gegenüberliegenden Reihen seitlich zum Altar hin Platz. Ein Mönch war schon seit einiger Zeit dabei, die Opferschalen mit frischem Wasser zu füllen und die Butterlampen neu zu entzünden, als der Zeremonienmeister die Morgenmesse mit einem tiefen Urlaut begann. Unter rhythmischem Klatschen fielen die Mönche in der ihnen stimmlich mög-

Morgenandacht im neuen Du-Khang von Tabo

lichen Tiefe ein. Es war faszinierend, diesem von allen Beteiligten inbrünstig zelebrierten Gottesdienst beizuwohnen.

Das Durchschnittsalter dürfte unter dreißig Jahren gelegen haben. Nur ein Platz, und zwar der erhabene Sitz des Abtes, links vom Zeremonienmeister, war frei. Auf ihm stand ein großes gerahmtes Foto, das einen kleinen Jungen in roter Robe und gelber Mütze zeigte. Der Achtjährige ist die Reinkarnation des vor einigen Jahren gestorbenen Serkong *Rinpoche* und hält sich, wie ich später erfuhr, zur Zeit im tibetischen Exilkloster Ganden in Südindien zur Ausbildung auf. Ich hatte bereits einmal in Bodhgaya, dem Erleuchtungsort Buddhas im indischen Bundesstaat Bihar, ein kleines Kind als Oberhaupt eines Klosters gesehen. Es war dies der kleine Ling-Rinpoche, ein sechsjähriger Knabe, fürsorglich von seinen Lehrern betreut und gefördert. Hier repräsentierte ein Foto die Anwesenheit des kleinen Serkong, solange er sich nicht selber im Kloster aufhalten konnte. Die christliche Welt hat seit zweitausend Jahren kein Kind mehr gesehen, das als göttlich verehrt wird – bei Tibetern ist es gang und gäbe.

Der Klang der näselnden Schalmeien, Becken und tiefen Trommeln schreckte mich aus meinen Erinnerungen an Bodhgaya auf. Ihre Einsätze kommen für den Laien oft völlig unverhofft, sind aber in den Liturgien genau vermerkt. Die tibetische Ritualmusik folgt nicht ästhetischen Gesichtspunkten, sondern soll Urklänge darstellen, Klänge, die wie heilige Silben den seit Urzeiten festgelegten Gehalt zur Wirkung aufrufen sollen. Vielleicht fühlen wir uns deshalb auch von ihrem Klang so angesprochen. Nach einer Stunde verließen zwei kleine Novizen die Halle, um Minuten später mit großen Kannen zurückzukehren, aus denen sie den Anwesenden Chai ausschenkten. Hier merkte man deutlich den Einfluß Indiens, denn früher war es in allen tibetischen Klöstern üblich, Buttertee zur Liturgie zu trinken.

Für Andreas und mich holten sie zwei Tassen mit schön gearbeiteten Silberdeckeln, mit denen der Tee warm gehalten wird. Als die Mönche unter Husten und Räuspern ausgetrunken hatten, blickte der Zeremonienmeister in die Runde und begann mit dem zweiten Teil des Gottesdienstes.

Unter Dank für den Tee kehrten wir zum Zeltplatz zurück, um zu frühstücken. Auch Somphal trudelte ein. Er hatte die Nacht nicht im Lager verbracht und war mittlerweile wieder so wohlauf, als wäre gestern nichts vorgefallen. Eine Frau aus dem Ort bot mir beim Frühstück einen schön gearbeiteten *Ga'u* aus Messing an, der in seiner Mitte einen roten Stein trug. Ga'us sind Amulettkästchen in verschiedenen Ausführungen, die mit Gebeten, Tsa-tsas und Zaubersprüchen gegen böse Geister gefüllt werden und, um den Hals gehängt oder mit sich geführt, Glück bringen sollen.

Nach einer Weile kam Sonam, mein Freund von gestern abend, und bat mich flüsternd, mitzukommen. Als wir uns ein wenig vom Zeltplatz entfernt hatten, erklärte er mir, daß die Situation zur Zeit günstig sei, da alle Aufseher und Mönche beim Frühstück seien. Ein

Das Mandala des vierköpfigen Vairocana im Kyil-Khang, Tabo

Die heiligen Tempel des Tabo Chos-khor

Erzählende Fresken, Vajradhatu-Figuren und gemalte Bodhisattas, Tsug-Lhakang, Tabo

Figuren des Vajradhatu-Mandala, Tsug-Lhakang, Tabo

Saravid Vairocana, die Zentralfigur im Tsug-Lhakang Tabos

Der Innenraum des Tsug-Lhakang in Tabo

Das Heiligtum der Cella des Tsug-Lhakang von Tabo: Amitabha mit zwei Aspekten Avalokiteshvaras. (Links unten im Bild eine kleine Statue Rinchen Zangpos)

Maitreya im Chamba-Lhakang, Tabo

Die exquisiten Fresken im Ser-Khang, Tabo

Shakyamuni

Vairocana

Manjusri

Tara

Usnisavijaya

Vajradhara

Amitabha

Deckenfresken im Domton-Lhakang C'enpo, Tabo

Im Gon-Khang, Tabo

Blick in den alten Teil des Klosters belehrte uns eines Besseren. Sonam schlug vor, die Situation abzuwarten, und wir begannen schon einmal mit dem Rundgang.

Der verbotene Himmel

Durch eine kleine Maueröffnung betraten wir den heiligen Bezirk. Im Sonnenlicht lag der *Chos-Khor*, der »Ort der Unterweisung«, wie das Kloster auch heißt, unter einem stahlblauen Himmel. Das Thermometer zeigte heute bis zu 36 Grad im Schatten, und mir wurde die Bedeutung des Wortes Hochwüste voll bewußt. Der Tabokomplex ist mit einem Umfang von 85×75 Meter eine der größten Klosteranlagen Spitis. 23 Chörten befinden sich auf seinem Terrain, manche sogar noch aus einer Zeit vor Rinchen Zangpo. Das im Original um den alten Du-khang als Mandala konzeptionierte Bauwerk ist durch spätere Neubauten als solches nicht mehr zu erkennen. Dies wird durch die kürzlich angelegten Gebäude leider noch verstärkt. Sonam begann seine Führung im fünf Quadratmeter großen »Mandala-Tempel«, dem *Kyil-Khang*, als hätte er gewußt, daß dieser Initiationstempel für die ersten Weihen junger Mönche auch für mich der beste Einstieg in die tibetische Geisteswelt war. Er schloß auf, und ein schmaler Lichtstreifen erhellte das Antlitz des Vairocana in seiner vierköpfigen, omnipräsenten Darstellungsform. Mir war, als würde die Gottheit zum Leben erweckt, wie sie mich dort auf ihrem löwengestützten Lotosthron, kreisförmig umgeben von kleinen Medaillons, direkt anblickte.

Die Wände links und rechts des Zentrums sind ebenfalls mit je einem bis unter die Decke reichenden Mandala im tibetischen Stil des 17. Jahrhunderts bemalt. Sonst ist der Raum völlig leer. Er darf aber auch nichts anderes enthalten, denn das Mandala allein ist der symbolische Ausdruck der Welt, in der der Initiierte nun wiedergeboren werden muß. Ich dankte meiner Führung für das Foto, das ich aufnehmen durfte. Sonam begleitete mich weiter zum *Chamba-Lhakang*. Dieser braune, fast quadratische Lehmbau, den man durch ein im kaschmirischen Stil geschnitztes Holztor betritt, mißt etwa

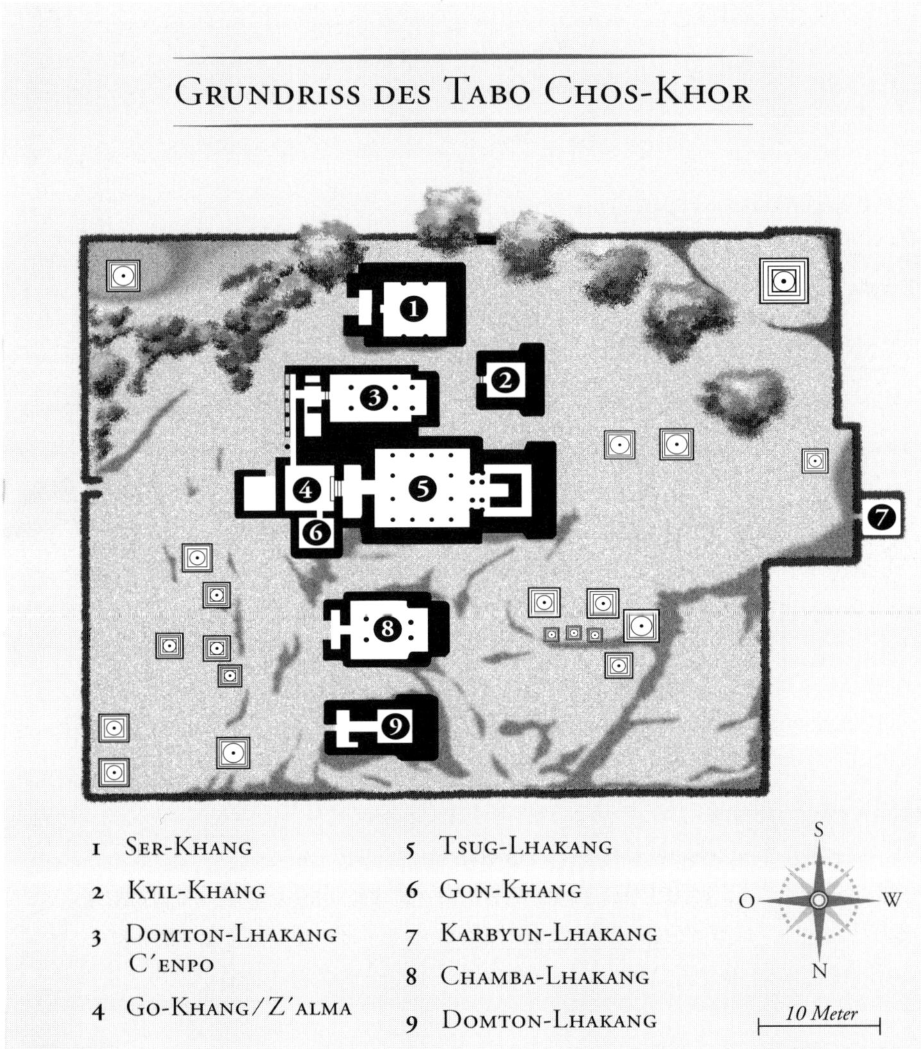

acht Quadratmeter. Der Tempel enthält eine sechs Meter hohe Statue des nach westlicher Art sitzenden Maitreya, des Buddha der Zukunft. An den Wänden sieht man die acht Medizinbuddhas, alte Fresken, die leider mehrfach übermalt wurden und damit stark an Qualität eingebüßt haben, sowie Darstellungen des Potala-Palastes in Lhasa und des Tashilhunpo-Klosters.

Sonam spannte mich auf die Folter und hob sich wohl das Beste für den Schluß auf. Wir kamen zum *Domton-Lhakang C'enpo*, dem

Tabo

»Großen Tempel zu Ehren Domtons«. Domton (1008–1064) gilt als Hauptbegründer der ersten reformierten Sekte Tibets, den *Kadampa*. Dieser Tempel war zum Zeitpunkt unserer Anwesenheit durch eine Öffnung in der Decke von Sonnenlicht durchflutet. Die alten, aufs 11. Jahrhundert zurückgehenden Bemalungen der Deckenbalken zeigen herrliche Darstellungen von in Wolken gehüllten Schlangengeistern, Titanen und auf Regenbogen tanzenden Pfauen. Die Ausschmückung zählt zu den hervorragendsten Holzmalereien Tabos. Studenten des Archäologischen Instituts der Universität Zürich waren gerade dabei, tibetische Schriften zu sichten und zu ordnen. Riesige Haufen der schmalen Zettel lagen numeriert im rechten Teil des Raums verteilt.

Der Domton-Lhakang C'enpo ist ein späterer Anbau zum Haupttempel, dem *Tsug-Lhakang*. Das etwa 13 × 11 Meter große Heiligtum betritt man durch eine schmale Vorhalle, *Z'alma* oder *Go-Khang* genannt, die über und über mit Malereien im zentraltibetischen Stil versehen ist: *Tsongkhapa*, Tara, *Vajrasattva*, das Diamantwesen in *Yab-Yum*-Stellung, der mystischen Vereinigung mit einer Gefährtin, die die Aufhebung der Polaritäten symbolisiert, u. a. Dann öffnet sich einem das Universum Tabos, der verbotene Himmel, den so wenige bis jetzt sehen durften – der Eintritt ins dreidimensionale Vajradhatu-Mandala.

Über eine kleine Treppe und einen leeren Vorraum steigt man hinauf zum Tsug-Lhakang, dem »Tempel der erleuchteten Götter«. In der Mitte des Raumes liegen zwischen vier Säulenreihen die roten Sitzkissen der Mönche, obwohl die Andachtsstätte schon lange nicht mehr für Versammlungen benutzt wird. Zwischen den Sitzreihen weist ein Weg zu einem hölzernen Altar, der hinter Glas eine große silberne Figur des Vairocana enthält. Doch das Faszinierende an diesem Tempel sind zweifellos seine Wände. An ihnen ist die gesamte Götterwelt des Vairocana-Zirkels dreidimensional als fast lebensgroße Stuckstatuen versammelt. Die 32 Gottheiten sind in einer Höhe von zwei Metern über dem Boden so graziös angeordnet, daß man denken könnte, sie fliegen. Gütig und weise lächelnd blicken sie auf den Betrachter herab, lediglich einige Plastiken stellen Gottheiten zornig dar. Alle tragen Heiligenscheine, Flammenringe in Flachrelief, die die Aura erleuchteter Wesen symbolisieren.

Durch ihre Farben, Mudras und mitgeführten Artefakte sind sie ikonographisch einzuordnen, obwohl viele Statuenhände ihrer Gegenstände beraubt sind. Auch wenn die Farbgebung nur esoterischen Zielen folgt, trägt sie doch ungemein zum überwältigenden ästhetischen Eindruck bei. Die meisten der Statuen, vor allem die weiblichen Gottheiten, sind weiß, doch gibt es auch grüne, rote, blaue und gelbe Plastiken. Sie stammen größtenteils aus der Zeit der Könige von Guge. Der Eingang wird flankiert von zwei Schutzgottheiten. Ihnen zur Seite stehen vier weitere helfende Göttlichkeiten. Sie bewachen quasi das Mandala. Die zwei Längswände teilen die vier großen Tathagatas, die auch schon in Nako Vairocana umgeben haben, und die sechzehn Bodhisattwas gleichmäßig untereinander auf. Daraus ergeben sich zehn Statuen pro Wand. An der folgenden Querwand sind nun wiederum zwei Schutz- und vier Hilfsgottheiten angeordnet. Durch ihre plastische Anordnung im Raum wird der Betrachter selbst zum Zentrum des Mandalas. Dies ist der Grund dafür, warum alle äußeren Gottheiten in Tabo etwas kleiner als lebensgroß dargestellt sind, repräsentieren sie doch alle nur Teilaspekte des menschlichen Bewußtseins, deren Erkenntnis schließlich zum Ganzen und Wahren – »zum Großen« – führt. Wie im gemalten Mandala führen auch im Tsug-Lhakang die Figuren zu ihrem Zentrum, der viergestaltigen Form des Vairocana, der einzigen überlebensgroßen Darstellung im Vajradhatu-Mandala Tabos. Sie stellt wie in Nako die letzte Erkenntnis des Urgrundes der Welt dar. In alle Himmelsrichtungen blicken die eleganten, Rücken an Rücken in Meditationshaltung sitzenden Statuen, als wollten sie symbolisch ausdrücken, daß sie »alles gesehen«, alles wahrhaft erkannt haben.

Ich durchwanderte den Tempel unter der auratischen Gegenwart dieser Götter, und mir wurde regelrecht schwindlig von der Pracht und darstellerischen Vielfalt des Gebäudes. Nicht nur die Figuren beeindruckten mich ungemein und gaben mir das Gefühl, mich in einem Zentrum von Wahrheit und geistiger Größe zu befinden. Hinzu kamen noch die tausende Fresken, die sämtliche Wände des Raumes bedecken. Doch bevor ich diese näher betrachtete, wollte ich zunächst zu meinem ganz persönlichen Pilgerziel gelangen, das sich auch noch in diesem Tempel befinden mußte, wie ich aus Tuccis Buch erfahren hatte.

Am Altar vorbei gelangte ich hinter der Vairocana-Figur zum zweiten Teil des Tempels, der Apsis oder *cella*. Stockdunkel war es hier, doch mit der Taschenlampe sah ich, was ich Jahre gewünscht hatte zu sehen: die rote, lebensgroße Figur Amitabha des Buddha des grenzenlosen Lichts. Er sitzt auf einem von Löwen gestützten Lotosthron und ist umgeben von vier kleineren, ihm Tribut zollenden Figuren. Hinter der Skulptur sind fragmentarisch alte Fresken seiner ihm ikonographisch zugehörigen Verehrerinnen erkennbar. Flankiert wird Amitabha von zwei stehenden figürlichen Aspekten Avalokiteshvaras, der Personifikation des grenzenlosen Mitleids. Die mit den Bodhisattwakronen versehenen Statuen stellen links *Padmapani* (weiß), »den Lotosträger«, und rechts *Mahasthamaprapta* (blau) dar. Zwei weitere lebensgroße Figuren, Anhänger Amitabhas, stehen am Beginn des Außenrundgangs, der von den Pilgern zur traditionellen Umrundung (*Kor-lam*) benutzt wird.

Im Rundgang sind die Repräsentationen der tausend Buddhas in wunderschöner Ausführung vom Boden bis zur Decke gemalt. Alle Figuren sind unterschiedlich gezeichnet, jede einzelne trägt individuelle Züge, besonders um die Augen- und Handpartien. In einem kurzen Moment eindringenden Lichts trafen mich ihre Augen bis ins Innerste. Tausend Jahre Dunkelheit haben in Tabo einen großen Dienst für die Menschheit getan und eine phantastische Kunst unglaublich authentisch erhalten.

Dieser Tempel beeindruckte mich so sehr, daß ich mich über das strenge Fotografierverbot hinwegsetzte, um wenigstens ein Bild der Cella mit nach Hause zu bringen. Mein Blitzlicht brachte mit einem Schlag die gesamte Aufsehermannschaft auf den Plan, und ich hatte Glück, den Film behalten zu dürfen. Doch Repressionen und Strenge liegen glücklicherweise nicht im Wesen des Buddhismus, und meine ernst gemeinten Entschuldigungen und Erklärungsver suche meiner Motive besänftigen die Mönche bald wieder. Einer erkannte offenbar, wie wichtig mir diese Aufnahme war, und lud mich daraufhin ein, ihm am Abend bei seinem Gottesdienst im *Gonkhang* beizuwohnen. Der Gon-Khang ist die Kammer des Schrekkens, in dem die Schutzgottheiten sowie Tanzmasken und negativen Artefakte aufbewahrt werden.

Ziemlich erschöpft entschied ich mich nach dem Essen für eine entspannende Wanderung entlang des kleinen Dorfes. Durch die Gerstenfelder ging ich zu den Ufern des Spiti. In der Nähe von Tabo hatte Francke 1909 noch riesige Reihen mit 108 bzw. 216 Chörten gesehen, von denen leider nicht mehr die geringste Spur zu entdekken war. Kinnaur, Spiti und Lahaul liegen im seismisch aktiven Alpen-Himalaya-Gürtel. Zwischen 1905 und 1975 registrierte man in diesen Regionen 22 Erdbeben zwischen Stärke 5,0 und 7,0. Das Beben am 19. Januar 1975 hatte heftige Auswirkungen auf Spiti, und viele der Klöster erlitten schwere Beschädigungen. Es kann also durchaus sein, daß die von Francke gesichteten Strukturen zunehmend den vielen Erdstößen zum Opfer fielen.

Bis zum Abend blieb noch ein wenig Zeit, und so schaute ich noch einmal durch die Klosteranlage.

Rechts neben dem Tsug-Lhakang liegt der *Domton-Lhakang*, ein weiteres Heiligtum zu Ehren Domtons. Der kleine Raum enthält ein paar Fresken, die aber so schlecht erhalten sind, daß ich mich, verwöhnt vom Hauptheiligtum, hier nicht lange aufhielt. Das noch ausstehende Heiligtum war der *Ser-Khang*, die »Goldene Halle«. Er liegt im südlichen Teil des Chos-khor und ist acht Quadratmeter groß und fünf Meter hoch. Eine Legende besagt, daß dieser Tempel mit einer Schicht Gold, so dick wie ein Yakfell, überzogen gewesen sein soll. Wie im Lhakang C'enpo in Nako sind Spuren davon an den Wänden noch zu entdecken. Im 16. Jahrhundert wurden die Fresken gemalt, die sich über alle vier Wände erstrecken und hervorragende Beispiele für den Stil der zweiten Periode der Kunst des alten Guge bilden. In symmetrischer Anordnung sind auf prunkvollen Thronen, umgeben von reichverzierten Baldachinen, überlebensgroße Gottheiten mit den zu ihnen gehörenden Götterzyklen dargestellt: der Gott der Medizin, ein roter Amitabha, der blaue *Vajradhara* mit Glocke und Donnerkeil, Maitreya, Shakyamuni, Manjusri, der mit dem Schwert die Schleier der Unwissenheit teilt, Vairocana, die grüne Tara – Schutzpatronin Tibets – und *Usnisavijaya*, eine achtarmige Emanation Vairocanas.

Ich verabschiedete mich mit Dank von Sonam. Aufgrund einer für den nächsten Tag geplanten Reise war es ihm leider nicht mehr möglich, sein Versprechen, mir das Fotografieren zu ermöglichen, einzulösen. Ich ging zum Gon-Khang. Nach einer Weile kam der Mönch und schloß uns den Haupttempel auf, dessen Malereien oberhalb der Stuckfiguren sind rein religiöser Natur. Sie zeigen Gottheiten, in von Heiligenscheinen umgebenen Lotos-Medaillons thronend, sowie Fabelwesen. Den unteren Raum bis zur Hälfte der Wände nehmen die erzählenden Fresken ein. Mit großer Sorgfalt und Liebe zum Detail ist die spirituelle Suche Sudhanas auf der linken Wand und das Leben Buddhas auf der rechten Wand ausgeführt. Die Details der ausnahmslos im kaschmirischen Stil gefertigten Fresken verraten, daß sie mit der Entstehungszeit der Statuen übereinstimmen: die Formen der Kronen, die Gewänder, die feingliedrigen Körper.

Auch einige tibetische Inschriften finden sich an den Wänden. Sie berichten von den Bau- und Restaurierungsarbeiten ebenso, wie sie die erzählenden Fresken erläutern. Im zehnten Jahrhundert war – wie die geringe Größe der Tempel Tabos im Vergleich zu späteren Sakralbauten verrät – das klösterliche Leben noch nicht sehr ausgeprägt oder stark in der Gesellschaft verankert. Um der Normalbevölkerung, von der die Mönchsgemeinschaft abhing, einen Zugang zur esoterischen, komplizierten Geisteswelt des Vajrayana zu ermöglichen, hat man »profane« Malereien in die heiligen Hallen aufgenommen, die aber bei näherer Betrachtung gar nicht profan sind. Man bediente sich lediglich einer ausschweifenden Darstellungsweise für Hofszenen. Doch sind die abgebildeten Paläste, in denen sich das höfische Leben abspielt, Wohnstätten für Bodhisattwas. Damit bekommen die weltlichen Szenen wiederum religiösen Charakter. Es wird nur dem Laien der Zugang zu der tiefen Verehrung, die die Mönche gegenüber diesen erleuchteten Wesen empfinden, erleichtert. Diese Kombination der malerischen Inhalte ist eine intelligente Lösung, mit der weltliche und religiöse Belange in Einklang gebracht wurden: einer der »Wege der Mitte« des Buddhismus. Das geistige Konzept, mit dem Tabo 996 erbaut wurde, bildete eine Einheit vom kleinsten Detail bis zur Anlage des Klosterkomplexes im großen. So ist es z. B. aufschlußreich, daß sich die Zentralgottheit Vairocana im Tsug-Lhakang von ihrer Mandalaposition her nicht nur in der Mitte ihrer sie umgebenden Figuren befindet, sondern auch fast genau im Schnittpunkt der Diagonalen des Klosterbezirks liegt. Hierin äußert sich wieder das buddhistische Gesetz, das den Mikrokosmos mit dem Makrokosmos gleichsetzt. Des weiteren sind alle Tempel nach Osten ausgerichtet, welches eine Beziehung zur Verehrung der Sonne nahelegt, die seit Urzeiten in den meisten Hochkulturen vorhanden ist.

Der Mönch kam zu mir und bat mich, an der Treppe vor dem Gon-Khang Platz zu nehmen. Die Schreckenskammer, in der Masken und die negativen Artefakte des Lamaismus aufbewahrt werden, ist dem Uneingeweihten nicht zugänglich. Frauen dürfen noch nicht einmal in den Raum hineinsehen. Er begann auf ähnliche Weise seine Rituale, wie es die Mönche am Morgen getan hatten. Doch waren seine Gebete wesentlich rhythmischer, wesentlich beschwörender und unheimlicher, unterstützt durch das fast kontinuierliche, gleichzeitige Schlagen der großen Trommel und der Becken. Es war eindrucksvoll mitzubekommen, wie ein einzelner Mensch sich jeden Abend allein in diese – für ihn reale – Welt des Schreckens begibt, dort betet und die übermächtigen Gottheiten zu besänftigen sucht. Was muß wohl in einer Person vorgehen, die das ein Leben lang macht?

Nach einer Stunde beendete der Mönch seine Gebete und bat mich, ihn wieder zu begleiten. Wir gingen zu seiner Klause, die ich vom Vorabend schon kannte. Dort rezitierten wieder dieselben kleinen Novizen. Ich wurde gefragt, ob ich nicht einen dieser Jungen unterstützen, seine Ausbildung fördern, für seinen Unterhalt sorgen, eine Patenschaft übernehmen wolle. Sie schlugen mir vor, einen auszusuchen. Ein wenig kam ich mir vor wie auf einem Sklavenmarkt. Ich fragte nach der Ausbildung der Mönche und hörte, daß ihre Fächer Lesen, Schreiben, Rechnen, Metaphysik, Dialektik, Rhetorik und Kunst sind. Man zeigte mir auch ein paar künstlerische Arbeiten der Kleinen, und ich war erstaunt über das Geschick, das hier bereits die Fünfjährigen beim Übertragen der genau festgelegten Symmetriemuster für Figuren, Gesichter etc. aufbrachten. Verglichen mit den Arbeiten von Kindern aus dem Westen sind bei den Novizen hier doch eindeutig mehr Konzentration, Feinmotorik und Reife zu entdecken.

Tabo scheint mir ein guter Ort für solch eine Patenschaft zu sein. Hier sind die Mönche umgeben von einer phantastischen Hochkultur, die sich an diesem Ort vor allem in der Kunst niederschlägt. Auch wenn die Zeiten der großen Epoche vorbei sind, werden doch alle in der Kunst unterrichtet. Ausübung der Malerei ist ebenfalls eine Form der Meditation, eine, zusätzlich zum Geistigen, tiefe manuelle Beschäftigung mit der Gottheit und ihrem Zirkel, mit dem Mandalagedanken und damit eine Beschäftigung mit sich selbst und der Lehre. Vielleicht wird ja ein schlummerndes Talent durch diese beeindruckende Umgebung geweckt und gefördert und damit ein Teil zur Wiederbelebung der alten Kultur Tibets getan, die sowohl im Exil wie auch in ihrem Mutterland vom Aussterben bedroht ist. Einer der Knaben war mir heute morgen bei der Puja durch seine intensive Konzentration aufgefallen und verblüffte mich jetzt mit seinen Arbeiten. Sollte ich mich für eine Patenschaft entscheiden, wird meine Wahl mit Sicherheit auf ihn fallen.

Voll der Eindrücke und Gedanken verabschiedete ich mich von den Mönchen und begab mich zum Lagerplatz. Ein wenig verwundert war ich, als ich Vickys Abendessen musterte. Waren das nicht regelrechte Pfannkuchen mit Marmelade? Doch mir wurde klar, welcher besondere Anlaß uns dieses hervorragende Mahl heute beschert hatte, als sich unser liebenswürdiger Koch mit den Tellern vor uns aufbaute und ein altbekanntes Lied namens »Happy Birthday« schmetterte: Es war Andreas' dreißigster Geburtstag! Wir umarmten uns, und Andreas meinte, daß er sich einen schöneren Dreißigsten gar nicht hätte vorstellen können. Pancakes, Cappuccino, Whiskey und Gummibärchen bescherten uns noch einen langen Abend.

Fünfzig Männer und ein Adlerhorst

In Tabo könnte man Wochen verweilen, und so fiel es mir um so schwerer, diesen heiligen Ort wieder zu verlassen. Doch wir mußten weiter, und so folgten wir der Straße, die nach Poh führte, ein Dorf, das uns zu seinem Namen zu passen schien: mit wild durcheinander gebauten Häusern, mitten auf den Straßen liegenden Hunden vergnügt spielenden Kindern und winkenden wettergegerbten Bewohnern.

Hinter Poh muß der Jeep einige Höhen mit bizarren Kalkstalagmiten erklimmen, die hie und da eine grandiose Aussicht auf die Oasen dieser Gegend freigeben. Kurz vor Sichling öffnet sich dann das Spitibecken und es befällt einen das Gefühl ungeheurer Weite.

Bald darauf hat man den nächsten grandiosen Anblick: Hoch oben, in noch weiter Ferne, aber deutlich auszumachen, liegt wie ein Adlerhorst eine mittelalterliche Zitadelle. Dreihundert Höhenmeter muß der Jeep hinaufächzen, um schließlich auf 3 890 Metern den unwirklichsten Ort des ganzen Landes zu erreichen – Dhankar, die alte Hauptstadt Spitis.

Wie aus dem Fels herausgewachsen und doch kein Teil von ihm, durch ihre Farbe scharf abgegrenzt von der Ödnis, liegen die alten, weißen Häuser im Dreieck einer Felsmulde. Beschützt wird Dhankar von seinem *Dzong*, einer an der obersten Spitze des Berges errichteten Festung, die für ihr Gefängnis berüchtigt war.

Als *Dhankar* bezeichnet man in Spiti einen Ort in den Bergen, der für Fremde unerreichbar ist. Dies hat den Hintergrund, daß Spiti stets unter den Aggressionen seiner Nachbarn zu leiden hatte. Schon im zehnten Jahrhundert geriet das Land unter ladakhische Herrschaft, mit dessen Schicksal es fortan verbunden war. War Ladakh stark und kriegerisch, geriet Spiti unter seine Regierung, war Ladakh schwach und auf sich bezogen, war Spiti praktisch frei. Stets sandten die in Dhankar ansässigen *Nonos* von Spiti, die Regenten, von denen noch unklar ist, ob sie aus dem Land selbst hervorgingen oder von Ladakh eingesetzt waren, Friedensgeschenke an ihre mächtigen Nachbarn Kulu, Bushair und Chamba. Trotzdem fiel im siebzehnten Jahrhundert der Fürst von Kulu, Raja Man Singh, in Spiti ein und machte es sich tributpflichtig. Die nächsten Jahrhunderte wurde das Land immer wieder von indischen Invasoren heimgesucht. 1846 fiel Spiti an die Briten, die es dem Raja von Bushair unterstellten. Nach der Unabhängigkeit Indiens wurde Lahaul-Spiti als eigener Distrikt, mit Verwaltungssitz im Keylong, dem Punjab angegliedert, dessen Bergregionen 1966 dem Bundesstaat Himachal Pradesh zugeordnet wurden. Spiti wurde zu einer untergeordneten Region mit Hauptort Kaza.

Bis dahin war Dhankar, das im zehnten Jahrhundert erbaut worden war, die alte Hauptstadt Spitis. Den Ort hatte man deswegen so ausgesetzt angelegt, damit seine bei Gefahr angezündeten Warnfeuer im ganzen Umkreis gesehen werden konnten. Durch weitere, auf den Hügeln der umliegenden Orte entzündete Feuer wurde die

Das Mittelalter begegnet der Neuzeit

gesamte Bevölkerung über z. B. drohende Invasionen informiert und Evakuierungen der Dörfer und Klöster zu Hochtälern und Verstecken veranlaßt. In Dhankar fanden stets die zentralen Beratungen über die zu treffenden Maßnahmen statt.

Wir erreichten den Ort in dem Eindruck, daß hier wirklich nicht oft Fremde heraufkommen. Alle Menschen, die nicht auf den Feldern beschäftigt waren, liefen zusammen, und in nicht minderer Zahl die Mönche, als wir auf dem Dach des neugebauten Klosters unser Zelt aufbauen durften. Auch hier ist es so, daß die Mönche ihre Messen viel lieber in einem neuen, für mich atmosphärearmen Bau abhalten als in der alten Gompa unterhalb des Dzongs mit ihren alten Ritualgegenständen, Artefakten, Rollbildern und Fresken. Die Mönche interessierten sich brennend für die praktischen Dinge, die wir mitführten: die Schlafsäcke, die Zelte mit ihren zusammensteckbaren Stangen, die Rucksäcke, die Feldflaschen. Ähnliches hatte ich bis jetzt überall erlebt. Luxusartikel wie Walkman und Kamera wurden überhaupt nicht wahrgenommen, dafür Taschenmesser, Feuerzeuge und Fleece-Pullis. Das ist nicht verwunderlich, denn die Tibeter sind ein pragmatisches Volk, das zum Großteil immer noch ein nomadisierendes Leben führt.

Ein Mönch ließ es sich nicht nehmen, den Aufbau unseres Igluzeltes zu erlernen. Meinen Dank quittierte er mit einer Einladung in seine Klause. Da auch dieses Kloster dem Gelug-pa-Orden angehört, schenkte ich ihm eine selbstgemachte Aufnahme des Dalai Lama, die mir 1986 in seiner Exilresidenz Dharamsala gelungen war. Der Mönch war der erste, dem ich meinen Ga'u mit der Bitte um Segnung vorlegte. Auf zwei kleine Zettel schrieb er das heilige Mantra »Om mani padme hum«, das so bekannt, aber doch so tiefgründig ist. Oberflächlich bedeutet es »O du Juwel in der Lotosblüte«, eine Anrufung des Buddha, der der Legende nach aus einem Lotos geboren sein soll. Es wendet sich aber auch an die jedem Menschen innewohnende Buddhanatur und dient ihrer Erweckung. Seine tiefere Bedeutung ist: »Ich rufe an den Pfad der Wahrheit und bitte um die Erfahrung des Universalen, so daß der juwelenhafte Glanz meines unsterblichen Geistes sich entfalten möge in den Tiefen meines lotoszentrierten Bewußtseins und ich den Hauch der Ekstase der Durchbrechung aller Banden und Horizonte verspüre!«

Der Klang eines Muschelhorns unterbrach unser Gespräch und rief zur Mittagspuja. Mein Gastgeber lud mich ein, an dem Gottesdienst teilzunehmen. Ich folgte ihm bergauf in den neuen Du-Khang, wo bereits fünfundzwanzig andere Mönche Platz genommen hatten. Die einzige Besonderheit dieser kleinen Versammlungshalle sah ich im hinteren Teil des Tempels. Die Rückwand einer durch einen Altar abgeteilten Apsis war mit 1000 kleinen Goldstatuen Buddhas auf Regalen versehen. Das abgelegene Kloster schien doch über einen gewissen Reichtum zu verfügen.

Vielleicht lag es an dem flachen, düsteren Raum, der wie eine Höhle wirkte, daß bei den Rezitationen dieser älteren Mönchsgemeinde in mir Gedanken an den entbehrungsreichen Weg der Mönche aufkamen. Ich wurde mir bewußt, welche Kraft und Selbstdisziplin dazugehören muß, tagaus, tagein dieses Leben zu führen. Hier – auf einem Berg, weit weg von irgendeinem sogenannten Zentrum, einer Metropole dieser Welt, ja, sogar vom Flußtal weit entfernt, an einem Ort, wo nicht ein einziger Baum steht, wo es nichts als Felsen und Himmel gibt – hier haben sich fünfzig Menschen zusammengefunden, um gemeinsam zu leben, strengen Regeln zu gehorchen und diese ein Leben lang zu befolgen. Fünfzig Männer sitzen zusammen in einem Bergkessel, wo es sonst nur noch ein paar Häuser gibt, treffen sich jeden Morgen, jeden Mittag, jeden Abend, um gemeinsam zu beten, Rituale zu vollziehen und Pflichten zu übernehmen. Sie sitzen sich gegenüber und singen sich ihre nicht endenwollenden Gebete vor. Dazu wiegen sie ihre Häupter im Takt, trinken in jahrhundertealter Tradition ihren Buttertee und tunken ihn mit Tsampa auf.

Dabei ist es vollkommen gleichgültig, ob irgendwann einmal irgend jemand kommt, um ihnen dabei zuzusehen. Wenn auch noch die wenigen Touristen ausbleiben, kommt der lange, harte Winter. Dann sind die Mönche immer noch unter sich auf der Suche nach Erleuchtung – nur die Berge, der Himmel, die Geister und sie. Ohne Abwechslung, ohne Ablenkung. Und doch strahlten alle Mönche, wie sie da saßen, Freude, Harmonie und Glück aus. Nach der Hälfte des Gottesdienstes, als es Essen gab, von dem auch mir gereicht wurde, kam ein Gespräch zwischen den Mönchen auf. Ich glaube, es ging um Angelegenheiten des Klosters, Geldverwaltung, Neubau oder ähnliches. Obwohl ich nichts von dem verstand, was besprochen wurde, merkte ich doch die gute Stimmung zwischen den Mitgliedern der Mönchsgemeinde:

Die Jüngeren waren von den Älteren akzeptiert, man lachte über deren kleine Witze, dem Abt wurde liebevoller Respekt ohne Unterwürfigkeit entgegengebracht, und alles wurde in einem ruhigen, sachlichen Ton besprochen.

Als die Puja beendet war, traten wir nach den Verbeugungen vor dem Altar ins Freie. Die Mönche hatten ihre Teller mitgenommen, und nun kam der große klostereigene Tibet-Mastiff zu seinem Recht. Diese Hunde sind im ganzen tibetischen Kulturkreis als äußerst bissig bekannt. Der Abkömmling aus Dhankar jedoch war lediglich verspielt, wenn auch voller Flöhe. Er durfte alle Reste der

Mahlzeiten verspeisen, was mir bewies, daß auch Hunde Vegetarier sein können. Ich verabschiedete mich fürs erste und wanderte am Rand der Felsmulde entlang zum Dorf. Es war wie ausgestorben, und sämtliche Häuser und Tempel standen offen. Nirgends verwehrte ein Schloß den Eintritt. Nein, für Spita-pa dürfte das schreckliche Verlies im Dzong nicht gebaut worden sein, denn Kriminalität ist in ganz Spiti nahezu unbekannt, und von einem Mord hat hier noch nie jemand gehört. An einigen alten, imposanten Häusern vorbei erreichte ich den höchsten Punkt des Bergkammes.

Der Weg zu den alten Gebäuden wie Dzong, Wehrturm und Kloster hatte es in sich. Teilweise mußte man richtiggehend klettern, so steil sind die Felsen, an denen Dhankar erbaut ist. Hinzu kam der starke Wind, der durch die Felskanten wie durch eine Turbine pfiff und einen leicht aus der Balance bringen konnte. Endlich am Kloster angekommen, fand ich auch dieses offen. Hier lag es aber daran, daß ein Mönch, wie im Gon-Khang von Tabo, stets abgeordnet wurde, um die heiligen Räume der alten Gompa zu bewachen.

Dieser Mönch freute sich sehr über den Besuch und zeigte mir gern die Altarräume, die viele alte Thangkas, Tsa-tsa-Schreine und Figuren enthalten. Das Kloster heißt *Zla'od Gompa*, »Kloster der Anhänger Zla'ods«. Zla'od wurde 1121 in Spiti geboren und hat vermutlich das alte Heiligtum gegründet. Schenkt man den Aussagen der Mönche Glauben, so gehen ihre Tempel noch auf die Zeit Songtsen Gampos zurück, des ersten tibetischen Großkönigs im siebten Jahrhundert. Wenn das stimmt, so hat Zla'od im zwölften Jahrhundert das Kloster renoviert.

Bei meinem Abschied stockte mir am Klostereingang schier der Atem: Vor einer Tür, die der Mönch nicht öffnen wollte, hing ein ausgestopfter Widder, dem das Stroh aus allen Hautnähten hervorplatzte. »Gegen böse Geister und Menschen über 1,70 . . .«, dachte ich und verabschiedete mich. Von einem Mönch aus Dhankar, der ein wenig Englisch sprach, erfuhr ich später die Bewandtnis, die es mit dem Widder auf sich hatte: Das Tier hatte vor etwa 150 Jahren gelebt. Immer wieder war es von einem bösen Dämon besessen

Dämonenabwehr vor dem Gon-Khang der Zla'od Gompa

worden, der es wie wild umherspringen ließ. Die Mönche behandelten den Widder deshalb mit Respekt und fütterten ihn regelmäßig und reichhaltig. Nach seinem Tod stopften sie ihn aus und hängten ihn zur Abwehr weiterer böser Geister vor dem heiligen Bezirk auf. Nach dem Höhepunkt tibetischer Kultur in Tabo kam mir in Dhankar alles etwas volkstümlicher und einfacher vor. Ohne es genau beurteilen zu können, nehme ich an, daß hier eine wesentlich weniger esoterische und intensive Form des Klosterlebens gepflegt wird als in Tabo oder anderen Klöstern Spitis. Man merkt es den Orten an, ob sie Austausch haben – mit anderen Mönchen, Reisenden, Karawanen, Händlern. Dies verändert das Bewußtsein der Klostergemeinschaft ebenso wie die Intensität, mit der das Studium der Lehre betrieben wird. Doch dazu müssen die Stätten der Bildung zentral erreichbar liegen. Dhankar war zu anderen Zwecken gegründet worden, welche es aber in der heutigen Zeit nicht mehr erfüllen muß – für andere Zwecke liegt es zu weit abseits.

Wie aus dem Fels gewachsen und doch nicht Teil von ihm – Häuser in Dhankar

Wertvolle Tsa-tsa-Schreine flankieren eine alte Holzfigur Tsongkhapas. Zla'od Gompa, Dhankar

Vergoldete Holzfiguren von Tsongkhapa, Buddha Shakyamuni und Padmapani im Hauptschrein der Zla'od Gompa, Dhankar

Die oberen Gebäude des Klosters von Dhankar

Abendstimmung in Dhankar

Einsam überragt der schneebedeckte Kang Nilda (6 303 m) die kargen Felswände des Lingti Valley

Die Gerste bildet das einzige Grün in der Felsenwelt des Lingti Valley

Lha-lun: der Altar mit Vairocana, Padmasambhava und Rinchen Zangpo

Lha-lun: Grimmige Mandala-Wächterfigur des Hayagriva

Lha-lun: Prajnaparamita-Mandala, rechte Wand

Lha-lun: Shakyamuni-Mandala an der Zentralwand

Der Gipfel des Herang (5 275 m)

Die Kreuzung von Spiti und Pin

Gegen den Wind kämpfte ich mich auf dem schmalen Grat zur Hochebene hinauf. Hier führt auf fast viertausend Metern Höhe ein Pfad in das Seitental des Lingti-Flusses. Dieser bildet mit Spiti und Pin ein paar Kilometer oberhalb Dhankars eine Verbindung. Das Lingti-Tal gilt als einer der bedeutendsten Fundorte der Welt für Meeresfossilien. Hier häufen sich in Ammoniten und Muscheln die Zeugnisse dafür, daß der Himalaya, bevor er sich durch die Kollision zwischen dem indischen Subkontinent und Zentralasien emporhob, einst von einem Ozean bedeckt war. Nur so sind die versteinerten, prähistorischen Meerestiere auf Höhen von viertausend Metern, wie man sie auch im Mustang-Gebiet Nepals findet, zu erklären. Das Lingti-Tal bildet eine direkte Verbindung nach Ladakh. In zehn Tagen Fußmarsch kann man über den Tso-Morari-See in der Provinz Rupshu Leh erreichen. Folgt man diesem Pfad für zweieinhalb Stunden, gelangt man nach Lha-lun, dem zweiten Kleinod Spitis aus der Rinchen-Zangpo-Zeit.

Bei meinem spätnachmittäglichen Ausflug von Dhankar aus ahnte ich noch nichts von der Länge dieses Marsches, bei dem man nach einer Stunde das Gefühl hat, immer noch keinen Meter vorwärts gekommen zu sein – ähnlich, wie Kipling das beschreibt. Es folgt Bergrücken auf Bergrücken, und von Lha-lun, das in den Karten als eine Stunde entfernt beschrieben wird, war nach zwei Stunden immer noch nichts zu sehen. Auf dem Fußweg kam mir ein fröhlich pfeifender Tibeter entgegen. Er hatte reichen Silberschmuck um den sonnengegerbten, ledrigen Hals und rief mir freundlich ein »*Tashi deleg*« entgegen. Mit Händen und Füßen versuchte ich von ihm den Weg nach Lha-lun zu erfahren. In einer Mixtur aus Zeichensprache und Tibetisch erklärte er mir, daß ich mich rechts am Berghang halten sollte. Mein tibetisches »Dankeschön« nahm er mit einem Schulterklopfen und einem breiten, zahnlosen Grinsen entgegen. Dann zog auch er seines Wegs, in Richtung Dhankar.

Ich kam zu einer Weggabelung und entschied mich für den oberen Pfad. Doch dieser war anscheinend der falsche. Als mich nämlich meine tibetische Begegnung den steilen Geröllabhang hinaufklettern sah, machte diese von weither kehrt und rannte zurück zu mir.

Es war unglaublich: Der freundliche alte Mann hatte sich bestimmt schon einen Kilometer entfernt. Dennoch hatte er kehrtgemacht und nicht eher angehalten, bis er mich in einem für die Höhe von 4000 Metern bewundernswerten Laufschritt erreicht hatte. Noch einmal erklärte er mir den Weg und sagte, daß der obere nur zu den Hochweiden führen würde, wie mir dies der Ziegenkot doch mit Sicherheit verraten hätte. Wir lachten beide laut, und diesmal klopfte ich ihm dankbar auf die Schulter. Seine Freundlichkeit war wirklich rührend.

Der untere Pfad führte mich durch ein großes Feld voller Findlinge und erforderte eine halsbrecherische Kletterei. Von hier oben konnte ich aber bereits in das Flußtal des Lingti hinabsehen, wo ich eine schmale Straße entdeckte. In Anbetracht der Tatsache, daß es anscheinend auch eine Straße nach Lha-lun gab und es schon reichlich spät war, beendete ich meine Wanderung und trat den Heimweg an. Nun hatte ich den Wind im Rücken und alle Gipfel der umliegenden Bergketten »glühend« vor mir. Den beeindruckendsten Anblick bot der schneebedeckte Gipfel des Herang mit 5275 Metern. Mein Rundblick, der herrliche frische Wind, der es bei den emporkriechenden Schatten leider aber schnell empfindlich kalt werden ließ, und der imposante Anblick der Rückseite des Dzong von Dhankar entschädigten mich für meinen erfolglosen Vierstundenmarsch, den ich wieder einmal den falschen Angaben einer Karte zu verdanken hatte. Als ich Dhankar endlich erreichte, zog gerade ein Hirte mit seiner großen Ziegenherde über den Grat. Er würde wohl die Nacht auf der Hochweide verbringen, zusammen mit seinen Tieren, den Pferden, den Steinböcken und – den Schneeleoparden! Spiti ist bekannt für seine verhältnismäßig hohe Population dieses seltensten Raubtiers der Welt.

Ich machte es mir in der Klosterküche bequem, wo Vicky aus lokal angebauten Erbsen und Reis ein gutes Curry bereitet hatte und der Chai meine durchgefrorenen Glieder erwärmte. Bald war alles erfüllt vom Duft der Gewürze. Dick und beißend stand der Qualm unter der Decke des niedrigen Raumes. Doch herrlich gemütlich war es, von den Kletteraktionen des Tages leicht müde, eingemummt im

Schlafsack und mit einer Tasse warmem Tee in den Händen vor sich hin zu starren.

Als ich nach dem Essen aus der Qualmhöhle trat, offenbarte sich mir endlich dieser so vielgelobte Himalaya-Sternenhimmel. Auf der Höhe von 4000 Metern und in dieser Einsamkeit gibt es überhaupt kein Streulicht, so daß Millionen Laternen vom Firmament mit einzigartigem Glanz erstrahlen konnten. In dieser Nacht sollte ich zum ersten Mal die Höhe zu spüren bekommen und schlecht schlafen. An einem einzigen Tag hatten wir schließlich einen Sprung von fast eintausend Höhenmetern getan, die gleichermaßen Schlaflosigkeit und Kopfschmerzen verursachten.

Man will dich nicht in Pin

Am nächsten Morgen wählten wir den Weg nach Lha-lun, den ich schon auf meiner Wanderung gesehen hatte. Doch die Mönche ließen es sich nicht nehmen, uns zum Abschied noch eine Kuriosität aus ihrem Besitz zu präsentieren: einen grausligen, ausgestopften Steinbockkopf, dem die Strohfüllung aus den Nüstern quoll, der – wie der Widder im alten Kloster – zur Vertreibung der bösen Geister diente. Er bereitete uns auf unsere Tagesetappe vor, die auch ins Pin Valley gehen sollte, wo große Herden von Steinböcken leben. Wir nahmen Abschied von den Einsiedlern. Im Tal angekommen, schraubte sich die schwer zu findende Piste in weit ausholenden Serpentinen erneut bergauf, um oberhalb des Lingti in ein enges nördliches Tal einzubiegen. Im Lingti Valley gibt es grandios liegende Ortschaften auf scheinbar unerreichbaren Hochebenen. Kleine, steil zum Fluß angelegte Terrassenfelder kündigen nach etwa einer Stunde Fahrzeit eine Siedlung an. Wie Spielzeughäuser liegen die weißen Gebäude Lha-luns in einem Steinkessel am linken Lingti-Ufer.

Große Gebetsfahnen mit dem *Namchu-Wangdan*-Symbol wehten in allen fünf Farben des Buddhismus von den Dächern. Das Namchu Wangdan steht für die »zehn mächtigen Silben des Buddhismus«

Im Lingti Valley liegen die Ortschaften schier unerklimmbar in den Felsen

Das Kloster von Lha-lun

und ist ein mystisches Monogramm aus sieben Silben und den Symbolen für Mond, Sonne und Flamme. Es steht stellvertretend für die buddhistische Lehre. Bei unserer Ankunft wurden Andreas und ich, wie so oft, sofort von einem freundlichen Bauern zum Tee gebeten. Ihn fragte ich nach der Herkunft dieser Gebetsfahnen, und er nannte mir das weiter spitiaufwärts liegende Kloster Kye. Das war schon die zweite Besonderheit an Kye, die ich bis jetzt erfahren hatte. Viel wichtiger und besonderer als die Gebetsfahnen war aber die Tatsache, daß in Kye ein Buddha leben sollte, ein Erleuchteter, auf den mich der Tibeter unserer Reiseagentur bereits aufmerksam gemacht hatte.

Doch nun waren wir erst einmal in Lha-lun. Der Bauer führte uns hinauf zum Haupttempel, einem völlig unscheinbar wirkenden einstöckigen Bau, der unter dem Dach einen hell- und dunkelbraunen Streifen trägt. Wir passierten den langen Gang, in dem sich links ein Gebetsmühlentempel mit Statuen Avalokiteshvaras und Taras befindert. Am Ende des Gangs liegt das Haupttheiligtum, der Ser-

Khang. Was wir innen an Kunstschätzen sahen, übertraf meine Erwartungen um ein Vielfaches.

Auf nur fünf Quadratmetern Raumgröße sind an den Wänden 27 goldbemalte Stuckstatuen angebracht, die – ähnlich wie in Tabo – auf ihren Lotoskissen zu fliegen scheinen. Hier sind aber all diese Statuen in Mandalaform bis unter die Decke um die Zentralgottheit angeordnet. Die Figuren im Zentrum des Mandalas sind mit exquisit gearbeiteten »Palästen«, Holzbaldachinen mit kleinen Pfauen und Zwergen im zentralasiatisch-indischen Stil, versehen. Die Anlage wurde von Rinchen Zangpo oder einem seiner Nachfolger erbaut und ist komplett aus dem elften Jahrhundert in hervorragendem Zustand erhalten. Auf dem Altar stehen neben alten Holzchörten und Ammonitenfossilien fein gearbeitete und goldbemalte Figuren. Den mittleren Platz hat hier Padmasambhava inne, rechts von ihm thront Rinchen Zangpo. Der Eingang wird von zwei grimmigen Torwächterstatuen bewacht, die uns der Mönch enthüllte. Blau und rot bemalt, treiben ihre weit aufgerissenen Mäuler jeden Angreifer in die Flucht. Ihre Kronen sind mit Totenschädeln gespickt.

Etwas entfernt vom Haupttempel liegt ein weiteres Heiligtum, das von einer Statue des vierfältigen, in alle Himmelsrichtungen schauenden Vairocana vollständig ausgefüllt ist. Es ist der *Lhakang Karpo,* der Tempel der weißen Götter. Die gekrönte, mit Juwelen besetzte Statue ist etwas über drei Meter hoch und mit einem grellweißen Farbanstrich versehen. Die Plastik ist nicht im entferntesten mit der Eleganz des Saravid Vairocanas von Tabo zu vergleichen. Beim Gehen spürte Andreas auf einmal den sanften Druck einer Kinderhand in seiner Handfläche. Ein kleiner Tibeterjunge hatte ihn an der Hand genommen und sah nun die große weiße »Langnase« mit dem gedrehten Schnurrbart bewundernd an. Er hatte Andreas ein herrliches, rot bemaltes Tsa-tsa mit dem Antlitz *Yamantakas,* des Besiegers des Todes, in die Hand gelegt. Andreas geriet in eine Zwickmühle: Gäbe er dem Jungen Geld für sein Geschenk, liefe er damit Gefahr, damit auch in Lha-Lun eine Entwicklung in Gang zu setzen, die den Ausverkauf der religiösen Artikel zur Folge hätte. Ohne Gegengabe wollte Andreas aber dieses

Andreas bekommt ein Tsa-tsa geschenkt

großzügige Geschenk, über dessen Wert sich der Junge gar nicht bewußt war, und das er ihm wahrscheinlich aus reiner Bewunderung oder Gastfreundschaft überreichte, auch nicht annehmen. Er entschied sich dafür, dem Jungen eine angemessene Menge Rupien zu geben und sie als Geschenk mit ein paar Bonbons und Schokolade zu tarnen.

Wir fuhren das Lingti Valley zurück bis Attargu, eine ärmliche Wellblechhüttensiedlung, an der man etwas Tee bekommen kann. Aus einer Strohhütte gegenüber des Tea-stalls kam ein kleiner Junge mit seiner Schwester, die sehen wollten, welche Fremde sich zu ihnen verirrt hatten. Der Junge machte auf mich den beklagenswertesten Eindruck meiner ganzen Reise. Nur mit einer zerlöcherten grauen Hose bekleidet, kam er barfuß auf uns zu. Über und über war er mit grauem Staub bedeckt, von dem seine Haare völlig

Armut in Attargu

verfilzt waren. Dunkler Schleim kam ihm aus der Nase, und seine Augen tränten. Scheu strich er um unseren Jeep. Immer wieder berührte er diesen ehrfürchtig, als suche er nach einer Möglichkeit, mitgenommen zu werden und damit seinem traurigen Schicksal entkommen zu können. Ständig rutschte ihm die Hose. Mit seinen großen, traurigen Augen brachte uns der Junge wieder in Verlegenheit. Hier waren wir wohlhabende Kultur-Touristen aus dem Westen, hatten eine perfekte Ausrüstung, ein Auto, Vorräte, konnten uns all das zu unserem bloßen Vergnügen leisten und da stand ein dünnes, ausgemergeltes Kind, dem sogar das einzige Kleidungsstück, das es besaß, vom Leib fiel. Mich befiel Mitleid. Das Kind schaute mich nur an, bettelte nicht, war nicht im geringsten aufdringlich. Ich entschied mich dafür, es beiseite zu nehmen und ihm einen großen Vorrat Kekse und seiner Mutter ein paar Rupien zu geben. Die Menschen hier sahen aus, als hätten sie noch nicht einmal das Mindestmaß zu essen. Auch wenn es stets heißt, man sollte den Armen in diesen Ländern nichts geben, um das Betteln nicht zu fördern, konnte ich doch nicht anders. Es war mir unmöglich, einfach wegzusehen und in unserem komfortablen Jeep einfach davon zu fahren.

Bei Attargu geht eine befahrbare Brücke über den Spiti. Am anderen Ufer führt dann eine äußerst schlechte Piste ins Pin Valley. Das Tal bildet über ein paar sanfte Pässe die direkte Verbindung nach Wangtu in Kinnaur. Allerdings erfordert dies einen mehrtägigen Marsch vom Ende der Straße in Laptse aus. Auch das Kulu-Tal ist erreichbar, jedoch in noch längerer Wanderung. Wir hatten vor, zwei Tage lang das Pin Valley zu erkunden. Dieser Plan wurde aber leider durch mehrere Zwischenfälle vereitelt. Das Pin Valley ist durch seine den Hauptkamm des Himalaya durchdringende Nord-Süd-Lage ein wenig grüner als der Rest Spitis. Es ist den indischen Monsunen wesentlich stärker ausgesetzt, was sich beim Befahren der Piste am linken Flußufer bemerkbar machte: Immer mehr verschlechterte sich das Wetter. Ein orkanartiger Sturm begann mit Windhosen das Tal zu überziehen, gefolgt von Regenschauern und dumpfem Grollen. Bei Guling sahen wir gerade noch den grandiosen Anblick eines fast bis ins Tal reichenden Gletschers, bevor dieser völlig im Nebel verschwand. Von Guling führt ein kleiner kaum noch befahrbarer Weg nach Gungri, dem Mittelpunkt religiösen Lebens im Pin Valley. Gungri ist das Hauptkloster der unreformierten Nyingma-pa-Sekte. Insgesamt gibt es sieben Nyingma-pa-Klöster im Pin Valley. Die Tempel von Gungri sind die ältesten der Nyingma-pa-Sekte und wurden wahrscheinlich noch Jahrhunderte vor den Klöstern der Rinchen-Zangpo-Zeit gebaut.

Nachdem wir die schwierige Piste mit unserem Mahindra überwunden hatten, parkten wir den Jeep am Klosterhof. Diesmal kam kein Bewohner angelaufen, keine freundlichen Blicke wurden uns entgegengebracht – eher verschlagen und abschätzend schielten die Bewohner wie auch die Mönche nach unserem Gepäck. Hier waren die Menschen Spiegelbild ihrer Umgebung: düster, feindselig und abweisend. Wir ließen uns nicht entmutigen, und nach mehrmaligem

Bitten durften wir einen Raum des Klosters sehen. Die Mönche führten uns in den Tangyur-Lhakang, einen reich ausgestatteten Raum, der neben einer neuen und einer alten Ausgabe von Kangyur und Tangyur und einem großen silbernen Chörten auf der rechten Seite einen langen Schrein mit vielen alten Stuckgottheiten aufweist. Trotz der Unzahl von Büchern wurden wir das Gefühl einer gewissen Ignoranz und Beschränktheit von seiten der Lamas nicht los. Möglicherweise haben wir das auch falsch gedeutet, denn über eine gewisse Ablehnung und Feindseligkeit wird oft von den Mönchen dieser ältesten Sekte berichtet. Vielleicht liegt das an ihrer Beschäftigung mit Magie, Geistern und Dämonen.

Im Pin Valley lebt ein nomadisierendes Volk, die *Bu-chen*. Die Buchen, was übersetzt »große Kerle« bedeutet, frönen dem Kult des Steinebrechens – *Pho-bar Dochog*, ein Ritual, das zum ersten Mal im 15. Jahrhundert von Thang Tong Gyalpo, einem *Mahasiddha* ausgeübt wurde, als er in Tibet sein erstes Kloster bauen wollte. Thang Tong Gyalpo fand, was er an einem Tag erbaut hatte, am nächsten Tag zerstört. Er erkannte, daß einige böse Geister sein Mauerwerk des Nachts zerstörten und sich dann in Steinen versteckten. Deshalb führte er die Zeremonie des Steinebrechens durch. Auch bei dem Versuch, eine seiner bewundernswerten Brückenkonstruktionen über den Kyi-chu zu bauen, mußte Thang Tong Gyalpo erst das Ritual befolgen. In Lhasa wurden die Menschen durch verschiedene Dämonen von Krankheiten befallen. Tsongkhapa ließ, da sich Doktoren und Heiler keinen Rat mehr wußten, den großen Heiligen kommen, der das Ritual ein weiteres Mal auf dem Platz vor dem heiligsten Tempel Tibets, dem *Jo-Khang*, zelebrierte. Noch viele Male hat der Mahasiddha im Laufe seines 124jährigen Lebens Phobar Dochog verwendet, um im ganzen Land Dämonen zu bannen. Bis zum Einmarsch der Chinesen wurde es jedes Jahr im Kloster Drepung und anschließend im Norbulingkha in Lhasa von den Mönchen aus Chu Riwoche, dem ersten Kloster Thang Tong Gyalpos, aufgeführt. Als eine Sensation für die Tibetologie entdeckte Wolf Kahlen 1988 das totgeglaubte Ritual im Pin Valley wieder, dem einzigen Ort der Welt, wo es überlebt hat.

Windgepeitschtes Pin-Valley

Immer noch ungeklärt ist, wie das dreistündige, intensive Trance-Ritual gerade ins abgelegene Pin Valley gelangt ist. Eine Erklärung könnte die nomadisierende Lebensform der Bu-chen sein, die auf ihren Wanderungen bis nach Zentraltibet gelangt sein mögen. Eine andere könnte sein, daß Thang Tong Gyalpo selbst in diesen Regionen gewesen ist. Jedes Jahr in der zweiten Augustwoche wird das Pho-bar Dochog noch auf dem La-Darcha-Fest in Kaza aufgeführt. Manchmal hat man Glück und kann die Bu-chen noch außerhalb dieser einmaligen Wiederholung zu einer Aufführung veranlassen. Doch ziehen sie meist auf den Hochebenen zwischen Spiti und Ladakh umher und sind deshalb nur selten im Tal anzutreffen.

Wir hatten dieses Glück gehabt, als uns ein indischer Inspektor der Forstbehörde für den nächsten Morgen eine Aufführung zu organisieren versprach. Doch das Wetter wurde immer schlechter, und die Menschen immer weniger vertrauenserweckend, je mehr wir uns um einen Lagerplatz bemühten. Einen Raum, den uns der dicke Ortsvorsteher von Guling in seinem Haus zeigte, konnten wir beim besten Willen nicht akzeptieren: ein holzgetäfelter Verschlag voller Ruß, schmutziger Kochutensilien und verschlissener Matratzen, für den er unverschämterweise 150 Rupien verlangte! Es fiel uns nicht weiter schwer, dem Drängen unserer Inder nachzugeben und dieses unwirtliche Tal möglichst schnell zu verlasen.

Ein ungewöhnlicher Sonntag

Unser Tagesziel war Kaza, der Hauptort Spitis, wo das »Milarepa Guesthouse« mit sauberen Zimmern und heißem Wasser auf uns wartete. Wir fanden es am südlichen Eingang der Stadt am Fuße eines steilen Berghanges. Tatsächlich ist es die für Westler hygienisch gesehen einzige mögliche Adresse im Ort. Zwei stattliche mehrstöckige Häuser im tibetischen Stil sind für die Gäste vorgesehen. Zwar gibt es kein fließendes Wasser, doch Tashi, der Wirt, richtet allen Gästen jeden Morgen eimerweise kochendes Wasser. Vicky konnte sogar die Küche benutzen und nach ein paar Chai ließ die Erinnerung an diesen in jeder Beziehung düsteren Tag langsam ab von uns.

Unseren Erholungstag, einen Sonntag, nutzten Andreas und ich zu einer Wanderung durch das ausgetrocknete Flußbett. Für mich wurde es eine Meditation im Gehen. Die vielen Eindrücke der letzten Wochen und der zunehmende Eintritt in die tibetische Geisteswelt waren nicht spurlos an mir vorübergegangen. Ich hatte in diesen Tagen eine Unmenge von Gedanken und Eingebungen bekommen und war offen geworden für die Kräfte in der Natur. Erfüllt von all den Eindrücken starteten wir zu unserer Wanderung und betrachteten die bunten und vielgestalten Flußsteine.

Nach und nach fielen mir ein paar besonders geformte Steine wie eine zusammenhängende Botschaft auf. Zuerst fand ich einen eiförmigen, schwarzen, glattgeriebenen Flachkiesel, der mich an ein *Shiva Lingam*, das Phallussymbol der Hindus, erinnerte. Doch dann kam mir bei seinem Anblick Vision des Eisymbols in den Sinn. Das Ei ist das erste Ursymbol aus der indischen Mythologie, den ältesten Schriften der Welt. Es symbolisiert *Hiranyagarbha*, den goldenen

Gesichter Spitis

Mutterleib, der auseinanderbrechend die Welt in Himmel und Erde trennte. Mit diesem Bruch ging auch die einstmalige Einheit von Göttern und Menschen verloren. Auf meinem Stein war diese Trennungslinie durch einen Quarzeinschluß genau durch die Mitte des Steines dargestellt. Doch war mein Stein nicht gespalten. Was bedeutete dann diese Linie? Bedeutete sie, daß die Einheit nach wie vor da ist? Bedeutete sie, daß der Mensch sich um diese Einheit bemühen, daß er die beiden Hälften wieder zusammenfügen soll?

Ich ging weiter und stieß nach einer Weile auf einen ähnlichen Stein. Doch diesmal trug er einen Quarzeinschluß in Form eines Kreuzes, das Symbol des Christentums. Ein wenig verwundert über diesen Fund hier mitten im lamaistischen Himalaya wanderte ich weiter.

Nur noch von den Elementen umgeben, kam es mir vor, als würde ich ihre Essenz entdecken können: Das Element Feuer war durch die Sonne verbunden mit der Luft, dem tiefblauen Himmel und den wandernden Wolken. Die Wolkenschatten auf den Felsen verbanden die Luft mit dem Element Erde. Nur noch die Strukturen der Erde, die Linien im Fels, die Farben des Elementes nahm ich wahr. Im Wasser, dem Spiti, spiegelten sich wiederum die ersten drei Elemente und wurden dadurch miteinander verbunden. Und all dies war beseelt, durchgeistigt, durchdrungen vom fünften Element der Tibeter, dem Äther.

Ein Lhato als Zeichen des Elements Äther

Diese Beseelung der Natur manifestierte sich am Flußufer, wo die Spiti-pa *Lhatos* aufgestellt hatten, Geisterfallen in Form von kleinen Steinmännchen aus vier bis fünf aufgeschichteten Steinen, die die Flußgeister abwehren sollen. Sah man die kleinen Auflageflächen, auf denen die Steine ruhten, mußte man fast annehmen, daß da eine unsichtbare Kraft am Werk war, der Äther, der alles durchdringende Geist, der ihre Balance ermöglichte, der überhaupt alle Dinge zueinander ins Gleichgewicht stellt.

Mit solchen Überlegungen trug ich mich, als ich merkte, daß wir an einem Bestattungsplatz angelangt waren. Die ausgeprägte Einbettung des Lebens der Tibeter in die Lehre von den fünf Elementen zeigt sich auch in ihren Bestattungsriten. Sie kennen zum einen das »Vogelbegräbnis«, bei dem die Leiche zerstückelt und den Geiern zum Fraß vorgeworfen wird. Diese tragen die sterblichen Überreste zum Himmel hinauf, vereinen sie somit mit dem Element Luft. Eine weitere Beisetzungsart ist die Feuerbestattung. Die Asche wird entweder mit Ton zu Tsa-Tsas vermischt und damit mit dem Element Erde vereint, oder sie wird in die Luft und ins Wasser gestreut. Das Bewußtsein hat sich beim Eintritt des Todes vom Körper gelöst. Nur sehr selten, meist bei hohen Lamas, werden Leichen mumifiziert oder begraben.

An dem grausigen Bestattungsplatz zeugten noch einige Knochenreste und eingetrocknete Blutspuren von einem Vogelbegräbnis. Weiter oberhalb lag der Verbrennungsplatz. Ich mußte an das *Bardo Thödol,* das tibetische Totenbuch, denken, in dem deutlich wird, wie intensiv sich die Tibeter auf ein bewußtes Sterben vorbereiten. Der Dalai Lama gibt sogar an, in der Meditation täglich bis zu siebenmal durch die Pforte des Todes zu schreiten. Für die Tibeter tritt der Tod nicht mit Erlöschen der Körperfunktionen oder der Hirnströme ein, sondern wenn dem Sterbenden »das helle, klare Licht« erscheint. Dies ist der Eingang zum Nirwana, dem Formlosen, dem glücklichen Nichts. Als Bodhisattwa hat der Dalai Lama auf das Nirwana verzichtet, um allen Lebewesen zur Erlösung zu verhelfen. Er hat also den letzten Schritt ins klare Licht nicht getan oder ist freiwillig und bewußt aus diesem auf die Erde zurückgekehrt. Als »Erleuchteter« kann er diesen Schritt sooft er will wiederholen. Er beherrscht die Praktiken, die der tibetische Buddhismus lehrt, perfekt.

Schließlich fiel mir ein weiterer Stein in die Hände auf meinem Spaziergang: Er hatte die vollendete Form eines Vajras, des Symbols für das Absolute, für die Buddhanatur, die gleich einem Diamant unveränderlich, unerschütterlich und transparent wie der unendliche Raum ist. Der Vajra war ursprünglich der Donnerkeil des vedischen Gewittergottes und Himmelskönigs Indra; später sollten damit symbolisch die Wolken oder die Dunkelheit der Unwissenheit zerteilt werden.

Drei Flußsteine symbolisierten für mich die Einheit von Christentum, Hinduismus und Buddhismus

Im Vajrayana-Buddhismus wandelte sich der Donnerkeil zum wichtigsten Ritualgerät, zum Zepter geistiger Macht und spiritueller Zeugungskraft, zum Symbol der Methode, die den einen Teil der buddhistischen Praxis darstellt. Der andere Teil der buddhistischen Praxis ist die Weisheit. Sie ist das weibliche Prinzip, das durch die Glocke symbolisiert wird.

Das zusätzlich Besondere an diesem Stein war, daß er ebenfalls das Zeichen des Kreuzes trug. Dadurch symbolisierte er für mich die Einheit zweier Religionen, die Einheit aller Religionen, von denen jede nur ein anderer Weg zum gleichen Ziel ist. So ist in allen Wahrheit, und alle haben für sich und ihren Kulturkreis ihre Berechtigung. Für mich persönlich bedeutete der dritte Stein eine Bestätigung meines eigenen Wegs, nämlich die Offenheit und Philosophie des Buddhismus als Kern zu haben und das christliche Erbe der eigenen Erziehung nicht abzulehnen, sondern beides miteinander zu vereinen.

Es war beruhigend, den Sonntag mit dem Anblick einiger Spiti-pa ausklingen zu sehen, die ihren Yak vom Uferplateau hinab zum Fluß führten, um ihn zu tränken, und sich einen Spaß machten, den Spiti von Insel zu Insel zu durchqueren, wobei sie nicht selten baden gingen. Wie schön war es doch, die einfachen Freuden des Lebens zu genießen.

Das höchste Dorf Asiens

Als wir am nächsten Morgen zum Frühstück in die Küche kamen, war bereits großer Ärger angesagt: Vicky und Somphal lagen sich unversöhnlich in den Haaren. Diesmal hatte Vicky endgültig genug von Somphals Verhalten, der ihm zwar beim Kochen nie half, aber immer als erster Essen verlangte. Es war mal wieder einmal an uns, den Streit zu schlichten und Mittler zwischen den Kampfhähnen zu spielen. Doch diesmal konnten wir den Rat eines Unparteiischen einholen. Vicky und wir erzählten Tashi von den Problemen, die Somphal aufwarf. Gemeinsam kamen wir zu der Lösung, daß unser Fahrer nicht verpflichtet war, Vicky beim Bereiten des Essens zu helfen, daß er aber beim Erstellen des Lagers zupacken mußte. Auf meine Drohung, daß wir ihm gegenüber der Reiseagentur mit Sicherheit kein gutes Zeugnis über sein Verhalten aufstellen würden, reagierte Somphal nur trotzig, und meinte, daß diese sowieso das ganze Geld, das eigentlich ihm zustände, einstecken würde und er ohnehin nie mehr solch eine Tour machen würde. Ich hatte keine Lust, mir schon wieder den ganzen Tag verderben zu lassen, und drängte darauf, endlich nach Kye zu fahren. Mit Erreichen Kazas war ich nämlich einem weiteren großen Ziel meiner Reise näher gekommen: Kye Gompa, größtes Kloster Spitis, zwölf Kilometer nördlich von Kaza, wie eine Zitadelle auf einem Monolithenberg über das Flußbett wachend. Nach einer halben Stunde Fahrt am linken Flußufer schraubt sich die Straße in Serpentinen zur Ortschaft Kye mit sauber gekalkten tibetischen Lehmhäusern, die in ganz Spiti unterhalb des Daches einen breiten orange-braunen Streifen zur Zierde tragen. Schon unterhalb des Dorfes stieg ich aus, um die Reststrecke zu Fuß zu gehen. Von jedem Haus des Dorfes aus sieht man die Gompa mit ihren fünf Heiligtümern auf dem Gipfel und Dutzenden wie Bauklötzen am Berghang klebenden Mönchszellen. Mehr als zweihundert Mönche verbringen hier den langen Winter mit Meditation und Gebet. Im Sommer sind die meisten mit Feldarbeit und Viehzucht beschäftigt.

Als wir ankamen, waren etwa fünfzig Mönche anwesend, die uns, da es Mittagszeit war, mit einer Stärkung aus Erbsen mit Reis und Chai begrüßten. Die Mahlzeit nahmen wir im *Thab-Khang*, der großen Klosterküche mit ihren riesigen Kupfer- und Messingkesseln, ein. Anschließend stiegen wir zunächst aufs Dach, um die goldenen Banner, für die Kye unter anderem so berühmt ist, zu sehen.

Die goldenen Banner sind Siegesstandarten der buddhistischen Lehre. Hier in Kye ist dieser Sieg deutlich spürbar, so wehrhaft wirkt das Kloster auf seinem erhabenen Platz. Und tatsächlich hatte das Bauwerk seit jeher viel mehr eine strategische Bedeutung als die eines religiösen Zentrums. Durch seinen Standort war es stets begehrtes Ziel der vielen militärischen Angriffe gewesen, die Spiti im Laufe seiner Geschichte zu erdulden hatte.

Kye Gompa ist die im frühen achtzehnten Jahrhundert erbaute Weiterführung eines Klosters der Ortschaft Rangrik, das im elften Jahrhundert von Domton errichtet wurde. Das Kloster in Rangrik wurde durch ladakhische Invasoren zerstört. Die Mönche hatten es in ihrer Bastion mit den vielen labyrinthartigen Gängen schon immer verstanden, große Kunstschätze vor den vielen Angreifern zu verbergen und zu retten. Daher verfügt Kye heute über die wichtigste Sammlung erhaltener Thangkakunst westtibetischen Stils. Die Sammlung wurde noch einmal erweitert, als die Tibeter 1953 vor der chinesischen Invasion fliehen mußten und viele religiöse Schätze hierher brachten. Die Thangkas hängen nun an den Wänden der Versammlungshalle und bedecken teilweise die Buchgestelle des Tempels.

Als wir die schmale Treppe und die Leiter zum Dach hinaufkamen, war ein hoher Lama des Klosters gerade dabei, andere Mönche in die Geheimnisse der Mandalamalerei einzuweihen. Mit Kreide

Kye Gompa, die Mandalaburg

übten sie sich in den genauen Abmessungen der kosmischen Schaubilder, setzten Lotosblüten und Vajras an die entsprechenden Stellen und erhielten Erklärungen von ihrem Meister. Vicky und ich wurden eingeladen, auch ein paar Blumen zu zeichnen. So saßen wir lange mit den Mönchen inmitten der grandiosen Landschaft, während die Wolken über uns hinwegzogen und die goldenen Banner in der Sonne glänzten.

Am Zugang zum höchsten Punkt sind mehrfach köcherförmig einhundertacht Zöpfe, aus Yakhaar geflochten, als Glücks- und Abwehrsymbol aufgestellt. Auf ihnen stecken an Dreizacken die *Thugs*, die als Verkörperungen des Schutzherrn der Erde in Form von Totenköpfen die Dämonen abwehren sollen.

Speziell für uns fertigten die Lamas zwei Serien von Gebetsfahnen an und holten den alten Holzdruckstock hervor, in den in feinster Ausführung hunderte Gebete in Kreisform um das Namchu-Wangdan eingeschnitzt sind. Zwei Mönche färbten den Druckstock mit einer Bürste und Druckerschwärze ein, legten eine Stoffbahn darauf (die weiße zuerst), strichen sie mit einer Rolle glatt, zogen die Fahne ab und begannen den Vorgang von neuem. Bei allen Arbeitsgängen wurden Gebete gesprochen. Als wir eine Weile zugesehen hatten, erbot sich ein Mönch, uns die Räume des Klosters zu zeigen. Direkt unter dem Teil des Daches, der von den Thugs gekrönt ist, steht ein besonderes Kunstwerk: ein großer Chörten aus ziseliertem Kupfer und Silber, der mit Türkisen und Bernsteinen verziert ist, von denen einige die Form einer menschlichen Faust haben. Ein plump und dümmlich aussehender, schwerfälliger Mönch machte unter Hinweis auf die Tafeln, die der Archaeological Survey of India auch hier aufgestellt hatte, jegliche Hoffnung zunichte, Innenaufnahmen machen zu können. Doch durften wir alle Räume betreten bis auf den Gon-Khang und den *Zim-Chung*, die Räumlichkeiten des wiedergeborenen Abtes. Im Du-Khang fanden wir tatsächlich eine große Anzahl wunderbarer Thangkas vor, doch sagte man uns, daß die Hauptzahl wegen eines Neubaus und der daraus resultierenden Verschmutzung in Verwahrung sei. An den Wänden des Du-Khang befinden sich schön gearbeitete Darstellungen aus dem *Jataka*-Zyklus, den Erzählungen der fünfhundert früheren Existenzen Buddhas, und Geschichten aus seinem historischen Leben. In der Tempelhalle mit ihren schönen Götterdarstellungen traf ich die ehrwürdigen *Tulkus* von Kye, die dort gerade ihr Mittagessen mit begleitender Puja einnahmen.

Tulkus sind hohe Reinkarnationen, alte Seelen, weit fortgeschrittene Weise. Sie luden mich ein, ihrem Mahl beizuwohnen, fragten nach meiner Herkunft und freuten sich sehr über einige Dalai-Lama-Bilder, die ich ihnen zum Geschenk machte. Ich fragte sie nach dem »lebenden Buddha von Kye«, dem greisen Mönch, von dem ich soviel gehört hatte. Sie antworteten radebrechend, daß er nicht mehr hier oben lebe, sondern unten im Dorf, aber daß sie nicht sicher seien, ob er überhaupt da sei.

Die Mönche geleiteten uns bis zum Abstieg und verabschiedeten uns mit herzlichen Wünschen. Am Jeep angekommen, bemerkten wir einen westlich gekleideten Tibeter mittleren Alters, der an seiner Maruti-Limousine herumbastelte. Ein Tulku, der uns beglei-

Mönche üben sich im Mandala-Zeichnen

tet hatte, teilte uns mit, dies sei der Rinpoche, der Abt des Klosters. Ich konnte kaum glauben, wie zwischen zwei Generationen doch Jahrhunderte liegen können: Links von mir stand ein alter, rotgekleideter, ehrwürdiger Mönch, nur des Tibetischen mächtig, mit einer chinesischen Brille, die aussah, als sei sie gerade dem Mittelalter entsprungen, und nun schüttelte mir ein Mann im weißen Sporthemd mit goldener Armbanduhr die Hand, die Schlüssel für ein blankgewienertes Auto schwenkend.

Dieser Mann, Lochen Tulku, war einmal in einer Prüfung mit uralter Tradition zur Wiedergeburt des ehemaligen Abtes erkoren worden. Er war zum *Geshe* ordiniert, was dem Titel eines Doktors der Metaphysik entspricht. In perfektem Englisch erkundigte er sich nach unseren Reiseplänen und erzählte, daß er nicht in Kye lebe, sondern in Delhi bei der buddhistischen Gesellschaft arbeite. Mir kam die Prophezeiung Padmasambhavas aus dem achten Jahrhundert in den Sinn: »Wenn dereinst die Eisenvögel fliegen und die Pferde auf Rädern rollen, dann wird der Mann aus dem Schneeland

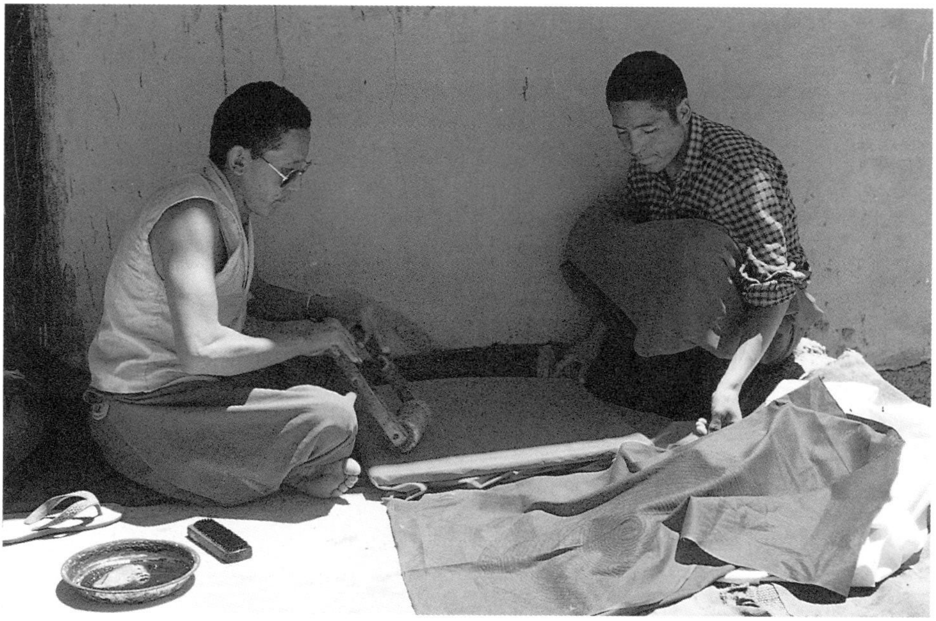

Die Mönche von Kye beim Herstellen der Mandalagebetsfahnen

seine Heimat verlassen müssen wie die Ameisen, und die Lehre wird den ›rotwangigen‹ Mann erreichen.«

Lochen Tulku lebte bereits ganz in der Aufgabe, den Buddhismus in Richtung Westen zu orientieren. Vielleicht tat er das Richtige. Möglicherweise hatte er erkannt, daß in seinem eigenen Kulturkreis die Religion ihre Bedeutung eingebüßt und in Asien das Gros der Bevölkerung bereits den materialistischen Weg eingeschlagen hat. Vielleicht tat er recht daran, seine Aufmerksamkeit dem Westen zuzuwenden, wo viele Menschen in ihrer Leere nach spirituellen Inhalten regelrecht hungern und ein Umdenken, eine Gegenentwicklung ihren Lauf genommen hat. Dennoch war es für mich aus dem Westen einigermaßen befremdlich, einen solch modern ausgerichteten Lama zu sehen, und es fiel mir schwer, einem tibetischen Abt, dem für mich immer etwas Mystisches, Magisches anhaftet, das zwanzigste Jahrhundert zuzugestehen.

Von Kye ist es nicht weit nach Kibber, das mit 4 205 Metern über dem Meer das höchstgelegene, durch eine Straße erreichbare und mit Elektrizität ausgestattete Dorf Asiens sein soll. Sechzehn Kilometer fährt man, bis die sich im Wind wiegenden Gerstenfelder Kibber ankündigen. Auf einem Grat, der steil in eine Schlucht abfällt, thront das Dorf mit seinen achtzig Häusern. Hier oben benutzt man zum Häuserbau behauene Steine und nicht Lehmziegel wie in der Ebene. Esel grasen auf den Weiden vor dem Ort und die Menschen haben, vielleicht wegen der Abgeschiedenheit besonders auffällig, begonnen, kleine Touristeneinrichtungen zu erbauen. Sie sind aber so naiv ausgefallen, daß sie fast schon wieder sympathisch wirken: Ein Raum mit Wellblechdach wird als Hotel angeboten, ein Verschlag ohne Fenster mit einem kleinen Platz davor wird sogar als »Serkong Motel« angepriesen. Serkong Rinpoche war der bedeutendste Lehrer des Dalai Lama. Nach seiner Flucht aus Tibet hatte sich dieser hochgebildete Mann das rückständige Spiti als Ort seines Wirkens ausgesucht und hier eine Wiederbelebung des Buddhismus eingeleitet. 1983 wurde er in Kibber beigesetzt. An der Stelle seiner Beisetzung soll eine Quelle entsprungen sein, die heute noch von den Dorfbewohnern benutzt wird.

Im südlichen Teil des Dorfes stehen alte, stattliche, burgartige aber verfallene Mauern, die Resten einer alten Wehranlage ähneln. Daß Kibber einmal eine Festung besessen hat, könnte durchaus sein, da von hier nach wie vor eine direkte Handelsverbindung nach Ladakh besteht. Die Überquerung des Parang-la dauert drei Tage, und die Strecke bis Leh, die über den Tso-Morari-See auf 4500 Meter führt, dauert ungefähr drei Wochen. Früher fand bei Kibber das La-Darcha-Handelstreffen statt, zu dem Händler aus Ladakh, Tibet, Lahaul, Kinnaur, Bushair und Spiti zusammentrafen. Die Spiti-pa konnten hier ihre Tiere und lokalen Erzeugnisse gegen Yaks, Salz, Wolle, Baumwolltuch und Tee eintauschen. Nach der Schließung der Grenzen zu Tibet kam der Handel fast vollständig zum Erliegen. Mittlerweile lebt diese Handelsmesse aber wieder auf. La Darcha wurde nach Kaza verlegt, und nun kommen wieder Hunderte von Händlern einmal im Sommer nach Spiti.

In unmittelbarer Nähe der alten Festungsanlage machten Andreas und ich eine grausige Entdeckung: Das Gebiet um den Grat war gesäumt mit menschlichen Knochen! Wir waren abermals auf einen Bestattungsplatz gestoßen. Doch auch Tierknochen lagen hier verstreut. Entweder wurde der Bestattungsplatz auch als Schlachtplatz benutzt, was bei den an sich vegetarischen Buddhisten unwahrscheinlich ist, oder die Bewohner Kibbers machen keinen Unterschied zwischen dem Tod eines Menschen und dem eines Tieres. Die sterbliche Hülle zählt nicht für sie. Daher erschien dieser Ort wie eine Müllkippe für Knochen. Doch auch eine archäologische Entdeckung konnten Andreas und ich machen: Im Zentrum des Platzes lag ein großer, zweifelsohne sehr alter Felsblock, der elf Aushöhlungen trug. Sie konnten nicht natürlich entstanden sein, waren schon ausgewaschen und abgeschliffen vom Zahn der Zeit. In einigen der Löcher entdeckten wir Asche. Dieser Fels wurde also in die Rituale einbezogen. Vielleicht war er auch der Platz, auf dem die Leiche aufgebahrt wurde, vielleicht wurden seine Aushöhlungen für verschiedene zur Zeremonie gehörende Utensilien verwendet: Räucherwerk, Blumen, Gerstenkörner und Münzen.

In Kibber hatten wir ein aus dem Rahmen unserer sonstigen Erfahrungen fallendes Erlebnis. Ein junger Mann lud Andreas und mich zum Tee in seine Privatkapelle ein. Wir stiegen die dunklen Treppen des stattlichen Bauernhauses hinauf, bis wir auf eine Terrasse kamen, wo uns ein traurig aussehender langhaariger Tibeter bat, im Altarraum Platz zu nehmen. Nach einer Viertelstunde kam er mit dem Tee und setzte sich schweigend zu uns. Er hatte eine Frau und zwei Kinder und viele Felder außerhalb des Dorfes.

Wir machten ihm ein paar Komplimente für seinen Hof, doch erhielten wir nur abwehrende Antworten wie »It's nothing« oder »No good«. Wir fragten, was er denn lieber täte als die Bewirtschaftung seines Hofes. Darauf kam wie aus der Pistole geschossen: »Go to Delhi, make a lot of money!« Als wir fragten, womit er denn sein Geld verdienen wolle, bekamen wir keine richtige Antwort. Eine Reaktion, die mir typisch schien für den Übergang in ein neues Zeitalter, in dem sich die Gesellschaft in diesen Regionen befindet. Hier saß ein modern gekleideter Mensch inmitten von Thangkas und Ritualgegenständen und sprach mit Leidensmiene vom Geldverdienen. Jemand hatte ihm offenbar die Vorzüge des Materialismus gepriesen, aber er konnte mit diesen neu geweckten Bedürf-

Serkong Gompa, Kibber

nissen noch gar nicht umgehen. Nach ein paar Warnungen vor dem Klima in der Ebene und dem Hinweis auf die Vorteile, die das Leben hier habe, überließen wir ihn seinen Wunschträumen.

Im Ortskern Kibbers befindet sich ein weiteres Kloster, äußerlich nur durch anders gestaltete Gebetsfahnen erkennbar. Doch innen stehen viele schöne alte Statuen, und die Wände sind mit fein gearbeiteten Mandalas bemalt. Gegenüber liegt das »Postamt« des höchsten befahrbaren Orts Asiens: ein Privathaus mit einem roten Briefkasten an der Wand. Leider war niemand anzutreffen, so daß ich auf den zweifelsohne besonderen Poststempel verzichten mußte. Wenigstens hatte mir ein freundlicher Postbeamter in Kaza einen Stempel des Hauptortes Spitis in den Paß gedrückt.

Über die mit Enzian gesäumten Erbsenfelder kehrten wir zum Jeep zurück, in dessen Nähe einige Inder ihre Kondition durch Volleyballspiel auf 4200 Meter Höhe bewiesen.

Als wir schließlich nach Kaza zurückkehrten, mußten wir erfahren, daß der Dieseltreibstoff rationiert worden war und man nur mit Bezugsscheinen eine kleine Menge bekommen würde. Bezugsscheine gab es nur beim Deputy Commissioner, der zur Zeit aber in Urlaub war. Die nächste Tankstelle war erst zweihundert Kilometer entfernt in Keylong, dem Hauptort Lahauls. So weit reichte unser Vorrat nicht mehr. Hin und her gerissen zwischen Panik und der Hoffnung, daß in Asien irgendwie und irgendwann doch alles klappt, verbrachte ich eine unruhige Nacht.

Der Meister an der Grenze

Der nächste Morgen änderte zunächst nichts an unserer mißlichen Treibstofflage. Doch wir hatten ja Andreas! Wir beschlossen, ihn mit seinem Schnurrbart und seiner grünen Bekleidung als hohen Militärbeamten zu »verkaufen«, der unbedingt nach Lahaul kommen müßte. Mit theatralischen Gebärden und Andreas' strengem Gesichtsausdruck erreichten wir nach einigem Verhandeln schließlich, daß uns der Tankwart zehn Liter gab. Mit unserem Reservekanister würde uns dies bis Keylong bringen, wo die Benzinrationierung hoffentlich nicht verhängt war, lag es doch an der Hauptroute nach Ladakh. Doch die Spritbeschaffung sollte noch ein Abenteuer werden.

Angeregt von unserer erfolgreichen Inszenierung brachen wir in der Morgensonne zur letzten Etappe innerhalb Spitis auf. Zuerst folgten wir dem breiten Becken des Spiti am linken Ufer an Kye Gompa vorbei, wo wir auf der Höhe von Rangrik über eine holprige Holzlattenbrücke nach rechts wechselten. Hier fließt der Shila in den Spiti. Folgt man ihm, gelangt man zum Shila-Massiv, über dessen Höhe die Angaben auseinandergehen. Manche Quellen geben ihm eine Höhe von 6 111 Metern, andere bezeichnen ihn mit 7 025 Metern als höchsten Berg Spitis. Expeditionen in die Bergwelt nördlich des Spiti waren bisher von der indischen Regierung untersagt, und man kann sich vorstellen, daß die Angaben indischer Karten, die den Shila mit der niedrigeren Höhe beziffern, wahrscheinlich absichtlich falsch sind, um ihn für Bergsteiger weniger attraktiv zu machen. In der Nähe des Shila liegt der Chau Chau, oder auch Kang Nilda, der in indischen Karten mit 6 303 Metern höher als der Shila bezeichnet wird. An der Grenze zu Ladakh liegt im oberen Lingti-Tal der Gya mit sogar 6 794 Metern (indische Angabe). Hier ist noch viel an Forschung und Vermessungsarbeit notwendig, bis endlich zuverlässige Angaben vorliegen werden.

Im oberen Teil Spitis, der Region Tud, nimmt die Höhe kontinuierlich zu. Yaks grasen auf den kargen Grasflächen der wenigen Ortschaften wie Hal, Kyato und Hansa, die auf von bizarr geformten Stalagmiten besetzten Kliffs liegen.

Am frühen Nachmittag waren wir kurz vor Lossar angelangt, dem letzten Ort Spitis vor dem Anstieg zum Kunzum-Paß. Lossar liegt 4 085 Meter hoch und bedeutet »Südliches Wasser«. Dieser Name bezieht sich auf seine Uferlage am südlichsten Punkt des westtibetischen Königreiches, das sich einstmals bis hierhin erstreckte.

Schon während der gesamten Fahrt säumten Mani-Wälle die Straße. Beim ersten Anblick Lossars in der Ferne entschied ich mich, meinen letzten Tag in Spiti nicht ganz so schnell vorbeigehen zu lassen und noch ein wenig zu laufen, zumal mir das Dorf nicht mehr weit erschien. Ich nahm meinen Day-Bag und marschierte an den Gebetsmauern entlang über die staubige Piste. Das Knattern des

Erosionslandschaft in der Region Tud

Jeeps verhallte zunehmend, und bald war ich nur noch vom Pfeifen des Windes und dem Licht-Schatten-Spiel der Wolken umgeben. Links von mir erhob sich eine hohe Gebirgskette, auf ihrer Spitze vergletschert mit Felszacken und -türmen, darunter begannen die kargen Grasebenen und Gerstenfelder Lossars, und unten floß der Spiti in tosendem Grau dahin. Ich hatte die Distanz ein wenig unterschätzt, und nach drei langen Manimauern mit den unterschiedlichsten Meißelarbeiten versuchte ich eine Querfeldein-Abkürzung. Ich hoffte auf eine Hängebrücke im Tal unterhalb Lossars und ging hinunter zum Flußbett. Doch leider erfüllte sich meine Erwartung nicht, und ich mußte wohl oder übel doch den Umweg über die Straße einschlagen.

So wurde aus meinem Ausflug ein zweistündiges Unternehmen. Ziemlich erschöpft erreichte ich die Abzweigung, die zum Guesthouse Lossars führt. Wie gerufen kamen mir Vicky und Somphal mit dem Jeep entgegen, und ich schloß mich ihnen an. Auf der Fahrt bemerkte ich einen alten, rotgekleideten Mann, der dabei war, einen Gebirgspfad hinaufzusteigen. Als er unseren Jeep sah, drehte er

Mauern aus Mani-Steinen säumen die Piste nach Lossar

merkwürdigerweise um und begab sich zurück in Richtung Dorf. In Lossar angekommen trennte ich mich von Vicky und Somphal und durchstreifte ein wenig den Ort zum Kloster hinauf. Es liegt in Pappel- und Aprikosenhainen, durch die der Wind beständig rauscht. Ein Bach fließt am Kloster vorbei und dreht einige Gebetsmühlen, die knarrend und klappernd ihre Gebete aussenden. Die Gompa ist ein stattliches, übereck gebautes Haus, das einen geraumen Platz einrahmt, auf dem ein großer Gebetsfahnenmast steht. Leider war das Gebäude geschlossen, und auch in dem unterhalb liegenden Wohnhaus war kein Mönch aufzutreiben. So ging ich zurück zum Dorf, um meine beiden Inder wiederzutreffen. Ich vermutete sie in einem kleinen Tea-stall, vor dem ich den rotgekleideten alten Mann, der mir schon auf der Straße aufgefallen war, in der Sonne sitzen sah. Seine Haut war dunkel und sonnengegerbt, wie Leder. Er hatte eine Halbglatze und trug eine starke runde Brille. Ums Handgelenk hatte er den tibetischen Rosenkranz, die *Mala*, gewickelt. Bekleidet war er mit einem weinroten Rock, darüber trug er einen verblichenen roten Anorak. Sein Stock, auf den er sich stützen mußte, stand neben ihm. Er murmelte unablässig vor sich hin, räusperte sich zwischendurch und lachte. Als ich näher kam, sah er mich an und lächelte auf eine warmherzige Weise, die mich tief berührte.

Mit freundlichen Gesten hieß er mich gegenüber Platz zu nehmen. Ich wußte bei seinem Anblick sofort, daß ich es mit einem besonderen Menschen zu tun hatte. Die Menge, die ihn umringte, vergrößerte sich, und bald waren die zwei Holzbänke, auf denen wir uns gegenübersaßen, bis auf den letzten Platz besetzt. Der Wirt brachte Chai, und wir kamen ins Gespräch, dank eines hinzugekommenen jungen Tibeters, der mir in gebrochenem Englisch anbot, zwischen dem Lama – als der sich der alte Mann herausgestellt hatte – und mir zu übersetzen. Zuerst zog ich die Bilder des Dalai Lama hervor und überreichte sie dem ehrwürdigen Mann. Nur das Foto, das ich selbst in Dharamsala aufgenommen hatte, behielt er. Die übrigen, von professionellen Fotografen aufgenommenen, lehnte er ab – sie waren ihm wohl zu unecht. Vermutlich besaßen für ihn diese Bilder keine Aura, obwohl sie das Oberhaupt der Tibeter wesentlich deutlicher als mein Schnappschuß zeigten. Er legte das Bild an die Stirn, eine Geste, die ich schon oft bei den religiösen Menschen Spitis und Kinnaurs beobachtet hatte. Mit dieser Geste überträgt man die Segnung, die der bloße Anblick des Bildes einer hohen Reinkarnation beinhaltet, auf sich. Er reichte das Foto herum, und alle Anwesenden taten ihm nach.

Der Name des alten Lama war Sonam Angrup. Mit seinen 83 Jahren trug er den Geshe-Titel. Er mußte vor vierzig Jahren aus dem großen Kloster Tashilhunpo in Tibet vor den Chinesen fliehen. Monatelang war er durch den Himalaya gezogen, bis er schließlich nach Kye kam. Hier fand er ein neues Zuhause. Nach dem Tod des Abtes übernahm er übergangsweise die Leitung des Klosters.

Seine Worte bedeuteten, daß ich hier vor mir den Menschen sitzen hatte, der mir als »der lebende Buddha von Kye« beschrieben worden war! Dies sollte ja ein ganz alter Abt des Klosters sein. Der amtierende Abt war noch ein recht junger Mann und sein Vorgänger lange verstorben. Also konnte es sich bei ihm nur um »meinen gesuchten heiligen Mann« handeln!

Geshe Sonam Angrup beim Füllen des Ga'us

Völlig unerwartet war mein Wunsch, diesem Menschen zu begegnen, in Erfüllung gegangen. Als die Wiedergeburt des jetzigen Abtes gefunden war, zog der Lama sich in die Einsamkeit zurück. Er baute sich eine Klause am Berghang gegenüber von Lossar und verbrachte dort neun Jahre, neun Monate, neun Wochen und neun Tage in Meditation. Während dieser Zeit wurde er von keinem Menschen gesehen. Lediglich die Mahlzeiten, die die Bewohner ihm gelegentlich brachten und die er verspeiste, zeugten von seiner Anwesenheit. Mit Freude und Sehnsucht zeigte er mir seine kleine Hütte am Berg. Hier muß dieser Mann wohl Wahrheit und Erkenntnis erfahren haben.

Meinen Ga'u (Amulett-Kästchen), den ich ihm zeigte, nahm er sofort in die Hand, um ihn zu segnen. Er bestellte ein paar Körner Reis, einen Stift und Papier und legte eine Blume, die ich zuvor am Kloster gepflückt hatte, vor sich auf den Tisch. Dann diktierte er einem Novizen ein paar Gebete, da er selbst wegen seiner Sehschwäche nicht mehr schreiben konnte. Unter Gemurmel faltete er die

Zettel und legte sie in die vier Ecken des Ga'u. In die Mitte kam die Blume, der Geshe schloß die Augen, die Umstehenden falteten die Hände, und er begann, die Reiskörner über das Amulett zu streuen. Dabei murmelte er Segnungen und Gebete und legte immer wieder die Körner an seine Stirn. Als er endete, öffneten alle die Augen, und ich war überaus bewegt. Ich hatte einen von den guten Wünschen zwanzig Beteiligter gesegneten Glücksbringer bekommen, der außerdem noch von einem heiligen Mann gefüllt worden war. Mit einem Lächeln überreichte er ihn mir, ich hielt meine Stirn daran und versprach, ihm zuhause einen Ehrenplatz einzurichten. Auf meine Bemerkung, wie unfaßbar ich die Umstände unserer Begegnung fände, erwiderte er nur: »Weißt du denn nicht, daß der Meister immer den Schüler findet? Auch ich spürte, daß ich umkehren mußte, um dich an diesem Ort zu treffen.«

Er bot mir an, sein Kloster zu zeigen, und so brachen wir zu fünft auf. Der Lama nahm meinen Arm. Immer wieder zeigte er mit seinem Stock auf seine Klause und bemerkte nicht ohne einen gewissen Stolz seine lange Meditationszeit und sein Studium des Kangyurs und Tangyurs dort. Er hatte die gesamte Bibliothek des Buddhismus gelesen – sämtliche 332 Bücher – und sagte, daß man in diesen Schriften auf alles Antwort finden könne und es keinen Lebensbereich gäbe, der darin nicht erklärt sei. Wir betraten den Klosterhof, und er öffnete mit seinem alten tibetischen Schlüssel die Räume. Nacheinander erklärte er mir alle Statuen und Thangkas und lächelte über meine Opfer und Spenden in jedem Raum. Im nächsten Jahr will er das Kloster renovieren lassen, und so kam ihm jede Rupie gerade recht. Nach der Besichtigung des Klosters folgte zwischen uns ein langes, persönliches Gespräch auf dem Klosterhof, in dem er mir viele Fragen zum Leben und zum Buddhismus beantworten konnte. Anschließend nahm er mich am Arm und umwandelte mit mir das Kloster. Diese Form der religiösen Praxis dient dazu, sich den Kreislauf des Lebens bewußt zu machen und Gott zu gedenken. Das Umwandern heiliger Orte ist Einkehr im Gehen, Bewußtmachung des eigenen Kerns, um den man kreist, der eigenen Buddhanatur, der man sich nähern soll. Als wir das Kloster umrun-

Bu-chen mit zwei Statuen des tibetischen Mahasiddha Thang Tong Gyalpo, Pin Valley (Foto: Kalmus/Kahlen)

Alte, seltene Figur eines geflügelten Heruka zwischen Manjughosa und Vajrasattva im Kloster Gungri, Pin Valley

Das einzige freundliche Lächeln im Pin Valley

Thug auf einem Köcher aus 108 Yak-Schwänzen

Das goldene Banner von Kye

Ein ehrwürdiger Tulku mit westchinesischer Brille

Kloster Kye

Der große Chörten von Thangyed in Kaza

Opferschrein auf dem Kunzum-la (4 551 m)

Bildnis und Fußabdruck der Göttin Kunzum-Lhamo

Gyephang, der Schutzherr des benachbarten Lahaul

Lahaul

Lahauli-Mädchen in Festtracht

Tanzende Spitipa-Frauen in ihren traditionellen Trachten

det und alle Gebetsmühlen in Bewegung gesetzt hatten, war es Zeit, Abschied zu nehmen. Ich dankte dem Lama für seine Unterweisungen und versprach, wiederzukommen. Er beteuerte, wie glücklich er sei, mich getroffen zu haben, und daß er mich stets in Erinnerung behalten werde. Gerührt nahm ich einen Brief entgegen, den ich einem befreundeten Lama im Kloster Thikse in Ladakh geben sollte, und wir gingen auseinander.

An diesem Tag war mein Traum vom Abenteuer in Erfüllung gegangen: ich war – im wörtlichen Sinn von Abenteuer – »angekommen« –, angekommen am Ziel meiner Reise: der spirituellen Begegnung mit dem Buddhismus. Der Zufall hatte mich zu einem wahren »Meister« geführt, der mir ein Stück weitergeholfen hatte, die in sich ruhende Welt des Buddhismus besser zu verstehen.

Magischer Abschied

Schweren Herzens fuhr ich mit Vicky und Somphal zurück ins Guesthouse. Andreas hatte sich ein wenig hingelegt, und der Abend brach an. In dieser Höhe und der exponierten Lage Lossars war es mittlerweile empfindlich kühl geworden und bis Vicky mit dem Abendessen soweit war, gab es nichts weiter zu tun, als noch ein wenig in den warmen Schlafsack zu kriechen. Der Pächter des staatlichen Guesthouses hatte für den späteren Abend eine Tanzgruppe organisiert, sieben Frauen, die gegen zehn Uhr mit einem Harmoniumspieler in ihren Trachten erschienen. Man merkte, daß wir uns schon an der Grenze nach Lahaul befanden, denn sämtliche Frauen trugen den Lahauli-Dreß, den *Dugpo*. Ein schwarzer oder dunkelblauer, knielanger, vorn durch Schnüre zusammengehaltener Mantel aus Baumwolle oder dicker, Schafs- und Yakwolle. Der Dugpo ist an den Ärmeln und am Kniesaum mit goldfarbenen Borten besetzt. Um die Hüfte hatten die Frauen den *Skyerag*, ein langes Wolltuch, gewickelt, das den Oberkörper wie in eine Bluse und die Beine wie in einen langen Rock gehüllt erscheinen ließ. Unter diesem Mantel trugen sie lose sitzende Hosen in schwarzer

Vicky und die Tänzerinnen von Lossar

Farbe. Die traditionelle Fußbekleidung sind eigentlich lederne und fellbesetzte Schuhe mit oder ohne Sohle, an ihrer Spitze nach oben gewölbt. Doch hier trugen die Frauen schon westliche Schuhe. Im Winter, wo man kaum das Haus verläßt, zieht man hübsche Hausschuhe aus Gerstenstroh und anderen haltbaren Fasern an. Wie die Frauen Lahauls trugen alle ein Kopftuch und einige hatten die Thika, den Hindupunkt, auf der Stirn. Sie hatten den herrlichen, schweren Spiti-Silberschmuck zugunsten billiger Hindu-Ware aus dem Tiefland, der wohl in Mode war, abgelegt.

Die größten Besonderheiten der Spiti-Tracht behielten sie allerdings bei: die auf der Welt einmaligen Schals und Decken. Um den Hals werden wollene, durchweg in den buntesten Kombinationen geometrisch gemusterte und mit Glückssymbolen, wie der *Swastika*, versehene Schals unterschiedlicher Breite getragen. Diese haben meist braune, weiße oder rote Grundtöne und sind stets aus zwei Teilen zusammengefügt. Die Nähte sind in regelmäßigen Abständen durch Farbwechsel markiert. An der Kopfseite sind aus rotem, grünem und gelbem Filz geometrische Formen appliziert: In der Mitte ein Quadrat und an den beiden Seiten zwei Dreiecke. Wird nun der Schal um die Schultern gelegt und vorne zusammengebunden, ergeben die beiden Dreiecke zusammen wieder ein Quadrat.

Diese Filzapplikationen finden sich auch auf den Festtrachten, die nun das ganz Spezielle spitischer Bekleidung ausmachen. Hierbei handelt es sich um Filzdecken in Grün und Rot als Grundfarben, die, auf ein Lamm- oder Ziegenfell genäht, unendliche Muster- und Kombinationsvarianten aufweisen. Kreise und Quadrate aus Filz werden aufgenäht, oftmals umgeben von geschnittenen Swastika-Rahmen, abwechselnd mit Brokatstoffteilen, appliziert in Patchworkform. Die wertvollsten dieser Decken zeugen vom jahrhundertealten Handelsverkehr mit China, denn sie bestehen aus Seide-Brokat-Samt-Kombinationen in herrlichster Form.

Die Frauen begannen ihre Vorstellung mit einem langsamen Tanz in der typisch grazilen Form, wie sie allen Tänzen des himalayischen Kulturkreises eigen ist. Lediglich in der musikalischen Darbietung merkte man eine Veränderung der Originalität. Die ursprüngliche Musik zu diesen Tänzen wurde von Schalmeien und großen halbrunden Trommeln gespielt. Hier wurden die tibetischen Lieder vom hinduindischen Harmonium begleitet und die Trommeln waren durch einen Benzinkanister ersetzt worden! Es läßt sich nicht bestreiten, daß die Frau, die ihn »spielte«, ihm durch unterschiedliche Anschlagsweisen viele verschiedene Klänge entlocken konnte, doch für mich hatte diese Zweckentfremdung mit dem kulturellen Verfall einer jahrhundertealten Tradition zu tun.

Gefolgt wurde dieser ungefähr zwanzig Minuten dauernde Tanz von einer schnelleren Weise. Das Lied war ein anderes, doch man merkte keine sonderliche Veränderung im Tanz. Die Tänze des tibetischen Kulturkreises werden meist im Kreis oder von sich gegenüberstehenden Männern und Frauen aufgeführt. Ihnen sind die graziösen Handbewegungen gemeinsam. Die Bandbreite der Schrittfolgen und Bewegungen ist stark begrenzt, und so kommt beim ballett- und tanztheaterverwöhnten, westlichen Betrachter recht bald eine gewisse Langeweile auf. Doch man muß den Ursprung dieser Tänze berücksichtigen, der auf Trancetechniken zur Erlangung religiöser Einsicht zurückgeht. Durch das unermüdliche Wiederholen der immer gleichen Bewegungen stellt sich eine Automatisierung der Körperfunktionen ein, womit das Bewußtsein sich von der Aufmerksamkeit für den Körper lösen kann und frei ist, in die angestrebten Dimensionen einzutreten. Die Aufführung dauerte anderthalb Stunden, wobei die Mädchen mehrmals ihre Kostüme wechselten und auch die Festdecken anlegten, von denen keine einzige der anderen glich. Nach einer Pause forderten sie alle Anwesenden zum Tanz auf, und so wurde es zu fortgeschrittener Stunde ein fröhlicher Abschluß unseres Aufenthaltes in Spiti.

Am nächsten Morgen hatte sich das Wetter leider immer noch nicht gebessert; es war trüb, und ein kalter Wind blies das Tal hinauf. Wir beluden den Jeep, als Vicky mit dem Hausdiener, einem jungen Spiti-pa, auf mich zukam. Vicky stellte mir Paldhan Bodh vor und übersetzte mir, daß er mir gerne zum Abschluß meines Besuches seines Landes ein Gedicht schenken wolle. Ich hatte mit Paldhan bisher kaum ein Wort gesprochen, lediglich mich einmal freundlich für das von ihm servierte Essen bedankt. Gerührt gab ich ihm mein Tagebuch, und er verschwand damit in einem Zimmer. Nach einer halben Stunde kehrte er zurück und überreichte mir ein zweiseitiges Gedicht aus acht Strophen. Ich war überwältigt von der Feinheit seiner tibetischen Schrift und wußte, wieviel Arbeit darin steckt, hatte ich doch bei den Füllungen meines Ga'u immer gesehen, wie die Schreibenden die Buchstaben regelrecht zeichnen mußten.

Ich bat Paldhan, mir das Gedicht vorzutragen, und ließ Vicky übersetzen, daß ich mir über die Größe seines Geschenkes wohl bewußt sei. Zum Dank sollte er ein Foto des Dalai Lama und ein kleines Trinkgeld für seine häuslichen Dienste annehmen. Das Foto nahm er gerne, das Trinkgeld schlug er trotz meiner wiederholten Bitten aus. Ich merkte an diesem Tag, daß ich Zeit brauchen würde, um diese intensiven Eindrücke zu verarbeiten.

Den Abschluß dieser tiefbeeindruckenden Reiseetappe bildete nach serpentinenreicher Anfahrt der Kunzum-Paß. Auch wenn die Hö-

Yaks auf dem Weg zum Kunzum-la

hendifferenz zwischen Lossar und dem Kunzum-la nur fünfhundert Höhenmeter beträgt, hat man dennoch das Gefühl, den Mond zu betreten, so karg wird die Landschaft, bis man die 4 590 Meter hohe Paßebene erreicht hat. Schon von weitem sieht man die Schreine zu Ehren der Gottheit Kunzum Lhamo. Kunzum Lhamo war eine schreckenerregende Göttin, die auf der Paßhöhe hauste und die, durch lamaistische Rituale besänftigt, nun in der Tempelspitze des mittleren Schreins anwesend sein soll. Neben kostbaren und seltenen Steinmetzarbeiten, die Gyephang, den Schutzherren von Lahaul, zeigen, befindet sich im Mittelschrein der Fußabdruck der Gottheit, auf den die Gläubigen eine Münze zu drücken pflegen. Bleibt sie haften, ist ihnen der Segen der Göttin für ihre weiteren Vorhaben sicher. Yakbutter, die zur Verehrung regelmäßig auf den Stein aufgetragen wird, mag die Ursache des Phänomens sein. Die Hindus, die zwischen Spiti, Lahaul und Kulu reisen, beanspruchen den Schrein als Durga-Heiligtum, obwohl er zweifelsfrei tibetische Darstellungen trägt, und so umrunden auch sie das Heiligtum und beten zum Abbild der Göttin.

Kunzum-la ist einer der machtvollsten Orte im ganzen Himalaya-Gebiet. Die Tempelanlage ist ein einfaches, aber ausdrucksvolles Mandala. Im Kern steht der Kunzum-Lhamo-Schrein mit vier Außenposten: einem weißen Chörten, einem Wacholderrauchwerkofen, einem kleinen Schrein mit einer Darstellung Padmasambhavas und einem Gebetsfahnenmast an einem Lhato, einer Geisterfalle.

Lange saß ich in dieser überwältigenden Weite, umgeben von einem Dutzend schneebedeckter Sechstausender, mit den majestätischen Gipfeln der Dakka Range, dem Shigri, dem Minar, der Pagoda und dem Tara Pahar vor mir. Ich opferte an allen Stellen des Mandalas und auch am Haupttheiligtum. Selbst Andreas, der sonst viel rationaler auf alles reagiert als ich, war sichtlich beeindruckt von diesem Ort und praktizierte die rituelle Umrundung des heiligen Ortes. Still und andächtig bewegte er sich auf dem magischen Platz und bat mich zum ersten und einzigen Mal, ein Foto von ihm vor dem Hauptschrein zu machen.

Im weiteren Umfeld der Anlage konnten wir büschelweise Edelweiß finden. Es säumt den gesamten Weg zu dem in einer Grasebene liegenden »Mondsee«, der von hier aus in einem achteinhalb Kilometer langen Fußmarsch erreicht werden kann. Bei den Spiti-pa heißt er Tso Chigma, was »einzelner See« bedeutet. Man erzählt sich die Geschichte, daß sich einst ein Schäfer aus Hansa in die im See lebende Jungfrau Tso Chigma Lhamo verliebt habe und einige Zeit mit ihr in ihrem Unterwasser-Königreich gelebt habe. Es ist einer der beliebtesten Weideplätze der Gaddhis, einem Hirtenvolk aus Lahaul, das mit seinen Pashmina-Ziegen fast das ganze Jahr durch den westlichen Himalaya zieht.

Eine solche Herde aus schwarzen und weißen langhaarig-zotteligen Tieren begegnete uns auf unserem Weg hinab in die Ebene des Chandra-Flusses, der dem Chandra Tal entspringt und durch ganz

Ein Gaddhi-Schäfer mit seiner Herde in Ost-Lahaul

Lahaul, auf dessen Boden wir uns nun befanden, fließt. Lahauls Berge sind vergletschert und das ganze Jahr schneebedeckt. Der Monsun aus dem benachbarten Kulutal, auch das Ende der bewohnbaren Welt genannt, erreicht Lahaul eher als Spiti. Daher ist es fruchtbarer und grüner, jedoch immer noch rauh, felsig und wild.

Im Tal des Chandra angekommen, führte die wohl anstrengendste Fahrt unserer ganzen Expedition stundenlang durch riesige Geröllfelder voller Findlinge und Gesteinsbrocken in den beeindruckendsten Farben. Wie auf einem Ballspielplatz von Titanen kam ich mir vor. In große und besonders exponiert liegende Felsen hatten die Lahaulis die heiligen Silben »Om mani padme hum« eingemeißelt. Sie erinnerten daran, daß wir uns auch hier auf buddhistischem Gebiet befanden.

An der herrlichen Barashigri-Gebirgskette mit den klangvollen Gipfelnamen »Weißes Segel«, »Tigerzahn«, »Schneekuppel« und »Kathedrale« vorbei erreichten wir nach drei Stunden Schaukelei Chhatru, eine Ansammlung von Verpflegungszelten.

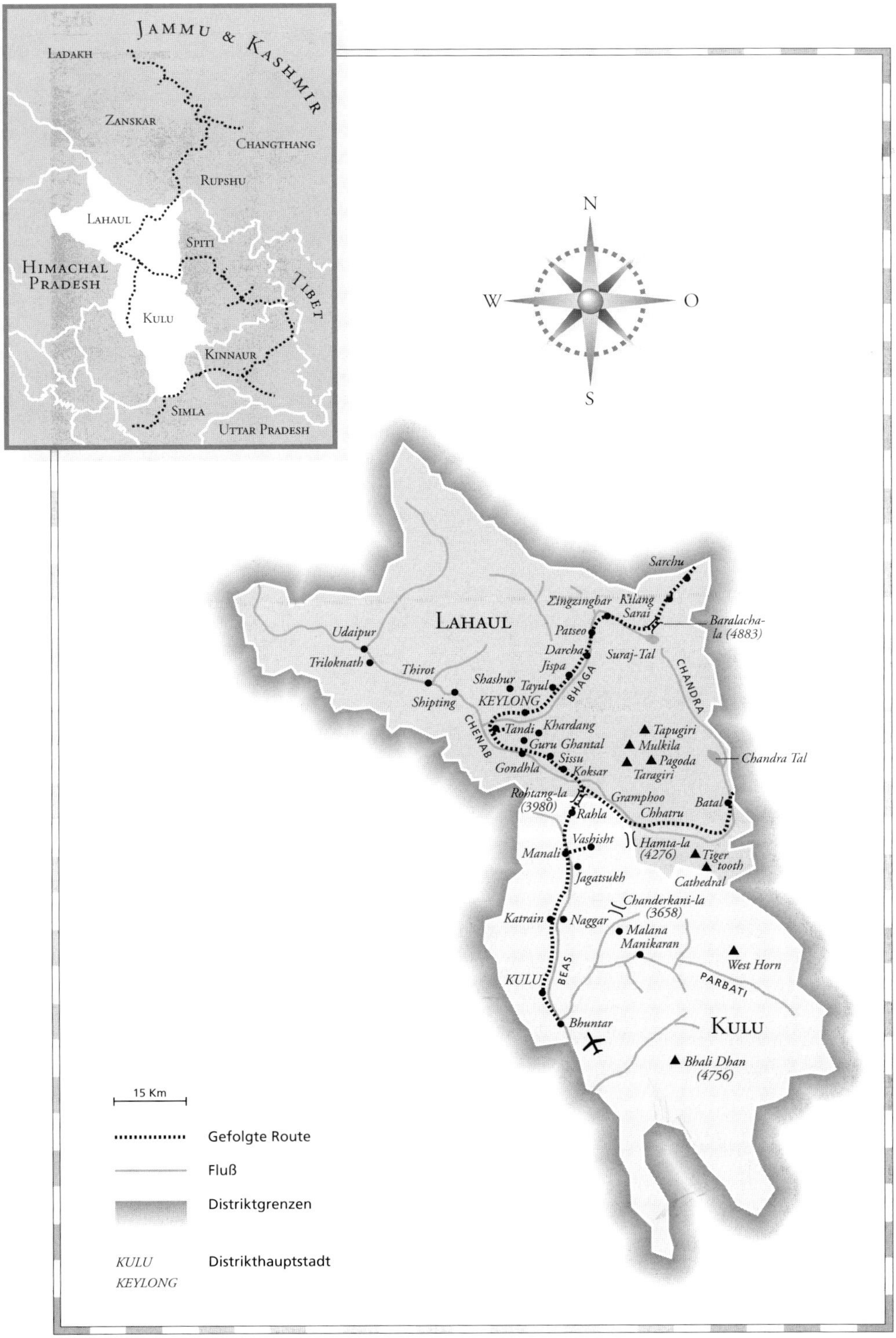

Jammu & Kashmir
Ladakh
Zanskar
Changthang
Rupshu
Lahaul
Spiti
Himachal Pradesh
Tibet
Kulu
Kinnaur
Simla
Uttar Pradesh
N
W
O
S
Lahaul
Sarchu
Zingzingbar
Kilang Sarai
Baralacha-la (4883)
Patseo
Udaipur
Triloknath
Darcha
Suraj-Tal
Jispa
Chandra
Thirot
Shashur
Tayul
Bhaga
Shipting
KEYLONG
Chenab
Tandi
Khardang
Tapugiri
Guru Ghantal
Mulkila
Sissu
Pagoda
Chandra Tal
Gondhla
Koksar
Taragiri
Rohtang-la (3980)
Gramphoo
Batal
Rahla
Chhatru
Vashisht
Hamta-la (4276)
Manali
Tiger tooth
Jagatsukh
Cathedral
Chanderkani-la (3658)
Katrain
Naggar
Malana
Manikaran
West Horn
Beas
Parbati
KULU
Bhuntar
Kulu
Bhali Dhan (4756)
15 Km
Gefolgte Route
Fluß
Distriktgrenzen
KULU KEYLONG
Distrikthauptstadt

LAHAUL & KULU

Land des Südens

Die dritte Etappe: Lahaul und das Kulu-Tal. Nach der Beschreibung einer durchgeführten Reise 1988 ins fruchtbare Kulu-Tal über den Manali-Leh-Highway, der höchsten befahrbaren Straße der Erde, führte unsere Expedition vorbei an den nördlichen Hängen des Rohtang-la durch Lahaul. Nach Khoksar, Gondhla und Tandi erreichten wir Keylong, die Hauptstadt des kleinen, ehemals ebenfalls unabhängig gewesenen Königreichs. Von Keylong aus besuchten wir die Klöster Khardang, Guru-Ghantal, Shashur und Tayul.

Von Chhatru führt die Straße über eine Brücke wieder bergauf in die Nordhänge der Pir-Panjal-Gebirgskette, die längst nicht so hoch ist wie die Berge, die Spiti begrenzen. Dadurch erhält Lahaul wesentlich mehr Regen als sein Nachbargebiet, mit dem es zu einem Distrikt zusammengefaßt ist. Zugang nach Lahaul bildet vom Kulutal aus der 3 980 Meter hohe Rohtang-Paß. Rohtang ist tibetisch und bedeutet »Leichenhaufen«. Zu seinem Namen kam der Paß durch seine nach elf Uhr einsetzende unberechenbare Wettersituation, die schon zahllose Reisende das Leben gekostet hat. Das schlimmste Unglück ereignete sich 1862, als zweiundsiebzig Brückenarbeiter von einem Blizzard überrascht wurden und darin umkamen. Fast jedes Jahr fordern hier Lawinen und Schneestürme mitten im Sommer ihren Tribut an Männern und Packtieren. Der Rohtang bildet in diesem Gebiet die Religions- und Kulturgrenze zwischen Indien und Tibet.

Als ich 1988 den Rohtang überquerte, um Zanskar zu besuchen, war ich von den Unbilden des Wetters verschont geblieben. Schon damals hatte ich versucht, nach Spiti einzureisen, erhielt aber keine Erlaubnis. Spiti war zusammen mit Kinnaur noch absolutes Sperrgebiet. Lediglich Lahaul war wegen des Krieges in Kashmir für Fremde geöffnet worden, da dieser Landstrich den einzigen weiteren Zugang nach Ladakh und den Grenzregionen nach Tibet bildet. Hier hat Indien seit den Grenzkriegen mit China eine große Anzahl Truppen stationiert, die versorgt werden mußten. Der Tourismus in

Ladakh stellt für das Land eine nicht unerhebliche Einnahmequelle dar, und den Fremden war eine Einreise über das Kriegsgebiet Kashmir natürlich nicht weiter zuzumuten. So wurde auch das alpine Kulu-Tal mit seinem Ferienort Manali touristisch erheblich ausgebaut, vor allem für die vielen indischen Hochzeitspaare, deren Traumflitterwochen in Kashmir nun auf andere Weise ersetzt werden mußten.

Als wir dem Rohtang entgegenfuhren, mußte ich an meine damalige Reise denken. Von Delhi ging es mit einer ähnlichen Propellermaschine wie der, die uns nach Simla geflogen hatte, bis nach Bhuntar bei Kulu. Ich erinnere mich gut an die Bukolik der Landschaft, die einen herrlichen Heublumenduft verströmte, und an die warme Septembersonne, als ich aus dem kleinen Flughafengebäude trat. Ich hatte das Gefühl, in unseren Breitengraden abgesetzt worden zu sein. Lediglich die dunkelhäutigen Nomadenfrauen, die sich anboten, aus der Hand zu lesen, paßten nicht zur Szenerie.

Kulu ist bekannt für seine spezielle Art, das Dussehra-Fest – den Sieg des Guten über das Böse –, zu feiern. Es findet meist im Oktober statt. Dann werden goldene und silberne Götterbilder auf prachtvoll geschmückten Sänften in farbenfrohen Prozessionen aus dem ganzen Tal zum Dalpur Maidan, einem Feld außerhalb Kulus, gebracht: *Hadimba* aus Manali, *Ragunath* aus Kulu, *Jamlu*, die Hauptgottheit aus Malana. Einer Legende nach soll dieser auf dem Chanderkhani-Paß die Schatulle, die alle Götter des Kulu-Tals enthielt, geöffnet und ein Windstoß sie an ihre Kultstätten getragen haben. Malana, wo Jamlu verehrt wird, ist ein geheimnisvolles Dorf mit völlig eigenständiger Kultur, Sprache und Verwaltungsform. Seine Bewohner sollen auf Alexander den Großen zurückgehen und fallen durch ihre sehr liberale Gesellschaftsform auf. Lediglich uneingeweihten Fremden, die die vielen religiösen Vorschriften, denen die Dorfbezirke unterliegen, nicht kennen, begegnen die Bewohner Malanas abweisend und mißtrauisch.

Mit einem Taxi fuhr ich damals durch das weite Tal vierzig Kilometer entlang des Beas nordwärts bis nach Manali auf 2 000 Metern Höhe, dem letzten größeren Ort vor der Pir-Panjal-Gebirgskette. Südlich des Himalaya in der Monsunzone ist die Natur fruchtbar, und es wird dort sogar eine Vielzahl an Feldfrüchten angebaut. Himachal Pradesh, vor allem das Kulu-Tal, ist in ganz Indien berühmt für seine köstlichen Äpfel. So säumen Apfelplantagen den ganzen Weg bis zum Beginn des Anstiegs zum Rohtang-la. Obwohl Kulu per Flugzeug zu erreichen ist, lohnt sich auch die Anfahrt im Auto. Zum Beispiel kann man auf der Fahrt von Chandigarh oder Delhi aus Mandi besuchen, in dessen Nähe sich der Rewalsar-See befindet, ein Hindus, Sikhs und Buddhisten heiliger Bezirk mit vielen alten Schreinen und Heiligtümern. Der buddhistische Tempel am Seeufer geht auf das 14. Jahrhundert zurück. Auf seinem Grund steht heute ein Nyingma-pa-Gebäude aus dem späten 19. Jahrhundert zu Ehren Padmasambhavas. Auch die Höhle, in der der Heilige seine magischen Kräfte für die Mission erworben hat, befindet sich in den Felsen oberhalb des Sees. Auf dem Weg zwischen Kulu und Manali liegt auf halbem Weg Naggar am linken Ufer des breiten, steinigen Beas. Imposant thront ein altes Schloß auf einem Felsvorsprung, das heute als Hotel genutzt wird. Oberhalb des Palastes beherbergt ein schönes Herrenhaus die Roerich-Gallery mit den Werken des russischen Malers Nicholas Roerich, der viele Impressionen des Kulu-Tals und des Himalayas auf Leinwand verewigt hat.

Zwölf Kilometer nordwärts liegt Jagatsukh, die auf das zweite Jahrhundert n. Chr. zurückgehende ehemalige Hauptstadt des zu den ältesten Hill States des Punjab zählenden Fürstentums Kulu.

Nach ungefähr einer Stunde erreicht man Manali, den Hauptreiseort für Touristen in Himachal Pradesh und Ausgangspunkt für Touren nach Lahaul, Spiti, Zanskar und Ladakh. Die Stadt besteht aus einer durcheinander gewürfelten Ansammlung von architektonischen Neubau-Sünden. Lediglich der kleine Ortsteil im Norden, Old Manali, ist noch in seiner alten Form erhalten. Ansonsten dominieren die Touristeneinrichtungen wie Hotels, Gasthäuser und Restaurants. Doch schon in der unmittelbaren Umgebung Manalis kann man die wunderschöne Natur und das geruhsame Dorfleben genießen. Ein Gang über die mit Gebetsfahnen behängte Brücke flußabwärts führt zum Mountaineering Institute, das Kletterkurse

Kinder in Old Manali

anbietet, und weiter zum kleinen bhutanesischen Kloster mit schön geschnitzten Fenstern und Schreinen.

In Manali gibt es viele tibetische Flüchtlinge, die leider armselig in Wellblechhütten an den Stadträndern ihr Exildasein fristen müssen. Eine neue zweistöckige, bunte Klosteranlage mit den Monumentalbildnissen Shakyamunis und Padmasambhavas, ein großer Gebetsmühlentempel sowie ein silbern bemalter Chörten zeugen von der ungebrochenen Zugehörigkeit der Flüchtlinge zum tibetischen Buddhismus. Hier treffen sich allabendlich die Tibeter zur Umrundung der Klostergebäude und zum Austausch von Neuigkeiten, die Kinder greifen sich gemäß alter Tradition gegenseitig in die Taschen und tauschen die dort gefundenen Sachen, die Alten nehmen einander liebevoll und humorvoll auf den Arm, die große Gebetsmühle wird gedreht, und der rhythmische Klang der hellen Glocke ist weithin ins abendliche Tal zu vernehmen.

Folgt man der Straße flußaufwärts, gelangt man nach zwanzig

Minuten zur Abzweigung nach Vashisht, einem für seine heißen Schwefelquellen bekannten Ort. Die Badehäuser liegen unterhalb des schönen alten Dorfes, wo zur Zeit meines Besuchs die Menschen gerade dabei waren, das Heu auf den Dächern der reichgeschnitzten Häuser zu trocknen. Am *Shikara*-Tempel versuchte ein Sadhu, ein Wanderasket, mich von seiner Lebensform zu überzeugen. Er wollte, daß ich mit ihm ziehe, und seinen Augen sah ich an, daß er ein wenig zuviel vom hier überall wachsenden Marihuana genossen hatte. Dieser botanische Umstand hat auch schon viele westliche Freaks nach Manali gelockt, die dann für mehrere Monate die Häuser der Apfelplantagenhänge beziehen um für eine Weile aus der Zivilisation »auszusteigen«.

Manali ist der Ausgangsort für die faszinierende Fahrt auf dem 476 Kilometer langen Manali-Leh-Highway. An einer Mauer kündet ein gelbes Schild von den Anstrengungen, die der Bau dieser Strecke gekostet hat, und die einzelnen Orte sind mit Entfernungs- und Höhenangaben eingetragen. Mit einem klapprigen, überfüllten Bus nahm auch ich diesen Weg um nach Keylong in Lahaul zu kommen. Am frühen Morgen, mit dem faszinierenden Anblick der noch monsunwolkenfreien Pir-Panjal-Kette begonnen, starteten wir über ungeteerte Schlammpisten entlang des Beas, an vereinzelten Ansiedlungen vorbei. Auf dieser Fahrt hatte ich geschworen, wiederzukommen – dann aber mit Jeep.

Busfahrten im Gebirge, gerade in den Gebirgen Asiens, sind ermüdende und anstrengende Unternehmungen, zumal ich nur einen Platz im Gang auf dem Boden bekam, vor Überfüllung nichts sah und ständig auf der Hut sein mußte, den Tuberkelbakterien eines von Hustenanfällen geplagten Gaddhi-Schäfers auszuweichen. 52 Kilometer hinter Manali begannen die engen Serpentinen durch die lichter werdende Mischwaldzone hinauf zum Rohtang-la. Nach drei Stunden Fahrt erreichten wir kurz vor der Paßhöhe Marhi, eine Ansammlung von Teebuden, wo für einen kurzen Imbiß gehalten wurde. Hier ließen wir die Baumgrenze hinter uns. Auf dem höchsten Punkt der acht Kilometer langen Paßebene war gerade ein Lahauli dabei, neue Gebetsfahnen an einen Mast zu

Marhi, kurz vor dem Rohtang-la

knoten, die vom Eintritt in die buddhistische Welt kündeten. Gegenüber des Passes ragten in der Ferne die schneebedeckten Fünftausender hervor, deren höchster Gipfel, der Gyephang mit 5 870 Metern, nach der Hauptgottheit der Region benannt ist. Der Bus hielt leider kein zweites Mal und es begann der anstrengendste Teil der Achtstundentortur: ein zwanzig Kilometer Serpentinenabstieg ins Lahaul-Tal, auf wintergeschädigter Schotterpiste.

Im Tal angekommen, trifft man in Gramphoo, einer kleinen Zeltsiedlung, die Straße durch die Ebene des Chandra nach Spiti, die damals noch vollkommen gesperrt war. Diese Straße benutzten wir erstmals nun auf unserer Expedition.

In Khoksar, fünf Kilometer weiter den Chandra hinab, befindet sich die Militärkontrolle, an der wir wieder die Pässe fürs indische Militär zücken mußten – Pässe und Schmiergeld wegen der fehlenden Touristenbeförderungserlaubnis unseres Jeeps.

Nach einer Stunde Aufenthalt war auch diese Hürde genommen, und weiter ging die Fahrt durchs regenverhangene Lahaul. Noch vor einer Woche waren die Straßen durch regenbedingte Erdrutsche unpassierbar gewesen. Weder von Kulu noch von Spiti aus konnte man Lahaul erreichen. Doch außer den obligatorischen Straßenarbeiten war von diesen Katastrophen nichts mehr zu merken.

Der Aufenthalt in Khoksar gab mir die Gelegenheit, ein wenig über die Geschichte und Kultur Lahauls zu lesen. Der Ursprung des Namens Lahaul ist ungewiß. Tibetische Chroniken bezeichnen das kleine Land als *Lho-Yul*, das »Land des Südens« (in bezug auf Ladakh) oder nennen es *Lhahi-Yul*, das »Land der Götter«. Die Erforschung der Dialekte Lahauls hat ergeben, daß das Gebiet wahrscheinlich schon 2000 v. Chr. von einer ethnologisch eigenständigen Urbevölkerung besiedelt gewesen sein muß, einer Volksgruppe, die denen der munda-sprechenden Stämme Zentralindiens und Bengalens ähnelte. Später kamen tibetischstämmige Siedler aus dem Norden und Osten von den Regionen Rupshu, Ladakh, Spiti und Tibet in das Land. Arier und Halbarier aus dem Süden und Westen ließen sich ebenfalls nieder, und die heutigen Lahaulis stellen eine Mixtur all dieser ethnischen Gruppen dar. Es gibt archäologische Zeugnisse, die belegen, daß der Buddhismus bereits im zweiten Jahrhundert n. Chr. in Lahaul existierte. Im achten Jahrhundert zog Padmasambhava reformierend durch Lahaul und soll bei Gandhola das Guru-Ghantal-Kloster gegründet haben. Der tantrische Buddhismus ging auch hier eine Verbindung mit den bis dahin vorherrschenden schamanistischen und animistischen Kulturen ein.

Lahaul war in der Zeit von 1500 bis 1700 ein autonomes Land. In dieser Zeit herrschten die Thakurs oder *Jos*, die aus vier verschiedenen lokalen Familien hervorgingen. Ansonsten war Lahaul, dessen Seitentäler – das Pattan oder das Bhaga Valley – stets zu den Königreichen Kulu oder Ladakh hin offen waren, ein Spielball der Rajas von Chamba und Kulu oder der *Gyalpos* von Ladakh, wie dies auch in Spiti der Fall war. Als die Mongolen im siebzehnten Jahrhundert von Zentraltibet aus Ladakh eroberten, fielen sie ebenfalls in Lahaul ein, wurden aber von Lawinenabgängen bei Gondhla gestoppt. Viele Soldaten starben, und die Armee zog sich zurück.

Diese Gelegenheit nutzte ein Raja aus Kulu, der mit dem bereits geschwächten ladakhischen Heer leichtes Spiel hatte und Lahaul bis zum oberen Teil des Landes unter seine Herrschaft brachte. Er löste endgültig die Verbindung Lahauls mit dem westtibetischen Königreich Guge und führte Neuerungen wie die Geldwirtschaft ein. Bis zur Invasion durch die Sikhs 1840 blieb das Land unter der Regentschaft Kulus. 1846 fiel Lahaul unter britische Hoheit, die es zunächst von einem Thakurvertreter mit Sitz in Keylong verwalten ließen, der 1941 durch einen Engländer ersetzt wurde. Mit der Unabhängigkeit Indiens 1947 wurde Lahaul mit Spiti zu einem Bezirk des Punjab zusammengefaßt. 1960 bildete man daraus den Distrikt Lahaul-Spiti als Teil des neugegründeten Bundesstaates Himachal Pradesh. Keylong blieb als Hauptort bestehen.

Die Straße nach Keylong wechselt oft über den Chandra, und am fruchtbaren Sissu auf 3 130 Metern Höhe, führt sie oberhalb der Ortschaft Gondhla vorbei. Gondhla ist berühmt für seinen Wehrturm, der zur ehemaligen Residenz der Thakurfürsten gehört. Von Kinnaur verwöhnt ließen wir den eher durchschnittlich wirkenden Turm ohne weiteren Besuch hinter uns und fuhren weiter das in dieser Gegend breite Tal, den Rangloi benannten Gebietsabschnitt Lahauls entlang. Auf der von Schmelzbächen gesäumten, ungeteerten Straße hatten wir stets die großartigen Gletscherberge, wie den Gopathang oder die »Lady of Keylong«, den Hausberg des Hauptortes Lahauls im Blick.

Nach einigen Serpentinen durch das enger werdende Tal erreichten wir auf 2 573 Metern Höhe Tandi. Hier trifft der zweite große Fluß Lahauls, der Bhaga, auf den Chandra. Beide entspringen am Baralacha-la. Während der Bhaga sich seinen Weg entlang der Westachse des Passes bahnt, verläuft der Chandra östlich von ihm. In Tandi fließen sie zusammen und bilden den Chenab, der durch das tiefer gelegene und daher am stärksten bevölkerte Pattan-Tal in die indische Ebene fließt und als wichtigster Strom des Punjabs Fruchtbarkeit für das »Fünfstromland« bedeutet. Wie alle Orte in Indien, die an Flußmündungen liegen, ist auch Tandi heilig, und eine Vielzahl von Legenden und Märchen rankt sich um seine

Entstehung. So soll Tandi einst ein Refugium indischer Sadhus gewesen sein, bevor sie von den *Rakshasas*, den lokalen Feen vertrieben wurden. Hier sollen zwei indische Heilige gestorben sein, Dropadi und Vashisht. Durch das Verlassen ihrer weltlichen Hülle an dieser Stelle, was in Lahauli *Tandehi* bedeutet, kam Tandi zu seinem Namen. Auch über die beiden Flüsse und ihre Zusammenkunft gibt es Geschichten. Eine dieser Sagen bezeichnet Chandra als die Tochter des Mondes und Bhaga als den Sohn der Sonne, die einander liebten. Ihre kosmische Vereinigung fand in Form der zwei zusammentreffenden Flüsse in Tandi statt, wo man den entstandenen Strom Chenab auch Chandra-Bhaga nennt.

Die Ortschaft ist wohl mehrere hundert Jahre alt, bietet aber nichts Sehenswertes. Für uns bedeutete sie lediglich die Hoffnung, unseren leeren Tank und die Kanister wieder auffüllen zu können – eine Hoffnung, die sich leider nicht erfüllte. Auch hier war der Dieselkraftstoff rationiert. Langsam wurde unsere Treibstofflage ziemlich prekär. Der Tankwart verwies auf typisch indische Art an den Ort Gemur hinter Keylong, wo es aber noch nicht einmal eine Tankstelle gibt. An einem Tea-stall knüpften Vicky und Somphal die ersten Kontakte zu einem Wirt, der uns eventuell ein wenig Treibstoff schwarz verkaufen wollte, was durch das stark vertretene Militär eine recht gefährliche Angelegenheit war, die sich im Preis des kostbaren Nasses niederschlug. Er riet uns, in Keylong nach Treibstoff zu fragen und ansonsten wiederzukehren. Wir folgten seinem Rat und erreichten nach sechs weiteren Kilometern holpriger, chörtengesäumter Piste endlich Keylong am rechten Chandra-Ufer. Oasenhaft erstreckt es sich über ein Plateau voller Weiden und Pappeln und bildet einen guten Ausgangspunkt für Besuche der vielen Klöster in der näheren Umgebung.

Khardangs Gebete

Am späten Nachmittag trafen wir im belebten Keylong ein. Das »P. W. D. Resthouse« war wie bei meinem Besuch 1988 geschlossen, und so bezogen wir unser Quartier im »Gyespa Guesthouse«, das in seinen drei Stockwerken über schöne Zimmer mit Ausblick auf Khardang Gompa verfügt. Schon vor fünf Jahren war ich hier abgestiegen. Damals bestand das »Gyespa« jedoch nur aus einem Restaurant und zwei Räumen, die sich zwölf Reisende teilen mußten. Durch den vermehrten Touristenstrom, der seit dem Kashmirkrieg über diese Route führt, hat man Keylong erheblich und nicht gerade geschmackvoll ausgebaut, was dafür aber der Anzahl der Unterkünfte zugute kommt. Der schöne Chörten im Garten steht noch immer und im warmen Restaurant machten wir es uns bei Ingwer-Kardamon-Tee bequem.

Keylong war von 1857 bis 1945 Hauptsitz der Moravier, einer christlichen Mission, die viel zur Entwicklung des Distrikts beitrug. Ihr gehörte auch der berühmte Forscher A. H. Francke an, der die Kunst- und Kulturgegenstände Kinnaurs, Spitis und Lahauls erstmals sichtete und Abhandlungen über sie schrieb. Von den Moraviern profitierten die Lahaulis viel, was den Feld- und Häuserbau anbelangt. Der Talstreifen um Keylong ist fruchtbar, lediglich die zunehmende Entwaldung ist auch hier zu spüren. Ihr versucht die indische Regierung durch eine Vielzahl an Neupflanzungen entgegenzuwirken. Ungefähr die Hälfte der Bevölkerung außerhalb des Pattan Valley lebt in Keylong mit seinen städtischen Einrichtungen wie Mittelschule, Krankenhaus, Telegrafenamt, Polizei und Tierklinik. In seiner Umgebung liegen die bedeutendsten Klöster Lahauls: Tayul, Shashur, Guru Ghantal und Khardang. Guru Ghantal ist ein weiterer Platz, an dem Padmasambhava 747 n. Chr. durch Meditation seine magischen Fähigkeiten erlangt haben soll. Mit ihnen trat er den großen Siegeszug des tantrischen Buddhismus an, der ihm den zweiten Platz der Verehrung neben dem historischen Buddha Shakyamuni für alle Zeiten sicherte.

An diese Zeit erinnert in Guru Ghantal nur noch der wunderschöne, rein indische Marmorkopf des Avalokiteshvara. Man fand ihn am Zusammenfluß der beiden Götterströme, bekommt ihn aber als Fremder leider nicht zu sehen. Das zweistöckige, von einem mit Schieferschindeln gedeckten Pagodendach gekrönte Kloster ist wesentlich neueren Datums. Konzentrische Galerien umgeben das Innere des Tempels, deren Höhe der Pyramide entsprechend abgestimmt wurde. Das obere Stockwerk betritt man durch eine kunstvoll geschnitzte Tür mit dem Namchu-Wangdan-Motiv. Ihr Türrahmen ist von einem Ornament aus vier ineinander verwobenen Schlangen verziert, das vermutlich keltischen, hellenistischen oder byzantischen Ursprungs ist. Es zeugt vom langen Austausch kaschmirischer Künstler mit dem Kulturgut Europas, das vermutlich über die Seidenstraße und Zentralasien bis hierher gelangt ist. Zahlreiche Malereien zieren die Holzkonstruktionen; an der Decke sieht man alte Mandalas, von Künstlern aus Ladakh prachtvoll angefertigt.

Der Tempel beinhaltet ein schwarzes Steinabbild einer Kali-Gottheit, eine Holzstatue des Buddha, die auf Rinchen Zangpo zurückgehen soll, und eine Stuckstatue von Guru Nawang Namgyal, einem Prediger und König von Bhutan im siebzehnten und achtzehnten Jahrhundert. Der Ausblick vom Kloster auf die umliegende Bergwelt ist atemberaubend. Mitte Juni hält das Kloster das Ghantal-Fest ab, zu dem die Pilger in einem Dreißigkilometermarsch mit Auf- und Abstiegen von mehreren tausend Metern den heiligen Berg Drilburi umrunden.

Von Tupchilling ist es nicht weit nach Khardang, der alten Hauptstadt Lahauls. Einer mittelalterlichen Zitadelle gleich liegt es erhaben auf einem steilen Fels inmitten grüner Felder und bietet unter stahlblauem Himmel und umgeben von den imposanten Gletscherbergen einen herrlichen Anblick. Ein großer Chörten seitlich der stattlichen, mehrstöckigen Häuser weist den Weg zum Dorfgompa. An der Grundschule vorbei, deren Kinder uns mit Begeisterung ein eben gelerntes Lied vortrugen, führte uns ein freundlicher junger Mann und besichtigte mit uns das von einem Lama namens Gotzangwa gegründete Kloster. Dutzende messingummantelte Gebetsmühlen flankieren den stockdunklen Gang. In ihm liegt in einem großen schwarzen Felsen der Fußabdruck einer lokalen Gottheit, an

Messing-Gebetsmühlen im Ortskloster von Khardang

dem ich mich empfindlich stieß. Der Andachtsraum enthält ein paar sehr gut gearbeitete Statuen aus dunklem, eingeöltem Holz, die neben den üblichen Gottheiten auch hohe Geistliche des Druk-pa-Ordens mit den typischen großen, roten Hüten und individuellen Gesichtszügen zeigen.

Außerhalb des kleinen Dorfes fällt ein großer Felsblock mit den zweifelsohne sehr alten Gravierungen dreier gekrönter, stehender Personen auf. Die Hände der mittleren nehmen das *Dharmachakra*-Mudra, die Geste des Predigens, ein, die linke zeigt das *Bhumisparsha*-Mudra, die Geste der Anrufung der Erde, die rechte Figur hält einen Stab oder eine Schlange aufrecht in der rechten Hand, die linke Hand bildet *Vitarḳa*, die Geste der Argumentation. Ihre Kronen lassen auf Bodhisattwas schließen. Welche es genau sind, konnten wir nicht ermitteln.

Auf dem Weg zum Dorfplatz trafen wir einige Kinder in der Sonne sitzend an, die an uns mit sichtlichem Vergnügen ihre erworbenen Englischkenntnisse ausprobierten. Im Gegensatz dazu kam uns in den Feldern oberhalb des Dorfes ein Mädchen entgegen, das wohl nicht das Glück hatte, eine Schule besuchen zu dürfen. Mit einem riesigen Bündel Heu beladen, blickte es scheu in unsere Gesichter und ging dann still ihres Wegs. Ihre Familie, gerade mit der Ernte beschäftigt, bot mir lachend eine knollenähnliche Frucht an, um davon zu probieren. Ein wenig mißtrauisch hob ich mir das für später auf. Ich hatte gut daran getan, denn beim »Benzin-Wirt« in Tandi erfuhr ich, daß es sich um eine ungenießbare, in bearbeiteter Form als Aphrodisiakum verwendete Frucht handelte, die als Nebeneffekt leider einen unkontrollierbaren Durchfall hervorruft. Von dieser sonst bei Indienreisen fast obligaten Plage war ich dank Vickys Kochkünsten bis jetzt weitgehend verschont geblieben, und ich wollte dies auch gerne weiter so halten.

Nach einer Viertelstunde Aufstieg an Chörten und großen, buntbemalten Manisteinen vorbei hörten Andreas und ich lautes Johlen und Singen. Auf dem Klosterhof saßen lauter rotgekleidete Mönche und Nonnen mit braunen Kutten im Gras, rollten große Papierbögen zusammen und reichten sie einander. Die Gemeinschaft von Khardang war gerade inmitten des Rituals zur Füllung und Weihung einer riesigen Gebetsmühle, für die eigens ein Tempel errichtet worden war. Selbst in Lahaul hörten die Besonderheiten dieser Reise nicht auf, bekamen wir doch hier die seltene Gelegenheit, Rituale und Feierlichkeiten persönlich mitzuerleben, die bisher kaum dokumentiert worden sind. In zwei langen Reihen saßen sich die Mönche des Druk-pa-Ordens, dem mit einer Ausnahme alle 29 Klöster in Lahaul angehören, gegenüber und legten 75 × 50 cm große Papierbögen zu Stapeln von achtzehn Stück aufeinander, auf denen jeweils 7 050mal die heiligen Silben »Om mani padme hum« geschrieben standen. Über die Reihen der Papierzettel hatten die Mönche bunte Fäden gespannt, Geisterfallen, wie ich später erklärt bekam, über die die dunklen Mächte, die bei solchen Zeremonien stets zugegen seien, stolpern sollten und die so von den heiligen Gebetsformeln ferngehalten wurden, damit sie diese durch Berührung nicht verunreinigten.

Die Stapel wurden gerollt und den Nonnen gereicht, die eine Kette bildeten und sie in den Gebetsmühlenraum weitergaben. Dort

Die Mönche von Khardang beim Vorbereiten der Gebetsbögen

wurden die Zettel von Mönchen auf einem Gerüst entgegengenommen, die sie um den breiten Zentralholm der Gebetsmühle wickelten. Tausende und Abertausende dieser Bögen mit Millionen Gebeten waren bereits um diese drei Meter hohe Achse gewunden worden, und weitere Tausende kamen ständig hinzu. Die fertig angeordneten Lagen wurden von drei jungen Mönchen, die außerhalb des Gebäudes auf einer Leiter standen, unter dem Johlen, das wir schon von weitem gehört hatten, mit den Worten »Lho Gyalpo!« – »Die Götter werden siegen!« gesegnet und mit bunten Schnüren festgezurrt.

Mir wurde zum ersten Mal bewußt, welche Kunstwerke ich mit den Gebetsmühlen bis jetzt ziemlich achtlos in Bewegung gesetzt hatte, welche Arbeit in diesen großen Zylindern steckt, sei es allein im Druck der Papiere oder im Füllen der Gebetsmühlen. Und hier überzeugte es mich auf einmal, daß eine solche Anzahl mit Inbrunst gesprochener Gebete immer wieder ihr Gutes tun kann und die Kraft des Gebets stets neu erweckbar ist.

Die Mönche, die mit dem Zusammenlegen der Papiere beschäftigt waren, hatten sich die Namen von Dorfbewohnern notiert, die eine gewisse Anzahl an Gebeten gespendet und damit eine in ihren Augen verdienstvolle Handlung begangen hatten. Ihre Zettel wurden gesondert geordnet und Gebete in ihrem Gedenken gesprochen, bevor die Lamas die Rollen weitergaben. Ein junger Mönch, der mit dem Festzurren der Gebete beschäftigt war, bot sich an, uns das Kloster zu zeigen. Wir folgten ihm in den dreistöckigen, gelben, von einem goldbemalten Dach gekrönten Haupttempel.

Im Erdgeschoß sieht man neben dem Tempel der Schutzgottheiten und einer großen Gebetsmühle einen Andachtsraum, der von einem dunklen Gang mit einer großen Anzahl kleinerer Messing-Gebetsmühlen umgeben ist. In ihm steht ein langer Altar mit bemerkenswerten Plastiken. Eine davon ist der elfköpfige, mit tausend Armen versehene Arya-Avalokiteshvara. Der Legende nach soll Avalokiteshvaras Haupt beim Anblick des Elends der zahllosen Erlösungsbedürftigen aus Mitleid in zehn Teile zersprungen sein, aus denen Amitabha zehn Köpfe formte. Seinen eigenen setzte er obenauf. Die Anordnung der tausend Arme ist von tiefer Symbolik und ikonographisch genau festgelegt. Ein Paar Hände ist vor dem Herzen gefaltet. Im innersten Kreis werden acht große Arme dem *Dharmakaya*, der spirituellen »Region der Formlosigkeit«, zugeordnet, darüber sind im ersten Kreis vierzig Arme dem *Sambhogakaya*, der »Region der reinen Formen«, gewidmet, während sich die übrigen 952 Arme im *Nirmanakaya*, der »Region der Wiedergeburt«, in weiteren fünf Bögen einer Lotosblüte gleich entfalten.

Zahlreiche Gottheiten und Heiligenfiguren flankieren einen silbernen Chityal-Chörten, in dem die Asche von Norbu Lama aufbewahrt wird, der das Kloster 1912 wiederaufbaute, nachdem es fast 900 Jahre in Trümmern gelegen hatte. Dieser Heilige lebte in Khardang, gab seine weltlichen Besitztümer auf und führte fortan das Leben eines Wanderasketen. Zu Fuß besuchte er so weit entfernte Regionen wie Bhutan, Kham und Lhasa und studierte die heiligen Schriften. Nach seiner Heimkehr predigte er die Lehre Buddhas in

Grüne Tara und Arya-Avalokiteshvara, Khardang

ganz Lahaul und renovierte unter großem finanziellem Aufwand das Kloster. Der dunkle Raum ist wie das ganze Kloster von den schönsten Rollbildern gesäumt, die ich auf der gesamten Reise gesehen habe. Die Mönche haben ihre Schätze gerahmt und wie die Fresken teilweise verglast, womit sie wesentlich zu deren Erhaltung beitragen. Die Thangkas sind in dem spezifischen zentraltibetischen Stil gemalt, der auch die Fresken des kleinen Klosters im Dorf ausmacht. Im unteren Raum sind es vor allem Shakyamani und die fünf Thatagatas.

Im ersten Obergeschoß ziert ein großes Gemälde, das den Weltenberg Meru sowie die Paradiese der verschiedenen Himmelsrichtungen darstellt, zusammen mit einem Bild der geistigen Ahnherren der Druk-pa-Sekte die Eingangswand. Die Längswand gegenüber des Altars wird von Vajradhara, blau und gold mit den beiden Donnerkeilen in seinen Händen, dem roten Amitabha und der Darstellung eines der 84 Mahasiddhas im Asketengewand ausgefüllt.

Padmapani, die Lotosblüte in der Hand, folgt auf der linken Breitseite, zusammen mit dem grünen Amogasiddhi und dem tiefblauen *Chakrasamvara* in mystischer Vereinigung mit seiner Gefährtin *Vajravarahi.* Die Versammlungshalle im dritten Stock enthält die komplette Darstellung des Lebens Milarepas. Die aus neun großen Thangkas bestehende Serie zeigt sämtliche Stationen auf dem Lebensweg des im elften Jahrhundert lebenden größten tibetischen Dichters: Vom zorn- und haßerfüllten Magier, der das Unrecht, das seiner Familie zugefügt wurde, rächen wollte, über seine Wanderschaft und sein entbehrungsreiches Leben bei seinem Lehrer Marpa bis hin zum erleuchteten, nur noch von Brennesseln lebenden Asketen. Am büchergefüllten Altarschrein zu Ehren Shakyamunis fielen uns zwei Fotos der jetzigen Reinkarnation des 1952 verstorbenen Lama Norbu auf. Das eine zeigt ihn als Buben, das andere als Erwachsenen, der zur Zeit in Tibet lebt.

Als wir den Raum verließen, waren die Mönche und Nonnen (achtzig leben insgesamt in Khardang) gerade beim Mittagessen und

Khardang

saßen versammelt im gegenüberliegenden, an die Küche grenzenden Raum, aus dem sie uns einladend grüßten, als wir neugierig unsere Köpfe durch die Tür steckten. Man geleitete uns aufs Dach und bewirtete uns mit Tee und Zuckerschotencurry auf Reis. Ich begann langsam, dieses einfache, aber nahrhafte Gericht, das wir schon so oft angeboten bekommen hatten, zu mögen, und die Gastfreundschaft der Mönche tat ihr übriges, um sich wohl zu fühlen. Eine Nonne schenkte uns beständig Chai nach, und ein Lama mit Namen Paljor Larje setzte sich zu uns. Er hatte mir am Zeremonienplatz einen Gebetszettel geschenkt, sprach gebrochen Englisch, und so fragten wir ihn danach, wie das Zusammenleben von Mönchen und Nonnen hier funktioniere. Leicht augenzwinkernd betonte er, daß die Druk-pas eine strenge Religionsgemeinschaft seien, strenger als andere Orden. Heirat komme für die Lamas unter keinen Umständen in Frage. Wir fühlten uns in der Annahme, daß Khardang ein Ort ernster und tiefer Bemühung um spirituelle Entwicklung ist, bestätigt, und er freute sich über unsere Anmerkung. Auch die Herkunft all der Thangkas und Fresken interessierte uns. Ein

Teil wurde aus Tibet hierher gebracht, ein anderer von seinem Meister, einem Tulku und Künstler aus Khardang, angefertigt. Auf die Frage, ob er selber auch male, entgegnete er bescheiden, daß er sich darum bemühe. Wir baten ihn, uns ein paar seiner Arbeiten zu zeigen, und er führte uns durch die oberhalb des Tempels angeordneten zwanzig Wohnhäuser zu seiner Klause.

Hier holte er ein paar schöne, ikonographisch einwandfrei ausgeführte Thangkas hervor, von denen Andreas zwei kaufte. Eine der beiden stellte Padmasambhava in einer seiner acht Emanationen dar, die andere trug auf den für den tibetischen Kulturraum typischen stilisierten Wolkendarstellungen die Ikonen der wichtigsten Mahasiddhas, der »Großen Vollendeten«, in Asketengewand. Der Lama weihte sie für Andreas, indem er die einzelnen Figuren auf der Rückseite mit drei Segensmantras an den *Chakras* der Stirn, des Mundes und des Herzens versah. Chakras sind Energiefelder im Körper, deren Potentiale mittels Meditation erweckt werden können. Eine Signierung des Kunstwerks verweigerte er, da dies in der sakralen Kunst Tibets, wie bei uns im Mittelalter, ausgeschlossen ist.

Weitere Thangkas hatte der Lama leider noch nicht fertiggestellt. Als er meine Enttäuschung darüber sah, kramte er ein wenig in einem kleinen Kästchen und holte schließlich eine kleine Zeichnung hervor, die er mir aus Mitgefühl schenkte. Sie zeigt Singheda, einen Asketen im Tigerfell, der auf einem Schneelöwen reitet. Die kleine Miniatur ist unendlich fein ausgeführt, vor allem die Linien der Augen und der Hände, an der man die Qualität einer tibetischen Zeichnung am besten erkennen kann. Tief beglückt über das noble Geschenk dankte ich dem Lama und versprach ihm, bald einmal zu ihm zurückzukehren, um bei ihm malen zu lernen und für eine Zeitlang das Klosterleben zu teilen. Ein wenig besorgt meinte der Lama, daß mit ihm die Kunst der Malerei in Khardang wohl aussterben werde, da es unter der gesamten Klostergemeinschaft keinen außer ihm gebe, der dieser Beschäftigung mit dem Sakralen eine Bedeutung beimäße. Eine Tendenz, die sich leider im gesamten tibetischen Kulturkreis abzeichnet.

Lama Paljor Larje zeigt uns eines seiner Bilder (Foto: Brix)

Zum Abschied segnete er Andreas' Mala, ich bedankte mich für seine Zeichnung, und unter Verabschiedungen und Segenswünschen der vielen Mönche und Nonnen machten wir uns auf den Weg zurück ins Tal, wo die »Lho Gyalpo«-Rufe zunehmend leiser wurden, bis sie schließlich an den von der Abendsonne entzündeten Gletschergipfeln verhallten.

Nach Tandi zurückgekehrt, hatte sich an unserer prekären Treibstoffsituation noch immer nichts geändert: Dieseltreibstoff war auch hier nicht erhältlich. LKWs, die nach Leh wollten, hatten sich in Manali damit eingedeckt und waren nicht bereit, etwas von ihrem kostbaren Gut abzutreten. Wir suchten erneut unseren »Benzin-Wirt« auf, der es aber nicht wagte, uns vor Sonnenuntergang Treibstoff zu verkaufen. Also kehrten wir nach Keylong zurück, probierten dort noch einmal unser Glück – erfolglos – und kamen nach zwei Stunden bei tiefster Finsternis zurück an sein »Zeltrestaurant«. Der Schwarzverkauf von Benzin oder Dieselöl stellt in Indien, wo die Ausgabe von Treibstoff staatlich kontrolliert ist, ein relativ schweres Vergehen dar und kann mit Gefängnis bestraft werden. Entsprechend geheimnisvoll tat der Wirt, und alle sprachen hinter vorgehaltener Hand. Nach einigen Wortwechseln verschwanden Vicky, Somphal und er hinter dem Zelt. Je länger sie fort waren, desto besorgter blickten Andreas und ich auf die vielen Militärfahrzeuge, die die Straße patrouillierten und mit lautem Motorengeknatter den Staub der ungeteerten Straße aufwirbelten. Die Szenerie mutete regelrecht gespenstisch an: Die Staub- und Abgasschwaden trieben durch die Scheinwerferlichtkegel der leinwandgedeckten Militärlaster, aus denen düster dreinblickende Gesichter in die Nacht starrten. Männer saßen eingemummt in Decken am Straßenrand, man hörte Husten aus Staub- und Tuberkuloselungen, die Petroleumlampen baumelten vom Wind angestoßen an den zerfetzten Zeltgiebeln, Rauch und Qualm entwich den Gasbrennern der heruntergekommenen Absteigen und hüllte die vorbeihastenden Gestalten ein.

Wir waren froh, als wir unsere beiden indischen Freunde nach zwanzig Minuten endlich wieder die Straße mit drei großen Kanistern hinaufkommen sahen. Sechzig Liter hatten sie dem Wirt und einem Soldaten abkaufen können und in großer Hast machten sie sich nun daran, den Treibstoff in den Tank und unsere Kanister umzufüllen. Vicky stand Wache und Somphal, der selbst einmal beim Militär war und einigen Respekt vor seinen ehemaligen Kameraden hatte, verschüttete vor lauter Aufregung eine Menge Treibstoff, bis wir ihm schließlich die Arbeit abnahmen. So schnell wir konnten, verließen wir diesen ungastlichen Ort. Beim Abendessen im »Gyespa« prahlten die beiden noch bis spät in die Nacht mit ihrem unerhörten Mut und erzählten sich stets aufs Neue das für sie größte Abenteuer dieser Reise. Doch auch wir waren froh, zwei so engagierte Mitreisende zu haben, dankten ihnen und ertrugen geduldig die vielen Wiederholungen. Die Benzinsituation in Lahaul zwang uns leider, auf die fünfzig Kilometer von Keylong entfernt liegenden, alten Tempel von Triloknath und Udaipur, die über schöne Holzschnitzereien verfügen sollen, zu verzichten. Schließlich wollten wir noch die 350 Kilometer bis Leh mit eventuellen Abstechern nach Rupshu sicher schaffen.

Doch wir ließen es uns nicht nehmen, wenigstens noch die Klöster Shashur und Tayul zu besuchen. Shashur liegt am selben Bergrükken wie Keylong. Sein Name bedeutet im lokalen Dialekt »Unter den blauen Tannen«. In seiner Nähe wächst eine seltene Art von bläulich schimmernden Nadelhölzern, die wohl auch einmal das Kloster umgeben haben muß. Mit seinem Giebeldach und den vielen Gebetsfahnen bietet das dreistöckige Kloster nach einem langen und steilen Anstieg einen imposanten Anblick. Vor mehr als zweihundert Jahren wurde es von Deva Gyatso aus Zanskar errichtet, dem ersten Missionar, der von Nawang Namgyal, dem Begründer der Druk-pa-Sekte, aus Bhutan ausgesandt wurde. Es heißt, daß das Herz Deva Gyatsos bei seiner Feuerbestattung nicht verbrannte. Aus diesem Grund wurde es in einer schwarzen Statue des Heiligen bestattet, die zusammen mit einem Abbild Namgyals noch heute den Altar schmückt.

Der Kangyur-Lhakang verfügt über eine sieben Meter große Thangka und Wandmalereien, die sämtliche 84 Heilige des tibetischen Buddhismus zeigen. Messing-Gebetsmühlen umgeben auch hier den Du-Khang, von dem man über eine Steintreppe in den Klosterhof gelangt, auf dem jedes Jahr im Juni *Cham*, die Maskentänze der Lamas, stattfinden.

Nach unserer Rückkehr in Keylong beluden wir den Jeep für die letzte große Etappe unserer Reise. Vicky hatte sich um die Verpflegung gekümmert, Somphal ja bereits Treibstoff organisiert. Andreas und ich verstauten unser Gepäck und verschnürten den Jeep mit der in drei Wochen erworbenen Routine. Erster Stopp auf den bis Leh verbleibenden 350 Kilometern sollte das Kloster Tayul sein, das sechs Kilometer nördlich von Keylong am rechten Bhaga-Ufer liegt. Hinter einer Haarnadelkurve begann der kleine Pfad, der steil durch den Wald den Berghang hinaufführte. Wir mußten etwa eine Dreiviertelstunde aufsteigen, passierten dabei mehrere Bauernhäuser, wo die Menschen gerade mit dem Rösten von Gerste beschäftigt waren, als wir unterhalb der ersten lehmfarbenen Chörten einen Mönch antrafen. Seine große Kiepe, die er auf dem Rücken trug, war voll beladen. Er kam von einer Reise nach Zanskar und erzählte uns, daß die tibetischen Mönche sehr viel unterwegs seien, entweder auf Pilgerfahrten zu den heiligen Stätten des Buddhismus, auf Besuch zu anderen Klöstern oder um Rituale bei Familien zu zelebrieren. Zusammen mit ihm stiegen wir den Rest des Wegs nach Tayul hinauf, dessen Haupttempel auf einem grünen Hochplateau zusammen mit zahlreichen ineinander verschachtelten Wohnhäusern für Mönche und Nonnen liegt. Aus einzelnen dieser Zellen drangen die dumpfen Schläge der großen Ritualtrommeln zusammen mit Glockengeläut und dem leisen Murmeln von Gebeten. Wir hatten einige Mühe, das grauverputzte zweistöckige Heiligtum auszumachen, das sich von den übrigen Bauwerken fast nicht unterscheidet.

Tayul ist berühmt für seine fünf Meter hohe vergoldete Monumentalstatue Padmasambhavas, dessen Kopf bis in das Obergeschoß hineinragt. Die Plastik ist mit Seiden- und Brokatstoffen bekleidet und wird von den nicht weniger monumentalen Statuen *Guru Dragpos*, einer der acht Emanationen Padmasambhavas, und *Shingedongmas*, der fürchterlichen Todesgöttin, die den Stolz und den

Die Schädelmaske von Tayul gemahnt den Gläubigen an die Vergänglichkeit des Lebens

Egoismus im Gläubigen besiegen soll, flankiert. In der Düsternis des Raumes, die nur durch ein paar kleine Fenster im oberen Stockwerk erhellt wird, wirkten die drei Statuen ehrfurchtgebietend und respekteinflößend. Diesen Eindruck verstärkten noch die Totenschädelmasken, die an den reichverzierten Säulen vor sich hindämmern, bis sie zu den Maskentänzen im Sommer für ein paar Tage zum Leben erweckt werden, um ihre mahnende Pflicht zu tun. Der Mönch, der uns zum Kloster begleitet hatte, lud uns nach unserer gemeinsamen Besichtigung des Kangyur-Lhakang noch in seine Klause zu einem Tee ein. In seinem von indischen Idolen geschmückten Schlafraum gewahrte er Andreas' herrlichen Gzi-Stein. Diese Schmucksteine, meist gebänderte Achate, rund oder walzenförmig, werden im tibetischen Kulturkreis hoch geschätzt. Man trägt sie wie Amulette an Schnüren um den Hals und schreibt ihnen magische Kräfte zu, die den Träger vor unheilbringenden Dämonen schützen sollen. Ihr Wert richtet sich nach der Größe, dem Erhaltungszustand und der Augenzahl, die die Maserung des Steins während seines Wachsens hervorgebracht hat. Andreas' schwarzweißer Gzi verfügte über vier Augen, eine beachtliche Größe und daher einen beträchtlichen Wert. Der Mönch holte aus seiner Kutte einen weiteren Stein hervor und bot ihn uns zum Kauf an. Dieser entpuppte sich aber unter Andreas' fachkundigem Blick als eine wertlose Glasimitation, und unter anerkennendem Lachen sah der Mönch ein, daß er uns keinen Nepp andrehen konnte. Auch Mönche können sich offenbar des tibetischen Charakterzuges des Handelns nicht immer erwehren, und dies sei ihnen in ihrem entbehrungsreichen Leben durchaus gegönnt.

Wir sagten Tayul bald Lebewohl und freuten uns schon darauf, endlich wieder unterwegs zu sein, den Fahrtwind im Gesicht zu spüren und die Gletscher, Berge und Felsen wie in einem Film an uns vorbeiziehen zu sehen. Nach zwanzig Minuten Abstieg hatten wir den Jeep erreicht, und los ging es in den Norden Lahauls, in die Gebiete der hohen Pässe, in die nur noch von Wolken und Stein regierte Welt!

Maske des Alten Mannes *der Changthang-Nomaden aus dem Grenzgebiet Lahaul/Rupshu*

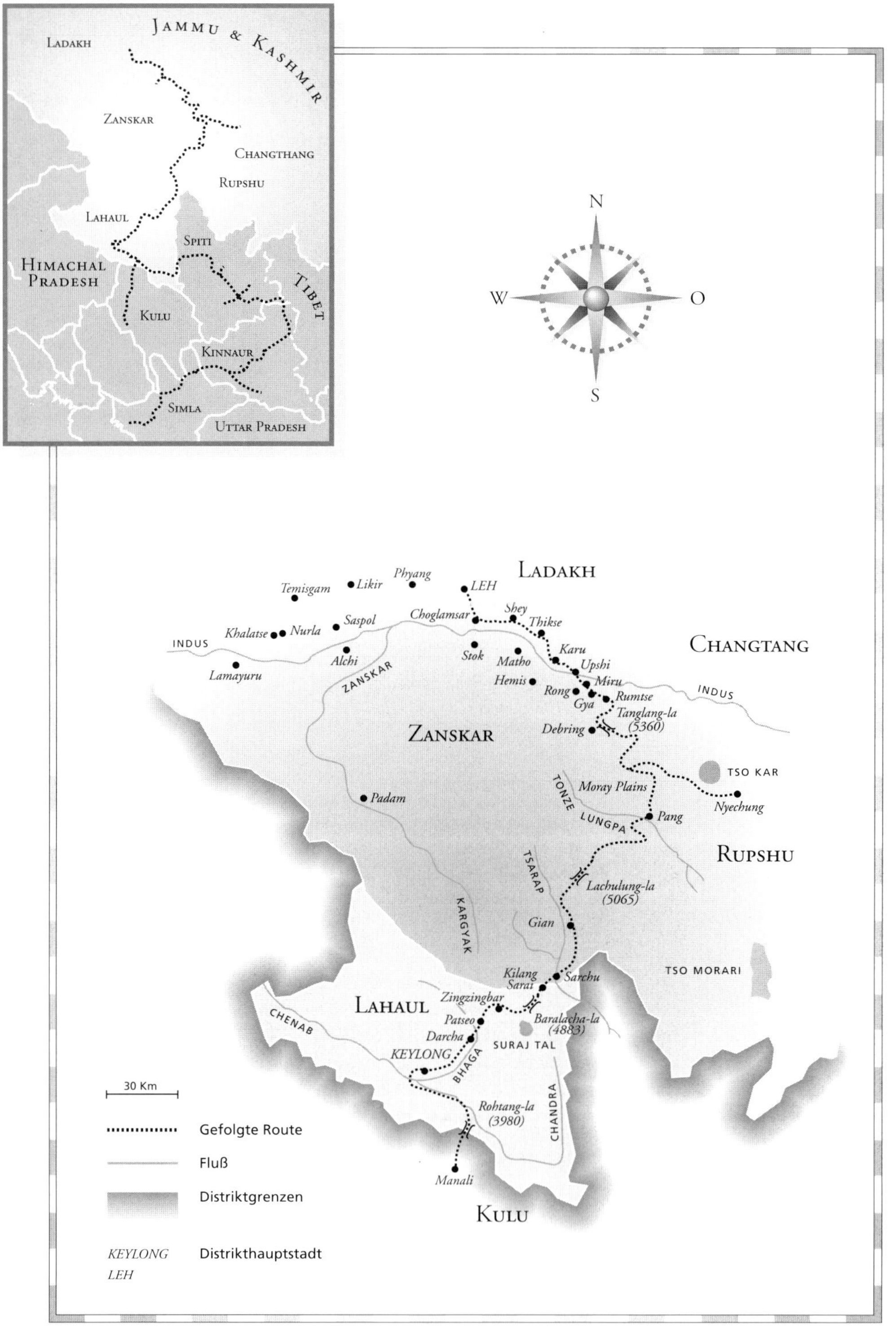

LADAKH
JAMMU & KASHMIR
ZANSKAR
CHANGTHANG
RUPSHU
LAHAUL
SPITI
HIMACHAL PRADESH
TIBET
KULU
KINNAUR
SIMLA
UTTAR PRADESH
N
W
O
S
LADAKH
Phyang
Likir
Temisgam
LEH
Shey
Thikse
Choglamsar
Saspol
Khalatse
Nurla
INDUS
Alchi
Stok
Matho
Lamayuru
Karu
Upshi
CHANGTANG
Miru
Hemis
Rong
Gya
Rumtse
INDUS
ZANSKAR
Tanglang-la
(5360)
Debring
ZANSKAR
TSO KAR
Moray Plains
Nyechung
TONZE
LUNGPA
Pang
Padam
RUPSHU
TSARAP
Lachulung-la
(5065)
KARGYAK
Gian
TSO MORARI
Kilang
Sarai
Sarchu
Zingzingbar
LAHAUL
CHENAB
Patseo
Baralacha-la
(4883)
Darcha
SURAJ TAL
KEYLONG
BHAGA
30 Km
CHANDRA
Rohtang-la
(3980)
Gefolgte Route
Fluß
Manali
Distriktgrenzen
KULU
KEYLONG
LEH
Distrikthauptstadt

བཀྲ་ཤིས་བདེ་ལེགས།

RUPSHU & LADAKH

Nur noch Steine und Wolken

Der vierte und letzte Expeditionsabschnitt: Am Ende Lahauls folgten wir dem Manali-Leh-Highway und überquerten den Baralacha-la (4883 Meter). Erste Station war Gian (Brandy Nala), ein Militärcamp an der Grenze zum indischen Bundesstaat Jammu & Kashmir, im Rupshu-Distrikt. Nach dem Doppelpaß Lachulung-la (5065 Meter) und der Zeltsiedlung Pang bogen wir auf der Suche nach dem Tso-Morari-See von der Hauptroute in vollständig verbotenes Gebiet ab und erreichten den Tso-Kar-Salzsee mit der Ortschaft Nyechung. Nach der Überquerung des zur Zeit höchsten befahrbaren Passes der Erde, dem Tanglang-la (5360 Meter), fuhren wir durch das östliche Ladakh über Thikse zur Hauptstadt Leh.

Der Manali-Leh-Highway führt im Norden Lahauls durchweg am rechten Bhaga-Ufer entlang. Die Gebirgswände ragen beiderseits des Flusses steil empor und bilden zunächst ein enges Tal. Nur noch wenige Ortschaften wie Jispa oder Gemur, die jetzige Residenz der Thakurs von Gushal, sieht man hier.

Hinter Gemur öffnet sich das Tal, und man stößt auf Darcha, einen beliebten Ausgangspunkt für Touren nach Zanskar. Darcha liegt am Zusammenfluß von Barai Nala und Bhaga auf 3400 Metern und ist nichts weiter als eine Ansiedlung von ein paar Zelten und Hütten. An einem Checkposten muß man seine Reisedokumente vorzeigen, und dann ist der Weg frei für den Anstieg zum ersten hohen und gleichzeitig eindrucksvollsten Paß der zweitägigen Fahrt nach Leh: den Baralacha-la, der auf 4883 Metern Höhe den Himalaya-Hauptkamm durchschneidet. Noch einmal blickten wir auf die imposante Gletscher-Bergwelt Lahauls mit ihren vielen Sechstausendern, von denen die einen leider nur Bezeichnungen wie KR 1–6, CB 9 oder M 7, andere klangvolle Namen wie Taragiri, Tapugiri, Akela Kila, Ashagiri, Tambu, Sarchu oder Gopathang tragen. (Unbestiegen sind noch die meisten von ihnen.) Dann gingen unsere Blicke nach vorn, hinauf in eine unvorstellbare Geröllwüste und menschenleere Einöde, feindlich und abweisend wie die dunkle Seite des Mondes.

Die Landschaft ab Darcha bis zum Baralacha-la ist faszinierend häßlich. Hunderte steiler Serpentinen muß man überwinden, bis man an den Weiden von Patseo (3 820 Meter) und den zwei Wellblechbaracken von Zingzingbar (4 150 Meter) vorbei auf das große Paßplateau des Baralacha-la kommt. Rechts unterhalb der Straße liegt wie ein Türkis in der windumpeitschten braun-weißen Ödnis der Suraj Tal, der kleine »Sonnensee«, dem der Bhaga entspringt. Er bietet mit den ihn umgebenden und greifbar nahen Gletschergipfeln einen faszinierenden, weltentrückten Anblick. In fast gerader Linie zieht sich nun die Asphalt-Piste das Plateau entlang, acht Kilometer nimmt die Paßebene ein. Baralacha-la bedeutet »Paß, auf dem sich die Straßen kreuzen«. Er überspannt den Zusammenlauf gewaltiger Bergketten, und von dem majestätischen Bogen, den er bildet, geht es nicht nur hinab ins Bhaga-Tal und weiter nach Lahaul, sondern auch über die Quelle des Chandra den Fluß entlang nach Spiti. Vom Paß gibt es einen weiteren Zugang nach Zanskar ebenso wie die von der Straße gebildete Verbindung nach Rupshu und weiter nach Ladakh.

Eine große Anzahl auf Mani-Steinen postierter Gebetsfahnen markiert die Paßhöhe und knattert im heftigen Wind. Im Umkreis des Passes liegen hunderte kleiner *Lung-tas*, Gebetszettel, die das Motiv des Windpferdes tragen, mit denen die auf den Zetteln notierten Anrufungen in den Himmel und zu den Göttern getragen werden sollen.

Wir langten bei der aus alten Fallschirmen angefertigten Zeltsiedlung Kilang Sarai an und kehrten bei einer Tibeterin ein, die von den Reisenden nur liebevoll »Auntie«, also »Tantchen«, genannt wird. Im Nu hatte sie uns mit ihren Dampfdrucktöpfen herrlichen Chai und wärmende Nudelgerichte gezaubert. Mit allem Notwendigem und Vorräten eingedeckt, konnte sie hungrige Reisende bestens versorgen und verdiente dabei nicht schlecht. Uns kam es nur gelegen, in dieser Kälte nicht unbedingt den eigenen Kocher anwerfen zu müssen, und so aßen wir quasi »auf Vorrat«, bis wir nichts mehr in uns hineinbekamen. Vicky und Somphal baten sie ihrerseits um Wollmützen, Sonnenbrille und Handschuhe, die sie vergessen hatten mitzunehmen und wegen der zunehmenden Kälte dringend brauchten. Erstere konnte ihnen »Auntie« geben. Als sie nach dem Preis fragten, antwortete sie nur, daß sie ihnen die Mützen leihen würde, bis die beiden einmal wieder hier heraufkämen. Ein Beispiel für die vielgerühmte Hilfsbereitschaft der tibetischen Nomaden. Ähnliche Verhaltensweisen kennt man auch von den Changthang-Nomaden, die mit ihren Yakherden durch das riesige Gebiet zwischen Ladakh und Lhasa ziehen, für dessen Durchquerung Heinrich Harrer allein drei Jahre brauchte. Es ist einfach selbstverständlich, daß man sich gegenseitig hilft und Hilfe auch von anderen erwarten kann.

Die Straßenkarten des Manali-Leh-Highways führen zwar einige Ansiedlungen an, doch konnten wir bis auf Sarchu Sarai, das erste Militärcamp, keine von ihnen ausmachen. Dafür dominieren auf den nächsten vierzig Kilometern die atemberaubenden Ansichten der ständig wechselnden Gesteinsformationen und -farben. Einzelne magere Grasbüschel unterbrechen das vorherrschende Braun dieser unbeschreiblichen Felsgebilde, durch das rote, blaue und graue Mineralien hindurchschimmern. Die tiefliegenden Wolkenschatten bilden eine weitere Facette dieses faszinierenden Farbschauspiels.

Bei Sarchu Sarai fließt der Yonam mit dem Lingti, dem Sarchu und dem Tsarap zusammen und bildet das breite Becken des Tsarap Chu. Hier formen die Terrassen oberhalb der Torfmoorebene ein Plateau von 250 Quadratkilometern. Auf dieser riesigen, von geborstenen Felsen besprenkelten Fläche kommt sich der einzelne Mensch wie ein nichtiges, bedeutungsloses Wesen vor. Wie bedrückend diese grandiose Natur für viele Menschen sein kann, erfuhren wir, als wir in Sarchu Sarai nach einem Nachtlager fragten. Unfreundliche und größtenteils betrunkene Soldaten machten sich einen Spaß daraus, unseren Fahrer mit der fehlenden Erlaubnis zur Beförderung von Touristen zu schikanieren, und verwiesen uns – obwohl sie in ihrem Lager noch genügend Platz hatten – in die zwanzig Kilometer entfernte Zeltsiedlung »Brandy Nala«. Zusammen mit der vom indischen Militär umbenannten »Whisky Bridge« in der Nähe des nächsten Passes ließ »Brandy Nala«, das den neuen Namen für die Ortschaft Gian darstellt, einiges über den Gemütszustand der hier stationierten Soldaten erfahren.

Wir rollten also weiter und stießen an der Grenze zum Bundesstaat Jammu und Kashmir bereits auf von Kashmiris geführte Unterkünfte. Ein geschäftstüchtiger Wirt antwortete uns, als wir nach dem Preis für eine Unterkunft fragten »You can give me what you want!« Auf unsere Preisvorstellung von 150 Rupien schlug er dann dreist weitere 100 auf, wofür wir dann zu viert eines der engen Zelte teilen durften. In Brandy Nala endete zum ersten Mal seit Keylong die Einsamkeit der Straße, auf der uns den ganzen Tag lang nur zwei Fahrzeuge entgegengekommen waren.

In uns erwachte der Plan, den mystischen Tso-Morari-See zu besuchen, der nach der Karte von hier aus zu erreichen sein sollte. Am Tso Morari hat der berühmte Lama Anagarika Govinda das Phänomen des »Trance-Schnellaufs« erfahren, als er einem drohenden Erdrutsch entgehen wollte. Nach den Beschreibungen Govindas muß der Tso Morari einen phantastischen Anblick bieten. Der abflußlose Salzsee liegt 4 636 Meter hoch auf absolutem Sperrgebiet und war über fünfzig Jahre nicht mehr zugänglich. An seinem Ufer steht das 1840 errichtete Kloster Kar-tsok, das den kulturellen Mittelpunkt der Chang-pa-Nomaden bildet. Bis zu drei Kilometer lange Mani-Mauern sollen den Weg zur heiligen Stätte säumen. Wir suchten unseren Wirt auf, der uns ins Militärlager begleitete, um den Kommandanten nach einer Besuchsmöglichkeit zu befragen, was mich mit Skepsis erfüllte, wußte ich doch von der verbotenen Lage des Sees. Doch der Kommandant entpuppte sich als höflicher, zuvorkommender, gebildeter Mann, der uns in feinem Oxford-Englisch nur sagen konnte, daß vom Camp höchstens ein Fußweg zum Tso Morari führe, keinesfalls aber eine befahrbare Straße. Seines Wissens gebe es eine Abzweigung bei Kilometerstein »Tanglang-la 36«, kurz vor dem letzten der vier Pässe nach Ladakh, die stets von Militärfahrzeugen benutzt werde, wenn am See Militärübungen abgehalten würden. Doch glaube er, daß der See für Besucher noch nicht freigegeben sei. Wir sollten vor unserer Etappe dorthin unbedingt erst in Leh eine Erlaubnis einholen, um Ärger vorzubeugen. Wir antworteten, daß wir dies »natürlich selbstverständlich tun würden«, froh über die genaue Ortsangabe der Abzweigung und entschlossen, unser Glück ohne Erlaubnis zu versuchen.

Am nächsten Morgen erwachten wir fröstelnd bei sechs Grad Celsius im Zelt. Die Außentemperatur betrug sogar nur ein Grad! Ich quälte mich höchst widerwillig aus meinem Schlafsack, wurde draußen aber durch den herrlichen Anblick der ersten Sonnenstrahlen auf den umliegenden Bergspitzen versöhnt. Zum Abschied bat mich unser Wirt, der sich als sehr hilfreich bei der Frage nach dem Tso Morari erwiesen hatte, noch um ein paar Socken. Sein einziges Paar sei durchgescheuert, und er habe schrecklich kalte Füße. Ich überließ ihm ein Paar, und zähneklappernd machten wir uns an die Eroberung des ersten Fünftausender-Passes der Route. Langsam mühte sich unser Jeep, der bis dahin wirklich erstaunlich gut durchgehalten hatte, die 21 Gata-Schleifen an einem steilen Bergrücken hinauf. Kurz vor der Ebene des namenlosen Passes, der zusammen mit dem nachfolgenden Lachulung-la auf 5 065 Metern einen Doppelpaß bildet, stießen wir auf Straßenarbeiten. Die Szene erinnerte ein wenig an die Sandmänner in dem Film »Star Wars«: dunkle kleine Gestalten mit braun-schwarzen Gesichtern, in schwarzen Kutten, die in Ruß und Qualm herumschlichen, mit der Besänftigung des Feuers beschäftigt waren, Pech auf die Erde kippten und ständig im Angesicht von Gift und Tod lebten. Überall im Himalaya sind diese meist aus Südindien stammenden Arbeiter anzutreffen, die ein schweres und trauriges Los haben. In der für sie ungewohnten Höhe verrichten diese Menschen, die oft nicht älter als zwölf Jahre sind, Schwerstarbeit. Meist ziehen sie mit ihren Familien hier herauf, die dann, wenn sie nicht selbst mitarbeiten, am Straßenrand sitzen und die Ausbezahlung des unerhört niedrigen, kaum zum Leben reichenden Lohnes erwarten.

Diese riesigen Brigaden von steineklopfenden und teerbereitenden Menschen sind meist nur mit einer Planierraupe ausgerüstet. Arbeitskräfte sind in Indien so billig, daß auf den Einsatz von

Der verfallene Karawanenweg nach Tibet

Maschinen weitgehend verzichtet wird. Andererseits findet auf diese Weise eine große Anzahl von Menschen überhaupt Arbeit, auch wenn sie unmenschlich und ausbeuterisch erscheint. Wegen der enormen Steigung verließen wir den Jeep und liefen die verbleibende Strecke bis zur Paßhöhe hinauf, ständig von den finsteren Blicken der »Sandmänner« fixiert. Hier oben fiel unser Blick auf eine faszinierende Landschaft von Steinbögen, die die Erosion hervorgebracht hat und an das Monument Valley in Arizona erinnert. Hinter ihnen zog sich ein alter, gefährlicher Karawanenweg, der in der unübersehbaren Weite des Changthang verschwand.

Welche Strapazen müssen die Nomaden einst auf ihren Wegen nach Tibet auf sich genommen haben, um Salz einzutauschen? Wieviel Mühe nimmt dieses stolze Volk immer noch auf sich – unabhängig, frei, nur sich selbst verantwortlich!

Überall in den Felsnischen hier auf 5 000 Metern Höhe blühte Edelweiß. In Rupshu erzählen sich die Nomaden ein Märchen, wie das erste Edelweiß vor langer Zeit auf die Erde gekommen war: »In den Bergen des großen Himalaya lebte einmal ein Prinz, der das Licht des Mondes über alles liebte. So war sein größter Wunsch eine Reise zum Mond. Sein Sehnen war so groß, daß sich sein Wunsch eines Tages erfüllte. Auf dem Mond entdeckte der Prinz, daß das Licht von der schönen Tochter des Mondkönigs kam. Bald verliebte er sich in sie und sie sich in ihn. Weil aber ihre Welten so verschieden waren, mußten sie sich trennen. Als Zeichen ihrer Liebe gab die Mondprinzessin dem Prinzen von der Erde eine der Blumen mit, die den Mond wie Schnee bedecken. So kam das erste Edelweiß auf die Erde.«

Die Piste ging wieder leicht bergab in ein breites, von grün-braunen Bergen eingerahmtes Becken, um dann zum zweiten Teil des Passes wieder anzusteigen. Nach 54 Kilometern seit Sarchu Sarai am höchsten Punkt angekommen, gab Somphal beim Gewahrwerden der Höhenangabe »5 065 Meter« auf: Er klagte über Kopfschmerzen, Ohnmachtsgefühle und Husten. Der Griff zur Reiseapotheke mit Kreislauf-, Kopfschmerz- und Erkältungsmitteln hatte wenig Erfolg. Mit der Höhe hatten wir durch die langsame Akklimatisation und den langen Zeitraum, den wir in Höhen bis 4 500 Metern zugebracht hatten, eigentlich bisher keine Probleme. Somphal erschien eher von der dreiwöchigen Fahrtzeit überanstrengt als höhenkrank. Da es keinen Sinn hatte, mit ihm zu diskutieren, ließen wir ihn auf der Rückbank ruhen, und Andreas übernahm das Steuer.

Der verborgene See

Hinter dem Lachulung-la ändert sich die Landschaft ein weiteres Mal. Durch eine gefährliche Schlucht erreicht man eine imposante Wüste, eingeleitet durch ein großes, freistehendes Felsentor, das der Wind mit den jahrhundertelang mitgeführten Sandmassen bizarr geformt hatte. Eine Eisenbrücke führt hier über einen Flußlauf, der drei Kilometer weiter an der Zeltsiedlung Pang in den Tonze Lungpa mündet. Doch zunächst fuhren wir an einer Reihe von Stalagmiten entlang, die wie eine unheimliche Ruinenlandschaft aussah und

Erosionstor bei Pang

unter einem unwirklich blauen Himmel lag. Die von dem vorgelagerten Paß abgeschirmte Hochebene, die sich bis Ladakh zieht, hat kaum Niederschlag und ist dementsprechend vegetationslos und öde.

In der zwanzig Verpflegungs- und Unterkunftszelte zählenden Siedlung Pang, die am Fuße eines von rosa- und blaufarbenen Felsen gekrönten Berges liegt, nahmen wir zusammen mit vielen anderen nach Leh reisenden Touristen unser Mittagessen ein. Der Troß an Bussen verlor sich zunehmend in der Weite der Landschaft, als wir die tiefe Sumskyal-Schlucht überquerten und die Moray-Ebenen erreichten.

Dieses riesige Hochplateau beginnt am Zusammenfluß von Tonze Lungpa und Sumkha Lungpa, der ein breites, von Stalagmiten und schneefeldbedeckten Gipfeln gesäumtes Flußbett bildet und von Tibet herkommt. Eine gerade Straße führt 54 Kilometer lang durch eine Ebene mit karger Grasnarbe, auf der Chang-pa-Nomaden in ihren schwarzen Zelten mit ihren Yaks, Pashmina-Ziegen und Chang-luk-Schafen lagern. Diese Volksgruppe hat es geschafft, sogar diesen Hochgebirgstälern, die für ihr trockenes Klima und für ihre Sandstürme berüchtigt sind, eine bescheidene Existenzgrundlage zu entlocken. Den Yak- und Schafherden bietet die Natur gerade noch genügend Gras als Futter. In strikter Routine wandern sie jährlich über die gleichen Hochweiden und richten die Länge ihrer Aufenthalte nach dem Futter- und Wasserangebot. Neben dem Vieh und dessen Produkten stellt die Salzgewinnung von den Ufern des Tso-Kar-Sees, der hier irgendwo in der Nähe sein mußte, eine weitere Einnahmequelle für die Chang-pas dar.

Bei Kilometerstein »Leh 124« sahen wir auf einmal eine ungeteerte Spur nach rechts in die Berge abbiegen. Dies mußte die Militärpiste sein, von der der Kommandant des Lagers erzählt hatte! Nach einigem Verhandeln mit dem immer unleidlicher werdenden Somphal, der um keinen Preis von der geteerten Straße abweichen wollte, setzten wir uns schließlich durch. Es begann eine faszinierende Wegstrecke, die uns einige der schönsten Erlebnisse der gesamten Reise bescherte.

Zunächst trafen wir auf eine Nomadenfamilie mit ihrer Herde, die oberhalb von uns in Richtung Ebene zog. Die Tibeter hielten an, als sie bemerkten, daß wir unser Fahrzeug verließen, um zu ihnen zu gelangen. Sie hockten sich abwartend vor ihre kleinen Pferde und erwiderten freundlich unser »Jullay«. Ein älterer Mann war zusammen mit seinem Sohn und dessen Frau unterwegs aus dem Changthang nach Leh, um Felle zu verkaufen. Die Chang-pas fragten uns nach unserer Herkunft und unserem Reiseziel, und Vicky übersetzte den dreien, die ein wenig Hindi verstanden. Doch den Weg zum Tso Morari konnten sie uns leider nicht sagen. »Kein Wunder, daß dieser See als mystisch bezeichnet wird«, dachte ich bei mir, »wenn noch nicht einmal der Weg zu ihm bekannt ist . . .« Stolz folgten die freien Menschen ihren Yaks und waren bald unseren Blicken entschwunden. Wir ließen die breite Schlucht hinter uns, und folgten dem Pfad am Berghang entlang, als Andreas uns mit dem Ausruf »Kyang« überraschte.

Tatsächlich stand am Berghang über uns ein hellbraunes Tier von der Größe eines Pferdes. Wir hatten einen der seltenen, äußerst

Chang-pa-Nomade

scheuen tibetischen Wildesel aufgespürt, deren Eigenart Lama Anagarika Govinda so beschreibt: »Sie sind Geschöpfe weiter Räume. In Gefangenschaft gehen sie ein, denn sie können den Verlust ihrer Freiheit nicht ertragen und weigern sich, Nahrung von Menschenhand anzunehmen. Aus diesem Grund versucht niemand, sie einzufangen oder zu zähmen, und ebensowenig werden sie um ihres Fleisches willen gejagt, denn das Töten von Tieren geht gegen die Sittengebote des Buddhismus . . . Es ist ein großartiger Anblick, solch eine Herde über die weiten, welligen Flächen des Hochlandes galoppieren zu sehen.«

Wie in einem Fieber entsprangen wir dem Jeep und gingen vorsichtig auf das Tier zu. Doch sosehr wir uns auch bemühten, ihm näher zu kommen – es behielt stets den gleichen, respektvollen Abstand zu uns bei. Als wir ein Stück weitergefahren waren und sich das Tal weitete, glänzte links vor uns eine große, blaue Fläche, in der sich die umliegenden Schneekappen der sanften, dunkelbraunen Berge spiegelten. Hatten wir etwa den ersehnten, mystischen See bereits gefunden? Das Gewässer wirkte mit den vereinzelt an seinen Ufern erbauten Chörten in der weiten Landschaft so riesenhaft, daß eine genaue Bestimmung seiner Größe schwerfiel. Jedoch eine Länge von fünfzig Kilometer und eine Breite von zehn Kilometer, mit denen der Tso Morari datiert wurde, besaß er mit Sicherheit nicht.

Weiße Salzkrusten am Ufer des in einem moorigen Marschland versickernden Wassers verrieten, daß es sich um den Salzsee Tso Kar, den »Weißen See«, handeln mußte. An seinem Nordende liegt das Dorf Pongunago. Vom Tso Kar waren es laut Karte noch ca. siebzig Kilometer bis nach Kar-tsok am Nordufer des Tso Morari, dessen Südspitze mit der Ortschaft Kyangdom nach Spiti hineinragt. Doch von der kartierten Piste östlich des Tso Kar war nirgends etwas zu entdecken. Nur Murmeltiere und Pfeifhasen lugten aus ihren Bauten im weichen Torf hervor, und große schwarze Raben folgten unserem Jeep, als wir das Seeufer absuchten. Wir entschieden uns, eine Siedlung in deren Richtung die Piste führte, aufzusuchen, um dort nach dem Weg zu fragen, als wir vor uns plötzlich eine ganze Familie von Kyangs wahrnahmen, bestehend aus drei ausgewachsenen Tieren und drei Fohlen.

Wir stiegen ein weiteres Mal aus dem Jeep und wollten uns wie auf einer Safari an sie heranpirschen. Doch auch diesmal verharrten die scheuen Tiere im gleichen Sicherheitsabstand wie ihr einzelgängerischer Kollege. Als wir schon aufgeben wollten und kehrtmachten, wurden wir von Hufgetrappel aufgeschreckt. Ich drehte mich um, und es bot sich mir der von Govinda beschriebene großartige Anblick: Majestätisch galoppierte die Herde über die weite, wellige Hochebene davon, umgeben von den schwarzen Hügeln, deren Gipfelschneefelder wie mit Zucker glasiert in der Sonne leuchteten. Das Hufgeräusch der Kyangs wurde abgelöst vom stürmischen Galopp zweier Reiter, die uns aus dem Dorf entgegenstoben. Wie angewurzelt blieb ich stehen, von der Großartigkeit des Anblicks völlig entrückt, als die beiden Tibeter kurz vor uns unter Aufbäumen ihrer Pferde zum Stehen kamen. Welche Unabhängigkeit, welche Freiheit, welcher Stolz, welche Größe lag in ihrer Erscheinung! Diese Menschen hatten wahrhaft den Wind der Sterne in den

Padmapani – »der Lotushalter« auf einer Thangka in Khardang

Typische Ortschaft in Lahaul

Monumentalstatue Padmasambhavas in Tayul

Der Suraj-Tal am Baralacha-la (4 883 m)

Der erste 5 000er-Paß

Tso Kar, der verborgene See

Das Tal des Tonze Lungpa

Die »Rutschenberge« in Ost-Ladakh

Ladakhi-Frau mit dem typischen Perak

Weit ist das Tal des Indus . . .

»Lho Gyalpo – Gesegnet seid ihr. Mögen die Götter siegen!«

Farbenfrohes »Ladakh Shanti Stupa Festival«

Ein seltenes Fotomotiv: Kyangs, die tibetischen Wildesel

Augen! Klar und direkt war ihr Blick, ohne geheuchelte Freundlichkeit, doch ehrlich und fast ritterlich, als sie uns die Richtung um den Tso Kar herum wiesen, die in einem halben Tag »so wie das Pferd läuft« zu unserem Ziel führen sollte. So schnell, wie sie aufgetaucht waren, verschwanden die beiden wieder in der Weite der Ebene und ließen uns leider ohne die Spur einer Piste zurück.

Der erste Versuch, den von den berittenen Tibetern gewiesenen Weg zu befahren, zeigte uns, daß wir in dieser Gegend mit unserer hochgelobten modernen Technik nicht allzuweit kommen würden. Er endete nämlich damit, daß unser Jeep nach zwanzig Metern im morastigen Untergrund steckenblieb. Wollten wir den See erreichen, würden wir wohl auf Pferde umsatteln müssen. Wir bekamen die in diesen Höhen häufig entstehenden technischen Probleme zu spüren, die u. a. darin bestehen, daß sich die Leistung von Motoren um die Hälfte des Normalen reduziert und durch den verminderten Luftdruck Störungen im Luft-Treibstoff-Gemisch auftreten.

Wir entschieden uns, zunächst den nahegelegenen Weiler Nye-

Am alten Bön-Kloster von Nyechung

chung aufzusuchen, mit seinem kleinen, sehr alt wirkenden Bön-Kloster, umgeben von einer Mauer aufgeschichteter Manisteine und Tierschädel, um dort für die Nacht zu bleiben. In diesem archaisch anmutenden Dorf hatten wir das Gefühl, ins Pin Valley zurückversetzt zu sein, so verschlagen wirkten hier die wenigen Menschen, die ziemlich auffällig nach unserem Gepäck schielten. In Nyechung kam aber leider hinzu, daß jeder dieser von der Zivilisation weit entfernt lebenden Menschen ganz offen einen großen chinesischen Dolch an seinem Gürtel trug! Wir waren nicht gerade erpicht, zu erfahren, ob diese Menschen ihre Waffen nur gegen Wölfe und Schneeleoparden oder auch gegen Reisende einsetzen würden, und das zunehmende Drängen der Bevölkerung, doch die Nacht in ihrem Dorf zu verbringen, ließ uns bald das Weite suchen. Wir zogen es vor, unser Nachtlager in der ruhigen Umgebung des Sees aufzuschlagen.

Das rote Ladakh

Am nächsten Morgen erwachte ich vor Kälte bereits mit Sonnenaufgang, der die Ebene und den See in ein kaltes gelbes Licht tauchte. Widerwillig schlüpfte ich aus meinem Schlafsack und ging in Richtung See. An einem kleinen, Tsa-tsa-gefüllten Chörten floß ein Rinnsal entlang, in dessen klarem Süßwasser ich mich wusch. Als ich zum Camp zurückkam, waren die anderen ebenfalls bereits auf, und wir beratschlagten das weitere Vorgehen. Unser Wunsch war es, den Tso Morari zu finden. Doch leider gab es einige Gründe, die gegen dieses Vorhaben sprachen: Wir hatten nur eine vage Vorstellung, wo sich der See befinden mußte, mit dem Jeep war die Fahrt riskant, unser Treibstoff war knapp bemessen, und es war ungewiß, ob er für eine Fahrt, über deren Länge wir nur Vermutungen anstellen konnten, ausreichen würde. Pferde waren nicht zu bekommen, die Menschen waren nicht sehr vertrauenerweckend, und zu guter Letzt meuterte Somphal beständig gegen unser Vorhaben.

Schweren Herzens ließen wir daher von einem Versuch, den mystischen See zu finden, ab. Die Richtigkeit unserer Entscheidung wurde durch das totale Versagen des Jeeps bestätigt! Durch die nächtliche Kälte waren die erwähnten Störungen im Luft-Treibstoff-Gemisch aufgetreten: Der Motor zog keinen Kraftstoff mehr. Die Notwendigkeit des Vorglühens und die vielen Startversuche ließen die schwache Batterie schnell ermüden, und neben dem Problem des fehlenden Saugdrucks entstand die Gefahr, den Wagen überhaupt nicht mehr starten zu können. Wir versuchten, den Jeep das Gefälle hinab anzuschieben, fanden uns aber alle bald völlig außer Atem in der Ebene wieder mit stillstehendem Jeep. Damit war die Chance, weiter anzuschieben, endgültig vertan. Immer mehr breitete sich Mißmut und sogar ein wenig Angst aus, denn vom Tso Kar waren es über fünfzehn Kilometer zurück zur Straße, die recht wenig frequentiert war. Unsere einzige Möglichkeit war, den Motor wieder zum Ansaugen von Treibstoff zu bekommen. Und hierin zeigte sich der Vorteil eines Dieseljeeps, der über eine manuell zugängliche Kraftstoffpumpe verfügt. Andreas und ich pumpten abwechselnd, während Somphal den Tränen nahe war. Anfangs spürten wir überhaupt keinen Druck, und nach zehn Minuten Pumpens dachten wir, es sei vielleicht ein Zuleitungsschlauch verstopft oder abgerissen. Doch die Untersuchung der Leitungen ergab keinen Hinweis. Endlich fühlte Andreas, wie der Druck langam wieder einsetzte. Wir wechselten, und nach einer Weile lief mir aus der Pumpe austretendes Dieselöl über die Finger. Noch nie habe ich mich über stinkenden Treibstoff an meinen Fingern so gefreut. Somphal drehte den Zündschlüssel im Schloß, der Motor heulte auf – nichts! Er probierte weiter, die Batterie wurde immer schwächer, und auf einmal überkam uns alle wie eine gemeinsam verspürte Panik das Bedürfnis, den Wagen anzuschreien, anzufeuern, all unsere Gedanken und unsere Kraft auf den Jeep zu konzentrieren. Doch schließlich sprang der Mahindra mit einer großen, dunklen Rußwolke tatsächlich an! Von der Angst befreit, jubelten wir und umarmten uns immer wieder. So schnell wir konnten, fuhren wir zurück in Richtung Straße, wissend, daß wir mit dem Verzicht auf den Tso Morari in dieser Situation die richtige Entscheidung getroffen hatten.

Wohlbehalten erreichten wir die Straße. Nun waren es noch 26 Kilometer bis zur Spitze des höchsten der vier Pässe auf dem Weg nach Leh. Die Anfahrt dieses Passes ist nicht schwierig, denn die Straße überwindet fast schnurgerade die verbleibenden 500 Höhenmeter Der höchste, zur Zeit befahrbare Paß der Erde umrundet auf 5 360 Metern eine Bergkuppe. Auf seinem schmalen Grat sieht man rückblickend ganz Rupshu und vor sich die Berge Zentral-Ladakhs. Die Sicht war so klar, daß man das Gefühl hatte, bis zu den vereisten Achttausendern des benachbarten Karakorum im heutigen Pakistan blicken zu können. Umgeben ist die Paßebene von schneebedeckten Sechstausendern, und die tibetische Bevölkerung hat riesige Mengen Gebetsfahnen mit langen Leinen an Obos, kultischen Steinhaufen zur Besänftigung der Naturgewalten, angebracht. Die Inder haben ihrerseits einen kleinen Schrein zur Verehrung Shivas errichtet, an dem sämtliche Lastwagen- und Busfahrer beten. Sie sind so stolz auf ihre wirklich großartige Straßenbauleistung, daß sie jedem Reisenden in einer kleinen Hütte kostenlos Tee ausschenken.

Wir verweilten eine Zeitlang auf dem Paß und begannen dann den

Tanglang-la (5 360 m) – der derzeit höchste Paß der Erde

serpentinenreichen Abstieg ins Tal des Kyanmar Lungpa. Nach 21 Kilometern erreicht man die erste Zeltsiedlung namens Rumtse auf 4 420 Metern, wo wir unser frühes Mittagessen einnahmen und den alten Ladakhis in traditionellen *Chuba*-Mänteln beim tibetischen Würfelspiel zusahen. Ab Rumtse wird die Landschaft phantastisch schön. Die Berge leuchten in den unglaublichsten Farben: in reinem Türkis und Purpurrot! Der unbekannte Osten Ladakhs ist wahrlich rot. Doch auch die Gesteinsformen hier sind unfaßbar. Ab Gya wirken die durch Auffaltung entstandenen Berge wie purpurrote Rutschbahnen. Die Bergkämme ziehen sich bis ins Tal und bilden die Kanten der einzelnen Rutschen. Das Phänomen erklärt sich daraus, daß die Gesteinskerne aus hartem Sand- und Konglomeratgestein (Jaspis, Granit und Quarz) bestehen. Um die Kerne ist weicherer Schiefer angeordnet, der frühzeitiger zerfällt. Das Kerngestein tritt zutage und formt so die »Rutschenkanten«. Zu Hunderten reihen sich diese Berge aneinander und ergeben zusammen mit den grünen, vom schlammigen Gya Chu bewässerten Weiden und dem stahlblauen Himmel ein herrliches Farbenspiel.

Von Gya ab befindet man sich auf dem Boden der tibetischen Hochkultur. Ladakh war immer das reichste und mächtigste der vielen Königreiche im westlichen Himalaya, und davon zeugen heute noch die großartigen Bauwerke, wie die riesigen Klosteranlagen, die den Indus säumen. Auch der Chörtenkult ist nirgends so großartig entwickelt wie in Ladakh. Hier müssen Millionen dieser weißen symbolischen Reliquienschreine zu Ehren Buddhas stehen.

Die ersten monumentalen Riesenchörten begegnen dem auf dem Manali-Leh-Highway anreisenden Besucher bei Gya, wo lange Reihen von bis zu fünfzehn Meter hohen Stupas an noch längeren Mani-Mauern den Weg zum Dorfeingang weisen. Ihr Weiß und das Weiß der gekalkten ladakhischen Häuser vollenden das herrliche Gemälde, das vom Purpur der Berge mit dem Grün der Weiden und dem Blau des Himmels gemalt wird. Gya hatte noch um die Jahrhundertwende einen eigenen König. Seine Macht erlosch aber bereits während der Sikh-Invasion 1834. Ein sehr interessanter Ort ist Rong, das nächste Dorf an der Route nach Leh. Rong ist in eine Felsnische gebaut und verfügt über ein altes Kloster, das äußerlich sehr dem Baustil Alchis oder auch dem kleinen Kloster in Nyechung ähnelt. Unter Weiden und Pappeln saß die durchweg traditionell gekleidete Bevölkerung in der Sonne. Man merkte, daß hier die Touristen auf ihrem Weg nach Leh nur durchfahren und nicht Station machen, denn die Menschen schienen vom Einfluß Fremder unberührt. Der nächste Ort an der Strecke ist Miru. Mirus Kloster hatte im sechzehnten Jahrhundert große Bedeutung, bevor Ladakhs größtes Kloster, Hemis Gompa, erbaut wurde. So stammen die meisten in Hemis zu sehenden Kunstschätze ursprünglich aus Miru.

Gya, Rong und Miru sind absolut lohnenswerte Ziele, bevor man Upshi erreicht. Der große Polizei-Checkposten kontrolliert die Wege von und nach Ladakh und vor allem ins östliche Sperrgebiet Rupshu, wo die Straße dem Lauf des Indus in Richtung Tibet folgt. Hinweisschilder mit den Orten Hanle, erster Ort und bedeutendes

Druk-pa-Kloster hinter der tibetischen Grenze, Lake Tso Morari, Lake Pangong Tso und Aksai Chin – mittlerweile unter chinesischer Hoheit – riefen einiges Fernweh in mir hervor und ließen mich auf eine zunehmende Verständigung zwischen Indien und China hoffen, damit diese Gebiete einmal auch Besuchern zugänglich werden. In Upshi muß man dreißig Rupien Mautgebühr für die Benutzung der Straße bis Leh zahlen. Dann beginnt das breite Industal mit seiner berühmten von Zanskar und Ladakh Range eingerahmten Landschaft. Nur ein schmaler Streifen links und rechts des Indus ist grün, wo mittels künstlicher Bewässerung Gerste und andere Feldfrüchte angebaut werden können. Überall stehen Pappeln und Weiden in leuchtendem Grün und unterstreichen den unverwechselbaren, faszinierenden Landschaftseindruck, der gerade von diesem Wechsel aus fruchtbaren Oasen und dahinterliegender brauner, karger und toter Gesteinswelt lebt. Teilweise außerhalb des Vegetationsgürtels liegen die großen Klosterburgen Ladakhs wie Matho, Thikse, Stakna, Shey und Stok, die wegen der klaren Luft fast sämtlich vom ersten großen Ort – Karu – aus zu sehen sind. Hier führt eine Straße über den Indus nach Hemis, ebenso wie in ein nördliches Seitental mit den drei großen Klöstern Chemre, Shakti und Trathok.

Wir nahmen den Weg Richtung Leh und kamen bald zur riesigen Klosterburg Thikse mit ihren roten und gelben Heiligtümern und den vielen Mönchszellen, die an dem monolithartigen Berg geradezu kleben. Geshe Sonam Angrup aus Lossar in Spiti hatte mir für seinen Freund Tulku Lobsang Tshemba einen Brief mitgegeben, der bescheidene zwei Rupien enthielt, die ich mittlerweile auf zehn ergänzt hatte, und ich wollte diesen Obulus unbedingt überbringen. Wir stiegen den steilen Felsen hinauf, vorbei an einem Schrein mit sämtlichen acht verschiedenen Chörtenformen, die symbolisch verschiedene Ereignisse aus dem Leben Buddha Shakyamunis wiedergeben. Nach einer schweißtreibenden Wanderung gelangten wir auf den langgestreckten Klosterhof, eingerahmt von den Heiligtümern Thikses, dem Maitreyatempel, dem Du-Khang, dem Gon-Khang und den Wohnräumen des Abtes.

Zunächst ließen wir uns von ein paar Novizen den Weg zur Zelle

Lobsang Tshembas zeigen, der auch tatsächlich zu Hause war. Er freute sich sehr über unseren Besuch und die Nachricht seines weit entfernten Freundes. Nach tibetischer Tradition bot er uns sofort an, zu bleiben, und bewirtete uns vorzüglich mit gesüßtem Buttertee und einem Reis-Spinat-Curry. Wir sahen ihn während unseres Aufenthalts kaum, so sehr war er beschäftigt, seinen Gästen den Besuch angenehm zu gestalten. Nach einer Weile betrat ein alter, ehrwürdiger Lama das Dach seiner Zelle, auf dem auch wir saßen. Lobsang Tshemba erklärte unseren Besuch, und der Lama nahm neben uns Platz. Er gewahrte die Anstecknadeln an Andreas' Hut, die er von seinen Tibetreisen mitgebracht hatte und die Motive Lhasas und Tashilhunpos zeigten. Der Lama bat Andreas, ihm seinen Hut zu zeigen. Es war ein herzzerreißender Anblick, die Augen dieses Mannes sich mit Tränen füllen zu sehen, als er sein ehemaliges Heimatkloster erkannte. Er mußte vor vierzig Jahren wie Lobsang Tshemba und Sonam Angrup vor den Chinesen und der Kulturrevolution fliehen, die 3 000 Klöstern in Tibet die Zerstörung gebracht hat. Seither war er nicht mehr in seiner Heimat gewesen, und unsagbare Sehnsucht erfüllte sein Herz. Der Lama wollte uns seine Trauer nicht spüren lassen und zog sich in die dunkle Klause seines Freundes zurück, wo er begann, mit einer großen Handgebetsmühle Gebete zu rezitieren. Lobsang erschien, und auch ihn bewegte der Anblick der Anstecknadel sichtlich. Andreas erzählte ihm von seinem Besuch in Tashilhunpo sowie vom Anblick der Mumie des Panchen Lama, die dort in Ehren gehalten wird. Er schenkte ihm zum Trost ein Bild von Drigung Chetsang, eines großen Rinpoche und Herrn des Klosters Phyang. Unter Dank verabschiedeten wir uns von den beiden, um ihr Gemüt nicht noch weiter aufzuwühlen.

Buddhas Berg

Durch das breite Industal rollten wir – mittlerweile wieder mit Somphal am Steuer – nach Leh, der Hauptstadt Ladakhs. Vorbei an der tibetischen Flüchtlingssiedlung Choglamsar erreichten wir die pulsierende Metropole mit ihrem Königspalast, der die kontemplative Einsamkeit unserer Reise nun beendete. Dennoch war es wohltuend, nach über vier Wochen Wildnis und spartanischer Verpflegung wieder einmal die Vorzüge der Zivilisation genießen zu können. Wir bekamen im »Hotel Dreamland« ein wahrhaft traumhaftes Zimmer mit Ausblick über die Gerstenfelder zu den schneebedeckten Gipfeln der Zanskar Range hin. Eine heiße Dusche und eine Rasur für fünf Rupien beim Barbier um die Ecke ließen uns wieder zu Menschen werden.

Leh hat sich in den letzten fünfzehn Jahren in eine ähnliche Richtung wie Kathmandu entwickelt. Es gibt Unterkünfte en masse, jegliche Art von Restaurants, von österreichischen Mehlspeisen-Spezialitäten über westliches »Traveller-Food« bis zur indischen, chinesischen und tibetischen Küche. Junge Rucksackreisende bevölkern und kaschmirische Händler prägen hier das Stadtbild. Doch muß man sagen, daß die eigentlichen Einwohner Lehs immer noch erstaunlich unvereinnahmt vom Massentourismus sind. Die Bewohner Ladakhs sind wie viele andere asiatische Volksgruppen mit einer starken Glaubenstradition (z. B. die Balinesen) noch ausgesprochen stark in Herkunft, Religion und Mentalität verwurzelt. Wahrscheinlich würden sie sich kaum auf den Tourismus konzentrieren, wenn sie das einzige Volk im eigenen Lande wären. Dies zeigt z. B. ihre Verordnung, daß keine religiösen Statuen und Thangkas verkauft werden dürfen. Die vielen Souvenir- und Antik-Shops sind größtenteils in den Händen der Kashmiris. Die Ladakhis führen Läden mit Gebrauchsgegenständen für den eigenen Bedarf oder Lebensmittelgeschäfte. Es ist wesentlich lohnenswerter, in diesen Läden herumzustöbern als in den mit meist schlechter Ware überteuerten Kashmiri-Geschäften. Gebrauchsgegenstände heißt im ladakhischen Leben nämlich auch und vor allem religiöse Objekte: Gebetsmühlen, Gebetsfahnen, Türvorhänge, *Katas* – die seidenen Zeremonienschals, Opferschalen, Räucherwerk aus Wacholder, Chubas, Brokatgewänder, Schuhe und vieles mehr. Hier sind auch die Preise noch äußerst annehmbar, obwohl Touristen mit Sicherheit etwas mehr bezahlen werden als Einheimische.

Unsere Zeit mit Vicky und Somphal, die am nächsten Tag via Tanglang-la, Keylong und Manali zurück nach Simla fahren wollten, neigte sich immer mehr dem Ende entgegen. Eine gedrückte, traurige Stimmung machte sich in unserem Hotelzimmer breit, als wir den beiden die verbleibende Hälfte des Tourpreises ausbezahlten. Wir gaben ihnen zwar ein nicht zu verachtendes Trinkgeld und doch beschämte uns Vicky, der bei der ganzen Reise am wenigsten verdient hatte: Er ließ es sich nämlich nicht nehmen, uns alle zum Abschied zum Essen in ein gutes Restaurant einzuladen. Auch unsere Versuche, zu bezahlen, als der Kellner die Rechnung brachte, lehnte er ab. Vicky demonstrierte uns zum Schluß noch einen der wunderbaren Charakterzüge der Inder, der da lautet: Es ist immer der Ärmste, der am großzügigsten gibt.

Als wir uns verabschiedeten, standen uns allen die Tränen in den Augen. Somphal umarmte mich und sagte traurig: »I'm sorry!« Wie konnte ich ihm da noch böse sein ob der vielen Schwierigkeiten, die wir mit ihm gehabt hatten! Durch die vielen gemeinsam erlebten Ereignisse, die zusammen durchgestandenen Abenteuer und die lange auf engstem Raum verbrachte Zeit war aus dem Touristen-Service-Verhältnis, das wir ganz zu Anfang unserer Reise hatten, Freundschaft geworden, eine Freundschaft, die zwischen Vicky und mir noch heute besteht. Ein letzter Blick auf den Tachostand ergab, daß wir gemeinsam 1 885 km zurückgelegt hatten. Im Halbschlaf bekam ich am nächsten Morgen um vier Uhr früh noch mit, daß die beiden abfuhren, dann blieben uns nur noch die Erinnerungen an die gemeinsam durchlebte Zeit.

Unseren nächsten Tag in Leh nutzten wir zur Entspannung auf dem herrlichen sonnenbeschienenen Balkon, zur Vervollständigung der Tagebuchaufzeichnungen, zum Ordnen des Gepäcks, für kulinarische Genüsse und zur Organisation des Rückflugs. Wie nicht anders erwartet, hatte Indian Airlines die Flüge hoffnungslos überbucht. Nur Glück würde uns bei Wartelistennummern 181 und 269 die Möglichkeit des Mitkommens bescheren.

Im Ort fielen uns die zahlreichen Plakate auf, die am Mittag am »Ladakh Shanti Stupa« einen großen Gottesdienst zu Ehren Buddhas ankündigten. »Ladakh Shanti Stupa« liegt oberhalb Lehs, westlich des Bergrückens, auf dem im siebzehnten Jahrhundert Sengge Namgyal den festungsähnlichen Königspalast erbauen ließ. Dieser monumentale Bau, der den Buddha symbolisiert, ist der neunzigste Stupa, der auf Initiative des großen japanischen Heiligen Fuji-Guru errichtet wurde. Fuji-Guru wurde 1885 geboren und war eine Wiedergeburt des Bodhisattwa Nichirin, der von 1222 bis 1282 in Japan lebte. Nach seiner Schulbildung entschied sich Fuji-Guru, Mönch zu werden, und studierte alle buddhistischen Traditionen Japans. Anschließend widmete er sein Leben der Errichtung von Stupas in der ganzen Welt als seinen persönlichen Beitrag zum Weltfrieden. Die Erbauung von Stupas als Symbol Buddhas und seiner Lehre kann durchaus als ein solcher Beitrag gewertet werden, betrachtet man die friedlichen Inhalte der buddhistischen Lehre, nach der auch der Dalai Lama immer noch seine gewaltfreie Tibet-Politik betreibt, obwohl sein Volk seit vierzig Jahren die chinesische Besatzung erdulden muß. Die Tatsache, daß der Buddhismus aus der Zeit seiner Mission keinen einzigen gewaltsam Umgekommenen nennen kann, unterstreicht noch zusätzlich den Friedensgedanken, an den die Stupas auf der ganzen Welt gemahnen. Fuji-Guru schrieb bedeutende Bücher über den Buddhismus und reiste als Demonstration des Friedens zu Fuß rezitierend durch die ganze Welt. An vielen Orten gründete er *Dharma*-Zentren, Stätten der Lehre. 1985 starb der Heilige. Die Erbauung des großen Friedensstupas in Changspa ist ihm zu verdanken. Die Auswahl des Ortes und die Weihung des Bauplatzes führte Fuji-Guru noch selbst durch. Der Grundstein wurde am 25. 8. 1985 im Beisein des Dalai Lama gelegt, der eine wertvolle Reliquie im Fundament des Stupas verankerte. Das Friedensmonument wurde mit Hilfe der ladakhischen Bevölkerung errichtet und am 25. 8. 1991, genau sechs Jahre nach Baubeginn, eingeweiht. Heute wird es vom japanischen Myohoyi-Zentrum in Leh durch einen ordinierten Abt und einige Nonnen betreut.

Für diesen Tag hatte das Zentrum die Jahresfeier des Shanti Stupa angesetzt, und auch wir wanderten durch die sonnenbeschienenen Gerstenfelder nach Changspa. Erhaben lag der leuchtend weiße Stupa auf dem kargen, braunen Berg. Mehrere hundert steile Stufen führen zum Heiligtum, das bei unserer Ankunft schon von einer großen Menge von Gläubigen bevölkert wurde. Die Menschen waren in ihren schönsten Festtrachten gekommen, von denen vor allem bei den Frauen die *Peraks* imponierten. Diese Kopfbedeckungen bestehen aus einem breiten roten Lederband, das am Kopf befestigt wird, vorne etwas in die Stirn ragt und hinten auf den Rücken fällt. Es ist mit unzähligen Türkisen besetzt, die schönsten und größten umgeben am vorderen Kopfteil weitere Ga'u. Zwei Längsstreifen mit Korallen zieren den hinteren Teil des Perak, zu dem außerdem noch zwei abstehende Klappen aus schwarzem Schaffell gehören, die hinter den Ohren mit einem elegant verzierten Haken und mehreren Kettchen aus Silber befestigt werden. Der von Generation zu Generation weitervererbte Perak ist das Zeichen für den Wohlstand einer ladakhischen Familie. Neben dem Perak trugen viele Frauen auch den hohen, mit Silberstickereien verzierten Samtzylinder in Weinrot, Dunkelgrün, Blau oder Schwarz. Diese Hüte wurden auch von vielen Männern getragen, dann aber in gedeckteren Farben wie Braun, Grau oder Schwarz. Ihre Bekleidung war die traditionelle Ladakhi-Chuba, ein natur- oder weinrotfarbener Wollmantel. Geschlossen wird der Mantel mittels eines bunten Gürtels. Zur Festtracht wird darüber noch ein breiteres Band aus weiß roter Naturseide getragen, das die Männer bei Tänzen als Schärpe benutzen. Das traditionelle Schuhwerk für Männer und Frauen besteht aus Filzstiefeln oder -mokassins mit gewendetem Ziegenleder als Sohle.

Zunehmend füllte sich die Anlage, und wir wußten nicht, wohin wir zuerst schauen sollten, so farbenprächtig waren die Roben der Festteilnehmer, die mit ihren gesamten Familienmitgliedern gekommen waren. Eine Gruppe geschmückter Frauen kam mit Opfergaben wie silbernen blumengefüllten Vasen, und nahm die erste

Reihe der Zuschauerplätze ein. Wie stets vor einem heiligen Ritual umrundeten die Menschen zuerst betend den Stupa, um daraufhin die Treppen zu den beiden weiteren Ebenen des Heiligtums zu erklimmen. Für die Tibeter, die ihr ganzes Dasein als Kreis empfinden, bedeutet dies die symbolische Annäherung an das eigene Selbst, die Nähe zum Sanctum ist für sie gleichbedeutend mit der fortschreitenden Entfaltung der eigenen Buddhanatur. In tiefer Demut berührten sie mit der Stirn die Buddhastatuen und die Reliefs, die Szenen aus dem Leben Shakyamunis zeigen. In den höheren Ebenen stellen die Bilder die Erleuchtung und die Predigten des historischen Buddha dar.

Der Platz vor dem dreißig Meter hohen Bauwerk war mit bunten Fähnchen geschmückt; an den Außenrändern hingen japanische Gebetsfahnen in den fünf Farben des Buddhismus. Lange rote Teppichläufer waren vor einem Altar ausgelegt, auf dem Blumen, Statuen Buddhas und ein Abbild Fuji-Gurus standen. Auf den Teppichbahnen rechts des Altars nahm eine große Anzahl tibetischer Mönche aus dem Kloster Sankar Platz. Den Tibetern gegenüber setzte sich der japanische Abt zusammen mit zwei Nonnen und weiteren Japanern, die wohl die Leitung des Zentrums innehaben. Die kahlgeschorenen Geistlichen machten in ihren weißen Roben mit den darüber getragenen safrangelben Umhängen den Eindruck äußerster geistiger Konzentration und spiritueller Würde.

Als erstes begannen die tibetischen Mönche mit ihrem Gottesdienst, bei dem sämtliche mitgebrachten Ritualgegenstände und Musikinstrumente zum Einsatz kamen. Ich hatte auf der Reise zunehmend ein Gefühl für die Form und die Abfolge der Litaneien bekommen, obwohl ich natürlich kein Wort verstand. Der Einsatz der Schalmeien, Becken und Trommeln ließ mich merken, daß gewisse Gebete mehrfach von den Mönchen wiederholt wurden. Diese Wiederholungen sind im tibetischen Buddhismus verdienstbringend, und es gibt eine ausgeprägte Zahlenmystik, die gewissen Zahlen wie drei, sieben, neun oder 108 einen besonderen Wert beimißt. In der Menge der in sich vertieft betenden Lamas fiel mir ein kleiner, braungekleideter und kahlgeschorener Junge auf, der ernst und konzentriert die Rituale verfolgte. Ein älterer Mönch gab liebevoll auf ihn acht, und ich vermute, daß es sich um den wiedergeborenen Abt des Klosters Sankar handelt, ein vierjähriger Junge in den traditionellen, braunen Gewändern der kleinen Rinpoches, die kurz vor ihrer Inthronisation stehen.

Nach einer reichlichen Stunde nickte der Zeremonienmeister dem japanischen Abt zu, der sich daraufhin erhob und sich in die Mitte des Platzes an ein kleines Tischchen vor dem Altar setzte. Der Zeremonienmeister der Lamas wechselte mit einer japanischen Nonne den Platz, und die zweite Nonne setzte sich zur Linken des Abtes. In der japanischen Tradition des esoterischen Buddhismus begann der Abt mit tiefer Stimme ein Gebet anzustimmen. Begleitet wurde er von der rechts sitzenden Nonne, die rhythmisch auf einen großen roten Tempelblock und eine auf beiden Seiten bespannte ovale Koto-Trommel schlug. Zwischendurch ergriff sie die bereitliegenden kupferfarbenen Becken mit der großen Kuppel und spielte auf ihnen mit großer Eleganz. Der Abt und die musizierende Nonne wechselten sich in ihren Gebeten und Anrufungen ab, auch Phasen des stillen Gebets und der Meditation waren in der Puja enthalten, bis sich der Höhepunkt des japanischen Gottesdienstes, die Segnung der Gemeinde, anbahnte. Dazu erhob sich der Abt erneut, nahm in seine linke Hand zwei silberne Zimbeln, die einen stechend hohen Klang erzeugten. In seiner Rechten hielt er buntes Seidenpapier in Form von Lotosblüten, das er unter laut vorgetragenen Gebeten in die Höhe hielt und mit einem Zimbelschlag in die Luft warf. Nach der dreimaligen Wiederholung dieses Vorgangs war der Ort gesegnet, und es folgte das wunderschöne Ritual der Segnung der Gemeinde.

Dazu regneten Mengen der bunten Seiden-Lotosblüten von der Spitze des Stupas auf die versammelten Menschen. Der tiefblaue Himmel war bald erfüllt von den langsam niedersegelnden bunten Papierblättchen, die der Wind sogar bis nach Leh trug. Welch ein herrlicher Anblick es war, diese Farbenvielfalt in der klaren Luft vom weißen Stupa herab zu den braunen Bergen wehen zu sehen! Wie Wallfahrtsreliquien sammelten die Gläubigen die Blätter auf und nahmen sie mit nach Hause, wo sie die Hausaltäre zieren

Gebete am Shanti Stupa

Die Segnung des Platzes

werden. Damit war die »ökumenische« Puja beendet, und es begann der weltliche Teil des Festes. Zunächst verteilten die Mönche Buttertee und belegte Chapatis an die Gläubigen, und danach begannen die Tänze. Die Tänze und Gesänge erinnerten mich stark an die Aufführungen in Lossar. Doch wurde die Musik hier noch von großen Messingtrommeln mit aufgezogenem Ziegenleder und Schalmeien erzeugt, vorgetragen von den Bheda-Musikanten, einer in der ladakhischen Gesellschaft äußerst schlecht gestellten Klasse. Die Männer entrollten ihre Seidenschärpen und nahmen vor den Frauen Aufstellung. Mit langsamen und äußerst grazilen Bewegungen begannen die Gruppentänze, begleitet vom Gesang der Tänzerinnen und der Musik der Bhedas.

Doch unsere Zeit war gekommen: Andreas und ich schauten uns an und wußten, daß wir nicht länger bleiben konnten. Auf uns wartete im Hotel eine Unmasse an Gepäck, die für den morgigen Flug verstaut werden mußte. Indian Airlines hatte eine Sondermaschine nach Leh geschickt, und die Chancen dafür, einen Platz zu bekommen, standen gut. Ohne ein Wort auszutauschen, blickten wir ein letztes Mal auf die Tausende von bunten Fahnen, die im Abendlicht von den Bergen Lehs ihre unendlichen Gebete übers Land sandten. Es hätte keinen schöneren Abschluß unserer Reise geben können. »Lho Gyalpo«, dachte ich bei mir, »die Götter werden siegen . . .«, und begann meinen Abstieg ins Tal.

Die beiden Reisenden mit einem tibetischen Lama in Ladakh

Die Religionen Indiens und Tibets

Der Hinduismus

Im unteren Teil Kinnaurs, dem südlichen Zugang zum Westhimalaya, herrscht der Hinduismus vor. Diese Religion, der etwa achtzig Prozent der indischen Bevölkerung angehören, entstand im zweiten vorchristlichen Jahrtausend, als die Arier mit der Induskultur in Berührung kamen. In drei Etappen von je fünfhundert Jahren eroberten die Arier Indien, in denen sich ihr Weltbild zunehmend festigte und seine gesellschaftliche Ausprägung erfuhr. In dieser Zeit entstanden die Veden, die »Schriften des religiösen, theologischen Wissens«. Der heutige Hinduismus besitzt eine Reihe heiliger Bücher, deren Umfang den der Bibel um das Sechsfache übersteigt. Zu ihnen gehören die Bhagavad-Gita, die indischen Nationalepen Mahabharata und Ramayana sowie die Veden, die Upanishaden und die Puranas.

Ihre Gemeinsamkeit besteht in der Vorstellung, daß jeder Hindu eine Reihe von Wiedergeburten, Reinkarnationen, durchwandern muß, die irgendwann einmal zur endgültigen Erlösung (Moksha) führen. Erst durch einen Zyklus von Wiedergeburten, dessen Häufigkeit sich nach den Taten im Leben des Gläubigen richtet (Karma), wird die Erlösung früher oder später eintreten. Entscheidender Faktor dieses Kreislaufes ist das Karma, die Summe der guten und bösen Taten des Menschen, die schicksalbestimmend im gegenwärtigen Leben und für zukünftige Geburten ist. Schlechte Taten führen zu einer Wiedergeburt auf einer niedrigeren Stufe, weiter entfernt vom Ziel der Erlösung, verbunden mit einer höheren Anzahl von Wiedergeburten. Gute Taten führen zu einer besseren Wiedergeburt und verkürzen den Weg zur Moksha.

Von weiterer Bedeutung für die Wiedergeburt ist auch die Befolgung des Dharma, der allumfassenden Weltgesetze, der in der Religion begründeten sittlichen Gebote, vor allem der Pflichten. Die Dharmas prägen das soziale Verhalten sowie das ethische und geistige Verhalten eines jeden Hindu sein Leben lang.

Es gibt drei Kategorien des Dharma: die Übereinstimmung mit der Ewigkeit, die das ganze Universum mit einbezieht; das Dharma, welches die Kasten selbst sowie die Beziehungen der Kasten untereinander regelt und schließlich den moralischen Kodex eines jeden einzelnen, den er sein Leben lang befolgen sollte. Das Kastenwesen wurde als Gesellschaftssystem höchstwahrscheinlich schon von den Priestern der Indus-Kultur geschaffen, um die eigene Machtposition und Sonderstellung zu untermauern. Die Arier, die sich den einheimischen, präarischen Indern übergeordnet fühlten, weiteten später dieses System über ganz Indien aus.

Im Laufe der Zeit bildeten sich vier Klassen von Kasten heraus. An der Spitze des Systems rangiert die Kaste der *Brahmanas*, zu denen die Priester gehören. In ihren Händen liegt richterliche Macht in Fragen der Religion und der Kasten. Sie sind die einzigen, denen das Recht zukommt, die komplizierten Rituale, die zur Besänftigung der Götter notwendig sind, zu erlernen und auszuüben. In der Kaste darunter finden sich die Kshatriyas als Soldaten und Verwaltungsbeamte, gefolgt von den Vaisyas, zu denen Künstler und Händler gehören. Die untere Stufe der Kasten nehmen die Sudras ein, die Bauern und Handwerker. Außerhalb des Kastensystems stehen die Parias, die Unberührbaren, denen die minderwertigen und degradierenden Arbeiten obliegen. Das Kastensystem bestimmt in seiner Hierarchie von oben nach unten und der Geschlossenheit der einzelnen Kasten heute immer noch die indische Gesellschaft.

Für jede Kaste gelten eigene Gesetze. Der Aufstieg in eine höhere Kaste ist im Leben nicht möglich. Nur innerhalb der Kaste hat der Mensch die Möglichkeit, seine Wiedergeburten zu verbessern. Er erreicht das durch Befolgen der kasteneigenen Ethik und Ausübung der religiösen Pflichten wie durch die Verehrung der Götter und Darbringung von Opfern. Die Vielzahl der Gottheiten, denen die Hindus huldigen, ist verwirrend. Doch vereinfachend läßt sich sagen, daß sie lediglich bildhafte Darstellungen eines Gottes, der Weltseele Brahman, sind. Dieses allumfassende, nicht darstellbare Prinzip wird auf verbildlichter Ebene, nach der der einfache Volksglaube schon bald verlangte, in drei Erscheinungsformen dargestellt: Brahma als Schöpfer, Vishnu als Erhalter und Shiva als Zerstörer und Erneuerer. Alle drei Gottheiten haben Gemahlinnen, haben sich mehrfach auf der Erde inkarniert und Geschlechter gebildet. Die meisten Hindus sind Anhänger Shivas. Er wird u. a. als Gott der Fruchtbarkeit unter dem Phallussymbol (Lingam) in Verbindung mit dem weiblichen Geschlecht, einer Muschel (Yoni), verehrt. Meist hält er sich auf den Himalaya-Bergen Kailash und Kinner Kailash auf. Seinem Haar ist der Legende nach der Ganges entsprungen, der heiligste Fluß Indiens. Seine Gefährtin ist Parvati, die Schöne, die aber auch in ihren negativen Aspekten – Durga oder Kali – auftreten kann. Shiva und Parvati haben zwei Kinder: Ganesh, den elefantenköpfigen Gott des Reichtums sowie der Weisheit, und Skanda, den Kriegsgott.

Nach wie vor außerordentlich wichtig im Leben des Hindus ist die akkurate Ausübung der Opferzeremonien, aus denen sich die Dominanz der Brahmanenkaste erklärt. Sie sind die einzigen »von Brahma Beseelten«, die die vielen, unendlich komplizierten Rituale einwandfrei durchführen können. Doch gab es auch stets die einsamen Asketen und Suchenden, die in den Wäldern lebten und Einsicht in die hinter den Göttern liegende Weltseele, Brahman, zu erlangen suchten. Es sind Menschen, die in Meditation und Askese auf den innersten Kern des eigenen Selbst stoßen, auf die »Weltseele«, die der Mensch in sich trägt und sein Wesen ebenso wie den Kosmos beseelt. Die äußere Wirklichkeit empfindet der Hindu als wertlos, nur als Trugbild, Schleier und Illusion, als Maya, wie der indische Ausdruck lautet.

Die Wahrheit ist weder rational begreifbar, noch in Worte zu fassen oder jedermann zugänglich. Auch der Auserwählte kann nur auf einem langen Weg zu ihr vordringen. Fasten, Ruhe und strenge Selbstdisziplin unter völliger Abziehung der Aufmerksamkeit und des Wollens von der Außenwelt – das sind die Vorbedingungen, die den Geist befähigen, durch alle täuschenden Hüllen der Maya zum Kern des Selbst vorzudringen. Diese Einsicht kann auch erst im Verlaufe des gesamten menschlichen Lebens erreicht werden.

Shiva und Parvati mit ihrem elefantenköpfigen Sohn Ganesh auf dem Bullen Nundi. Getriebene Silberplatte an der Pforte des Bhimakali-Tempels, Sarahan

Den Menschen der unteren Kasten bleibt diese Erfahrungsmöglichkeit im hierarchischen indischen Gesellschaftssystem vorenthalten. Ihnen ist es nur möglich, durch ethisches und pflichterfüllendes Verhalten ihre Chancen für eine bessere Wiedergeburt in einem nächsten Leben zu verbessern. Daraus ergibt sich bei der Bevölkerung eine gewisse fatalistische Einstellung zum Leben. Gibt es eine Weltseele, in die der Mensch eingeht, so kann einem Individuum keine solch hohe Bedeutung zukommen.

Der Buddhismus

Auf der Geisteswelt des Hinduismus fußt der Buddhismus, mit dem man in den nördlichen Gebieten Kinnaurs und in Spiti, Lahaul, Rupshu und Ladakh in Berührung kommt. Der Buddhismus geht auf den nordindischen Prinzen Siddharta Gautama aus dem Geschlecht der Sakya zurück, der 560–480 v. Chr. in der Nähe der heutigen Südgrenze Nepals lebte. Auf einer Fahrt außerhalb seines wohlbehüteten Palastbezirks gewahrte Siddhartha die Leiden der Welt: Alter, Krankheit und Tod. Diese Bilder brannten sich unauslöschlich in die Seele des Jünglings ein. Ein tiefes Ungenügen an seiner luxuriösen Umgebung erfaßte ihn. Er beschloß, jeden Besitz und das Anrecht auf den Fürstenthron aufzugeben, verließ in der Nacht seine schlafende Frau und seinen gerade geborenen Sohn und zog in die Einsamkeit, um als Asket nach der Erlösung vom Leid der Welt zu suchen. Sieben Jahre lang lebte er in völliger Askese und Versenkung. Als er auf diesem Weg die äußerste Grenze der Kasteiung erreicht hatte, wurde ihm bewußt, daß er auf diesem Wege nicht zur wahren Einsicht gelangen konnte.

Deshalb knüpfte er an eine frühere Erfahrung von innerer Ruhe und Frieden an, in der er frei von Begierden und unliebsamen Begierden gewesen war. »Drei Wurzelverdunkelungen« – so erkannte er – hindern den Menschen daran, sein wahres Selbst und seine »leuchtende Buddhanatur« zur Entfaltung zu bringen: Aggression, Gier und Ignoranz.

Nach wochenlangem Ringen um Klarheit erschlossen sich dem Buddha, dem von nun an »Erwachten« die »Vier edlen Wahrheiten vom Leiden«, die das Fundament seiner Lehre wurden. Sie gründete in der Erkenntnis, daß das Leben von Geburt an leidvoll ist. Ursache des Leidens ist die Unfähigkeit, sich von den Impulsen des Begehrens und der Ablehnung und des Festhaltens an Meinungen unabhängig zu machen. Doch die Aufhebung dieser Unfähigkeit ist möglich, wenn man den »edlen achtfachen Pfad« zurücklegt, einen mittleren Weg zwischen den Extremen, der vor Verblendung und Intoleranz bewahren soll.

Die Freiheit von Selbstsucht wird in der buddhistischen Meditationspraxis systematisch eingeübt. Wenn der Mensch die drei Grundübel seines Wesens – Gier, Aggression und Ignoranz – die ihn an seine nur scheinbare Existenz ketten, vollkommen überwunden hat, erreicht er das Nirwana, den Zustand, der hinter allen wertenden und dualistischen Aussagen liegt. In den Übersetzungen wird das Nirwana als das »Formlose Nichts« beschrieben. Es fällt auf, daß nirgendwo in den Grundgedanken der Lehre die Rede von einem Gott ist. Nur vom Leiden als der Grundtatsache geschöpflichen Lebens wird gesprochen. Und tatsächlich ist der Buddhismus eine atheistische Religion bzw. Philosophie, denn zur Religion wurde der Buddhismus erst später. Der Buddha verwies den Menschen ganz auf sich selbst, indem er ihm riet, sich nicht nach dem zu richten, was ihnen gesagt wurde, sondern nur das anzuerkennen, was er für sich selbst als wahr erkannte.

Auf der metaphysischen Ebene geht der Buddhismus neben dem Dogma der Wiedergeburt von einem unabänderlichen Weltgesetz aus, einer »Dharma« genannten sittlichen Weltordnung, in die alles Geschehen unentrinnbar eingespannt ist. Sie basiert auf dem Gesetz von Ursache und Wirkung, das sich im kleinsten Teil des Universums ausmachen läßt (Mikrokosmos = Makrokosmos). Das Dharma hat für den Buddhisten weitreichende moralische Konsequenzen, die Buddha auch für »einfache« Menschen auf eine kurze Formel, auf fünf Gebote brachte:

1. Töte kein Lebewesen. 2. Nimm nicht, was dir nicht gegeben.

3. Sprich nicht die Unwahrheit. 4. Trinke keine berauschenden Getränke. 5. Sei nicht unkeusch.

Die Lehre Buddhas wandte sich an alle Menschen, alle Stände, alle Völker. Zwar hat er das indische Kastenwesen nie angegriffen, doch betonte er auch nie, daß nur die oberen Kasten des Heils teilhaftig werden können. Kasten waren ihm unwesentlich, und es lag ihm fern, zu behaupten, daß die Zugehörigkeit zu einer Kaste bereits mit einer Bevorzugung verbunden ist.

Die Verbreitung des Buddhismus

Bis zu seinem Tode im Alter von achtzig Jahren verkündete der Buddha seine Lehre in Gefolgschaft seiner Jünger. Buddha, Dharma und Sangha, der Mönchsorden, sind die drei festgefügten Grundpfeiler des Buddhismus. Zunächst breitete sich die Religion im mittleren und westlichen Gangesgebiet aus, besonders gefördert von Kaiser Ashoka um 250 v. Chr. Er entsandte buddhistische Missionare nach Kashmir, Gandhara (im heutigen Pakistan), Punjab, Baktrien, Nepal, Ceylon und Burma. Im ersten nachchristlichen Jahrhundert, als die Überlieferungen der Lehre vollständig aufgeschrieben waren, spaltete sich der Buddhismus in zwei Hauptrichtungen: Hinayana und Mahayana. Die orthodoxen Hinayana (»Kleines Fahrzeug«)-Anhänger vertraten die Auffassung, daß das Nirwana nur von jedem selbst zu erreichen sei. Die Anhänger der neuen Mahayana-Schule (»Großes Fahrzeug«) gehen davon aus, daß vor dem persönlichen Eintritt ins Nirwana einer möglichst großen Zahl Menschen der zuvor geschaute Weg gewiesen werden sollte, um auch jenen die Erlösung aus dem Kreislauf der Wiedergeburten zuteil werden zu lassen. Damit war das Bodhisattwa-Ideal geboren. Als Boddhisattwas bezeichnet man Wesen, die auf ihren eigenen Eingang ins Nirvana verzichtet haben und freiwillig immer wieder auf die Erde zurückkehren, um anderen auf dem Pfad der Vervollkommnung zu helfen. Der Mahayana-Buddhismus findet sich heute noch in China, Korea und Japan, in den beiden erstgenannten jedoch unterdrückt, in Japan in seinen Ausformungen als esoterischer Shingon- und als Zen-Buddhismus.

Der Vajrayana-Buddhismus des tibetischen Kulturkreises

Im fünften Jahrhundert wurden in die Lehren des Mahayana hinduistische Elemente und Gottheiten sowie Zauberlehren und magische Formeln aufgenommen. Im siebten Jahrhundert begann dieser solcherart ausgeformte Buddhismus unter dem Großkönig Songtsen Gampo in Tibet Fuß zu fassen. Entscheidend für die Bekehrung Tibets war jedoch das Auftreten Padmasambhavas, des großen, nordindischen Tantrikers, der im achten Jahrhundert in den Himalayaländern (Mandi-Region/Himachal Pradesh, Kinnaur, Lahaul) *Yoga* sowie Rituale und Gottheiten der schamanistischen *Bön*-Religion in die Lehre einfügte und damit die spezifisch tibetische Ausformung des Mahayana begründete. Verbunden mit seiner charismatischen Ausstrahlung und seinen magischen Fähigkeiten bekehrte er so mit der von nun an *Vajrayana* (»Diamantfahrzeug«) genannten Religion über Kashmir, Ladakh, Zanskar, Lahaul, Spiti und Kinnaur sogar das Kernland Tibet, wo der Vajrayana Staatsreligion wurde. Von Tibet aus fand die Religion ihre Ausbreitung und Festigung in weiteren Ländern des Himalaya – Nepal, Sikkim und Bhutan – sowie der Mongolei und China.

Padmasambhava gründete die Sekte der Rotmützen, den *Nyingma-pa* Orden (»Schule der Alten«), und erbaute das erste Kloster Tibets – Samye im Brahmaputratal sowie zahlreiche weitere Tempelanlagen. Im ausgehenden zehnten Jahrhundert betrat eine – auch im Zusammenhang mit unseren besuchten Gebieten – wichtige Figur des tibetischen Buddhismus den Schauplatz der Geschichte: Rinchen Zangpo (958–1055), der »Große Übersetzer«, der in dieser Zeit die meisten Klöster gründete. Die Neugründungen konzentrierten sich vor allem auf die Gebiete von Guge, Spiti und Kinnaur. Rinchen Zangpos Verdienste lagen darüber hinaus vor allem in der Übersetzung vieler indischer Sanskrit-Texte ins Tibetische. Seine Schriften bildeten zusammen mit dem Werk seines geistigen Nachfolgers Atisha die Kerngedanken der Kadam-pa-Schule, aus der 1360 durch Tsongkhapa die reformierte Sekte der Gelbmützen, die Gelug-pa »Schule der Tugendhaften« hervorging. Ihr geistiges Oberhaupt ist heute noch der Dalai Lama. In Spiti und Ladakh überwiegen die Klöster dieser Sekte.

Neben den Nyingma-pa Padmasambhavas bildeten sich in Tibet vom zehnten bis zum dreizehnten Jahrhundert zahlreiche andere Schulen, wie die Sakya-pa, die stets auch weltliche Herrschaft nicht ablehnten und Magie und Orakel als eine Art Wissenschaft betrieben. Ihre Tempel finden sich heute noch u. a. im Pin Valley in Spiti und in Kinnaur. Halbreformiert sind die Kagyü-pa, bei denen esoterische Lehren unmittelbar vom Meister, dem Lama, an den Schüler weitergegeben werden. In unserem Zusammenhang ist die Unterlinie der Druk-pa wichtig, deren Klöster sich in Kinnaur und Lahaul finden. All diese unterschiedlichen Sekten verbindet das Schrifttum des tibetischen Buddhismus, wobei hier unterschiedliche Schwerpunkte gesetzt werden: der Kanon Kangyur, »das Wort des Meisters« in 108 Bänden, die sämtliche Hinayana-, Mahayanaliteratur sowie die Tantras umfassen, die ebenfalls als autoritatives Wort des historischen Buddhas gelten. Das zweite große Werk ist der halbkanonische Tangyur in 225 Bänden, die die Übersetzungen der großen indischen Kirchenlehrer, umfassende Tantrakommentare, einige Götterhymnen und Texte weltlicher Wissenschaften wie Grammatik, Mathematik, Heilkunde, Astrologie, Astronomie und Poetik beinhalten. Man findet diese Werke heute in den Wandregalen der meisten Klöster. Differenzen in den Lehrmeinungen ergaben sich aus den mehr oder weniger esoterischen Auslegungen der Tantra- und Yogasysteme sowie den Ordensregeln.

Im Vajrayana erhielten zwei Konzepte, denen man in den Ländern des Himalaya ständig begegnet, ihre geistige Vollendung: das Mandala und der Chörten. Ein Mandala ist ein »magischer Kreis«, der das Heilige vom Profanen trennt. Es ist sowohl kosmisches Schaubild als auch Meditationshilfe, die den Betrachter von der Welt des Leides zum Nirwana bringen soll. Gleichzeitig ist das Mandala Psychogramm für den in seine Welt Initiierten. Mandalas gibt es in unendlich vielen Ausprägungen. Ihr Gedanke setzt sich im Bau der Chörten fort.

Der eigentliche Kultbau des Buddhismus ist der *Stupa*. Ursprünglich entstand er als Grabhügel für wertvolle spirituelle Lehrer. Ihre Verehrung soll schon Buddha selbst als verdienstvoll erachtet haben. Aus ihnen wurden somit Gedenkstätten für das Erleuchtungsprinzip und für die Erlösung aus dem Kreislauf der Wiedergeburten. Stupas verkörpern die Idee des Buddhismus. Bis zu ihrer tibetischen Ausprägung als Chörten waren etwa 1000 Jahre Entwicklungszeit seit der Religionsgründung vergangen. Das begrenzte Materialvorkommen im Schneeland Tibet sowie der veränderte Symbolgehalt haben zur typisch tibetischen Ausprägung geführt. Die Formen und Größen des Chörten reichen von primitiven Steinaufschichtungen über Chörten aus Lehm, der mit der Asche verstorbener Lamas vermischt wurde, bis zu mehrere Meter hohen oder vielgeschossigen, begehbaren Anlagen.

Der Vajrayana-Buddhismus spielte in den Gesellschaften des tibetischen Kulturkreises stets eine dominierende Rolle. Glaube und weltliches Leben waren untrennbar ineinander verwoben, wie auch weltliche und geistliche Macht über das Land seit der Einsetzung der Dalai Lamas aus der Gelug-pa-Sekte im sechzehnten Jahrhundert nie mehr getrennt waren. Der Titel *Dalai Lama* ist mongolisch und bedeutet »Weltmeerlehrer«. Für die Tibeter sind die Dalai Lamas die ständigen Reinkarnationen des Bodhisattwas Avalokiteshvara (tibetisch: *Chenrezig*), der Verkörperung des Mitgefühls. Nach dem Tod eines Dalai Lama inkarniert sich, ihrem Glauben nach, Bodhisattwa in einem neugeborenen Knaben, zu dessen Aufspürung komplizierte Orakelbefragungen, Prophezeiungen, Astrologie und Visionen herangezogen werden.

Der jetzige – vierzehnte – Dalai Lama, Tenzin Gyatso, wurde 1935 geboren und 1950 als geistliches sowie politisches Staatsoberhaupt in Lhasa inthronisiert. Als die Chinesen Tibet im Jahre 1950 annektierten, floh der Dalai Lama ins Exil nach Indien, wo er in der kleinen Stadt Dharamsala im nordindischen Bundesstaat Himachal Pradesh lebt. Seine vierzigjährigen Bemühungen um eine friedliche Lösung der Tibetfrage wurden 1989 mit dem Friedensnobelpreis geehrt. Die chinesische Kulturrevolution in den sechziger und frühen siebziger Jahren war in Tibet verbunden mit dem Versuch der völligen Auslöschung der tibetischen Kultur. Auf einem Gebiet so groß wie Europa wurden mehr als 3000 Klöster zerstört und eine Million Tibeter getötet. Neben Nepal, Sikkim, Bhutan und Ladakh waren die kleinen indotibetischen Grenzregionen Rupshu, Spiti, Lahaul und Kinnaur die einzigen Gebiete, in denen die tibetische Kultur überleben konnte.

In der tibetstämmigen Bevölkerung genießen die Lamas nach wie vor großes Ansehen. Das Gesellschaftssystem ist zweigeteilt in die Priester und die »Normalbevölkerung«. Früher bildeten die Mönche die einzige Bevölkerungsschicht, der eine höhere Bildung zuteil wurde. Ihr Nachwuchs wurde durch gesellschaftliche Regelungen wie das Erbrecht gesichert. Danach schickte jede Familie stets ihren Zweitgeborenen ins Kloster, womit verhindert wurde, daß der ohnehin meist karge Besitz sich nicht noch weiter aufsplitterte. Wollte der zweite Sohn nicht ins Kloster, blieb ihm nur, mit seinem Bruder zusammen die gleiche Frau zu nehmen.

Am Schulsystem hat sich gerade in den tibetischen Regionen auf indischem Hoheitsgebiet einiges gewandelt und es besteht Schulpflicht für alle Kinder in staatlichen Schulen. Nur noch die jungen Novizen werden klösterlich ausgebildet. Doch das traditionelle Erbrecht und die damit verbundene Polyandrie besteht in abgelegenen Gebieten nach wie vor. Die tibetische Frau ist als emanzipiert anzusehen. In der Normalbevölkerung ist sie dem Mann absolut gleichgestellt, oft nimmt sie die dominante Position in der Familie ein. Im klerikalen Leben ist die Stellung einer Nonne gegenüber den Mönchen jedoch deutlich niedriger.

Obwohl dies nicht im Sinne des Religionsstifters ist, tendiert die Gesellschaft im tibetischen Kulturraum dahin, der »Normalbevölkerung« in ähnlicher Weise wie die hinduistische Kastengesellschaft den Zugang zur »letzten Wahrheit« zu verwehren. Doch die Geisteswelt des Vajrayana-Buddhismus ist hochkompliziert und es ist ohnehin unwahrscheinlich, daß einem unausgebildeten Laien nach dieser Doktrin die Erkenntnis überhaupt möglich wäre. Nicht umsonst dauern die Studien zum Lama über zehn Jahre, die zu einem *Geshe,* eines Doktors der Metaphysik, sogar über 25 Jahre. Der überwiegend landwirtschaftlich ausgerichteten Bevölkerung bleiben nur das Einhalten der Ethik, Gebete, Verehrung, Opferung und Umwandlung heiliger Bezirke, um sich für die folgenden Leben verdient zu machen.

Informationen und Tips

Sämtliche der bereisten Regionen sind trotz ihrer tibetischen Kultur Teil der indischen Union. Sie liegen in den Bundesstaaten Himachal Pradesh und Jammu & Kashmir und grenzen im Norden und Osten an Tibet. Man bewegt sich auf einem streng abgesicherten Terrain und muß mit vielen Kontrollen seitens der Polizei und des Militärs rechnen. Die lange Isolierung der Länder hat ihre ungewöhnlichen Kulturen bis heute authentisch erhalten. Umso mehr sollte man sich bei diesen freundlichen Völkern an die Regeln des »Sanften Tourismus« halten.

Klimatische Lage. Simla sowie der Süden Kinnaurs liegen auf durchschnittlich 2 000 Metern Höhe und im Einflußbereich des indischen Monsuns, der das Reisen in diesen Gebieten meist erst ab Ende Juli empfiehlt. In den Vormonaten kann es noch empfindlich kalt werden. Im Norden Kinnaurs beginnt der Hauptkamm des Himalaya, der die Gebiete Spiti, Lahaul, Rupshu und Ladakh vom Monsum abschirmt. Hier herrscht ein wüstenhaft trockenes Klima. Die Täler dieser Regionen liegen auf durchschnittlich 3 500 Metern Höhe. Die zahlreichen Pässe, die man von hier ab passieren muß (bis zu 5 360 Metern Höhe!), legen eine entsprechend ausreichende Akklimatisation nahe. Optimal hierfür ist eine Reise durch Kinnaur, da man in Simla auf einer Höhe von 2 000 Metern beginnt und über einen Zeitraum von zwei bis drei Wochen kontinuierlich aufsteigt. In Spiti kann es bei verkürzter Anreise zu Höhenproblemen kommen, da die Ortschaften hier teilweise oberhalb von 4 000 Metern liegen. Bei einer Flugreise nach Leh sollten anfangs genügend viele Ruhetage eingeplant werden, um einer Höhenkrankheit vorzubeugen. Erste Symptome dieser Krankheit sind Kopfschmerzen, Atemnot, Erbrechen, Appetitlosigkeit und Schlaflosigkeit. Ein Absteigen in tiefere Lagen bringt meist Linderung. Nimmt man die Symptome nicht ernst, kann sich die Krankheit verschlimmern und mit einem Lungenödem enden.

Die Temperatur in den Sommermonaten ist moderat (zwischen 15 und 30 Grad im subtropischen Kinnaur; zwischen 15 und 35 Grad im trockenen Wüstenklima Spitis; zwischen 15 und 25 Grad in Lahaul; richtig kalt ist es nur auf den Pässen und auf dem Manali-Leh-Highway durch Rupshu – bis zu 0 Grad nachts). Die UV-Strahlung ist sehr hoch, und starke Winde machen die Täler und Paßhöhen ziemlich ungemütlich.

Ausrüstung. *Kleidung:* Für die Aufenthalte während der Sommersaison empfiehlt sich Baumwollkleidung mit Pullover und leichter, wetterfester Jacke sowie schweißabsorbierende bzw. temperaturausgleichende Thermounterwäsche und Baumwollsocken. Kopfbedeckungen gegen Sonne und Wind sind ebenso nötig wie Sonnenbrillen. Im Hochgebirge kann das Wetter unerwartet umschlagen. Durch die Höhe bestehen auch zwischen Sonne und Schatten enorme Temperaturunterschiede. Für Tempelbesuche ist die Bedekkung des gesamten Körpers vorgeschrieben (keine kurzen Hosen!). Schuhe sind unaufgefordert auszuziehen. Es empfehlen sich Bergstiefel, da man zu den abseits gelegenen Klöstern oft nur über Geröll- und Schotterhalden gelangt.

Weitere Grundausrüstung: Rucksack oder Seesack für das Gepäck. Daunenschlafsack, der zu erwartenden Temperatur angepaßt. Ein zu warmer Schlafsack erhöht wegen des Schwitzens eher die Erkältungsgefahr. Aufblasbare Isoliermatte. Teleskop-Wanderstöcke. Wasserfilter oder Wasseraufbereitungstabletten. Erste-Hilfe-Verbandskasten. Medikamente gegen Darminfektion/Durchfall, Verbrennungen/Schürfwunden, Kreislaufstörungen, Schlafstörungen, Höhenkrankheit. Multivitamin-Elektrolyt-Präparate wie Brausetabletten, die gefiltertes bzw. aufbereitetes Wasser wohlschmeckender machen. Krankenversorgung ist in den Regionen des Westhimalaya ein großes Problem. Mit ausreichender medizinischer Versorgung kann man nur in Simla rechnen. Krankentransport per Militärhubschrauber ist nur bei akuter Lebensgefahr möglich.

Einreise. Visa für Indien erteilt u. a. das Indische Generalkonsulat, Mittelweg 49, 60318 Frankfurt/M.. Impfungen sind nicht vorgeschrieben, Cholera-, Typhus-, Polio- und Tetanusimpfungen sowie für niedrigere Regionen Malariaprophylaxe aber zu empfehlen. Die Einreise erfolgt über Delhi, der Hauptstadt Indiens. Von hier geht es vom National Airport mit der indischen Fluggesellschaft Vayudoot weiter nach Simla. Inlandflüge sind nur über indische Reisebüros buchbar. Mit Bus oder Taxi braucht man von Dehli nach Simla etwa vierzehn Stunden.

Reisen im Landesinnern. Für Reisen in den Sperrgebieten des Westhimalaya benötigt man Sondergenehmigungen. Diese »Innerline Permits« sind für Kinnaur und Spiti in Simla, Recong Peo, Manali und Keylong zu bekommen, für Rupshu und Nubra in Leh, und zwar jeweils beim Deputy Commissioner. Generell gilt, daß man eine Gruppe von vier Reisenden sein muß, die mit einem anerkannten indischen Reiseveranstalter unterwegs ist. Der Reiseveranstalter übernimmt bei vorhandenen Dokumenten die Formalitäten vorab. Die Straßen im südlichen Himachal Pradesh sind asphaltiert, durch Monsuneinwirkung aber meist in keinem guten Zustand. Der National Highway 22 entlang des Sutlej durch Kinnaur ist nur mit geländegängigen Fahrzeugen passierbar, die Verbindungsstraßen zu den Ortschaften an den Berghängen sowie ins Baspa-Valley haben wie alle Straßen Spitis reinen Pistencharakter. Das gleiche gilt für die Straßen Lahauls und den Manali-Leh-Highway. In Ladakh ist nur die Hauptstraße entlang des Indus notdürftig asphaltiert, alle anderen Straßen haben Pistencharakter.

In Simla gibt es einige Reiseveranstalter, bei denen man Touren buchen kann. Uneingeschränkt zu empfehlen ist »Great Himalayan Travels«, Fingask Estate, The Mall, Simla 171003. In Manali ist »Himalayan Adventurers Pvt. Ltd.«, The Mall, Manali 175131 zu empfehlen, der größte Veranstalter im Westhimalaya. Mehrere Qualitätsabstufungen für Jeeps sind vorhanden (Mahindra, Gypsy, Suzuki, Landrover), werden jedoch nur mit Fahrer vermietet. Selbstfahren bei mitgebrachtem Fahrzeug ist verwaltungsmäßig relativ aufwendig (ein indischer Führerschein muß unter persönlicher Anwesenheit in Delhi beantragt werden, der internationale Führerschein genügt nicht!). Zahlreiche deutsche Reiseveranstalter bieten ebenfalls Reisen nach Ladakh und mittlerweile auch nach Kinnaur und Spiti an.

Unterkunft. In Simla gibt es am landesüblichen Standard gemessen gute Hotels, in Kinnaur einfachere Guesthouses (Pooh, Nako), meist aber nur bescheidene Zeltsiedlungen mit primitiven Waschgelegenheiten. Eigenes Camping ist möglich und teilweise sogar notwendig (Sarahan, Kamru, Labrang, Kanum). In Spiti bestehen bisher nur vereinzelt einfache Guesthouses (empfehlenswert: »Tashi's Milarepa Guesthouse«), meist muß gecampt werden. In Manali gibt es gute, in Keylong einfache Guesthouses (empfehlenswert in Keylong ist das »Gyespa Guesthouse«). Auf dem Manali-Leh-Highway ist nur Zeltunterkunft (Sarchu, Brandy Nala, Pang) oder eigenes Camping möglich. In Leh gibt es gute Hotels unterschiedlichster Preisabstufungen (empfehlenswert und preiswert: »Hotel Dreamland«).

Verpflegung. Die indische Küche verfügt über die meisten vegetarischen Gerichte der Welt. Meist sind dies »Curry« genannte Eintopfgerichte, die scharf gewürzt sind. Aber auch fleischliche Kost ist erhältlich. Auf der Tour sollten sämtliche Grundnahrungsmittel am Ausgangsort eingekauft werden. Nur an wenigen Orten (Recong Peo, Kaza, Manali, Keylong) kann man nachkaufen (Lamm, Huhn, Erbsen, manchmal teuren Reis). In den tibetischen Regionen bekommt man höchstens noch Tsampa (geröstetes Gerstenmehl) und Erbsen. Die indische Kost bedarf einiger Umgewöhnung seitens des Reisenden. Vorsicht ist bei Straßen-Restaurants geboten. Chai, das indische Milch-Tee-Getränk ist bei ausreichender Kochzeit trinkbar, auf das zu den Mahlzeiten servierte Leitungswasser sollte verzichtet werden. Schalenobst wie Mandarinen oder Orangen kann bedenkenlos gegessen werden. Trinkwasser sollte gefiltert, abgekocht oder entkeimt werden. Auf einer Tour durch den Westhimalaya hat man in der Regel einen Koch dabei, so daß man das Zubereiten der Speisen sowie die hygienische Behandlung von Eßbesteck und Geschirr kontrollieren kann. Doch auch hier muß man, was die Hygiene angeht, einige Abstriche machen.

Devisen und Sprache. Landeswährung ist die indische Rupie (DM 1,– = IR 18.– bei steigender Inflation). Ausländischen Reisenden ist es mittlerweile gestattet, Hotels und Reiseunternehmen in der Landeswährung zu bezahlen. Manchmal werden Umtauschunterlagen der Banken verlangt. Geldwechsel ist nur in Delhi, Simla, Kulu und Leh möglich und sehr zeitaufwendig. Traveller-Scheck-Tausch nur in Delhi und Simla.

Die Landessprache ist Hindi. Englisch wird von der indischen Bevölkerung meist verstanden und gesprochen. Die nördlichen Kinnauri, die Spiti-pa, die Lahauli sowie die Ladakhi sprechen tibetische Dialekte, verstehen aber zum Großteil Hindi.

Beste Reisezeit. April–Mai (noch sehr kalt), Juli bis Oktober. Die Straßen durch Kinnaur sind oft erst Anfang August wieder von den Sommermonsunschäden notdürftig befreit, Rohtang- und Kunzum-Paß öffnen meist erst Juli bzw. August. Juli/August ist die Regenzeit im Kulu-Tal.

Kartenmaterial/Literatur. Einzige (wenn auch ungenaue) Karte: Leomann Indian Himalaya Map Sheets 1–6 (1 : 200 000). In Simla sind weitere, ebenfalls ungenaue Karten wie die Road Map of Himachal Pradesh erhältlich.

Weiterführende englischsprachige Literatur (auch antiquarisch) aus Indien: Kataloge des Asiatica Buchversandes Michael Henss, Postfach 123, CH-8033 Zürich, Schweiz.

Literaturverzeichnis

Bajpai, S. C.: Lahaul–Spiti. A Forbidden Land In The Himalayas. Delhi 1987.

Bajpai, S. C.: Kinnaur. A Restricted Land In The Himalaya. Delhi 1991.

Bernier, R. M.: Himalayan Towers. Temples and Palaces Of Himachal Pradesh. Delhi 1989.

Dubey, M., Sinclair, T. et al.: West Himalaya. Kaschmir, Ladakh, Zanskar. Berlin 1992.

Francke, A. H.: Antiquities Of Western Tibet. Calcutta 1926.

Gerner, M.: Architekturen im Himalaya. Stuttgart 1987.

Govinda, A. L.: Der Weg der weißen Wolken. Bern, München 1975.

Handa, O. C.: Buddhist Monasteries In Himachal Pradesh. Delhi 1987.

Henss, M.: Mustang. Tibetisches Königreich im hohen Norden Nepals. Ulm 1993.

Himachal Pradesh Tourist Development Corporation (Hrsg.): A Ready Reckoner For Baspa, Kinnaur, Spiti, Lahaul Valleys. The Tribal Areas Of Himachal Pradesh. Delhi 1993.

Kahlen, W.: Der Dämon im Stein. Wiederentdeckung eines mittelalterlichen Rituals im verborgenen Spiti. In: Junges Tibet, September 1990, S. 44–49.

Khosla, R.: Buddhist Monasteries In The Western Himalaya. Kathmandu 1979.

Kipling, R.: Kim. Reinbek 1982.

Klimburg-Salter, D. E.: The Silk Route And The Diamond Path. Esoteric Buddhist Art On The Trans-Himalayan Trade Routes. Los Angeles 1982.

Lavizzari-Raeuber, A.: Thangkas. Rollbilder aus dem Himalaya. Kunst und mystische Bedeutung. Köln 1984.

Mamgain, M. D.: Himachal Pradesh District Gazetteers, Lahaul & Spiti. Chandigarh 1975.

Roulin, M.: Lahaul-Spiti. Genf 1977.

Senft, W. u. H., Frischenschlager, G.: Indiens Bergwelt. Trekking, Bergvölker und Flora im indischen Himalaya. Graz 1988.

Sharma, Vyathit G.: Folklore of Himachal Pradesh. Delhi 1980.

Singh, M. G.: Art And Architecture Of Himachal Pradesh. Delhi 1983.

Störig, H. J.: Kleine Weltgeschichte der Philosophie. Stuttgart 1962.

Thomson, T.: Western Himalaya And Tibet. London 1852.

Tucci, G.: The Temples Of Western Tibet And Their Artistic Symbolism. The Monasteries Of Spiti and Kunavar. Rom 1935.

Varma, R. und S.: Aufstieg zum Göttlichen. Himalaya-Kailash-Manasarovar in Schrift, Kunst und Gedanken. Genf 1986.

Glossar

Adibuddha »Ur-Buddha«, Vorstellung von einem seit Uranfang vorhandenen Buddhawesen, aus dem in einem meditativen Schöpfungsakt alle anderen Buddhas und Wesen hervorgehen.

Akshobhya Der »Unerschütterliche«, transzendenter Buddha des Ostens, steht im Vajradhatu-Mandala für die geistige Läuterung der visuellen Wahrnehmung.

Amitabha »Buddha des grenzenlosen Lichts«, transzendenter Buddha des Westens, steht im Vajradhatu-Mandala für das Erlöschen der beschränkenden Vorstellung, der Panchen Lama gilt als seine Reinkarnation.

Amitayus »Buddha der unendlichen Lebensdauer«, Bodhisattwa des Amitabha.

Amoghasiddhi Der »Unfehlbar Vollkommene«, transzendenter Buddha des Nordens, steht im Vajradhatu-Mandala für die Entwicklung der geistigen Kraft zur Verwirklichung des Erkenntnis-Zieles.

Arunachal Pradesh »Land der aufgehenden Sonne«, indischer Bundesstaat im Osthimalaya.

Aryas Indogermanisches Urvolk, Arier

Ashoka Indischer Herrscher über das erste vereinte Königreich (274–232 v. Chr.), großer Förderer des Buddhismus

Atisha Einer der berühmtesten Gelehrten Indiens, wirkte ab 1042 in Tibet (Tholing, Guge etc.), Nachfolger Rinchen Zangpos, Begründer der Kadam-pa-Sekte.

Avalokiteshvara »Der gütig herabschauende Herr«, transzendenter Bodhisattwa des Mitgefühls und der Güte, Schutzpatron Tibets, der Dalai Lama gilt als seine Reinkarnation

Balzanu-Pona Kinnauri-Schuhe

Bardo Thödol Das Totenbuch der Tibeter, das Auskunft gibt über das Bardo, den Zustand zwischen Tod und Wiedergeburt

Bhagavad-Gita Die Schriften Krishnas, Teil der heiligen hinduistischen Schriften

Bhima Kali Hinduistische Muttergöttin des Himalaya

Bhutan Tibetisches Königreich im Osthimalaya

Bhuti Heilige Asche

Bodhgaya Ort in Nordostindien (Bundesstaat Bihar), wo der historische Buddha Shakyamuni unter einem Bodhi-Baum die Erleuchtung erlangte

Bodhisattwa Erleuchtetes Wesen, das so lange auf seinen eigenen Eintritt ins Nirvana verzichtet, bis alle Lebewesen erlöst sind.

Bön Vorbuddhistischer Schamanenglaube im Himalaya.

Borobudur Größte dreidimensionale Mandala-Tempelanlage der Welt in der Nähe von Yogjakarta auf Java, Indonesien

Brahma Manifestation des Brahman in der Erscheinungswelt, der »Schöpfer« im Hinduismus

Brahman Im Hinduismus die »Weltseele«, das »Ureine«, das alle Erscheinungsformen durchdringt. »Höchste Wirklichkeit«

Brahmane Angehöriger der Priesterkaste in der indischen Kastengesellschaft

Brahmaputra Fluß, der am Kailash in Westtibet entspringt

Buddha »Der Erwachte«, ein Mensch, der die zur Erlösung führende Lehre aus sich selbst wiederentdeckt und sie die Menschen lehrt

Bumpa »Das Gefäß«, der halbkugelförmige bzw. bauchige Mittelteil eines Stupas bzw. Chörten, auch rituelles Weihegefäß

Bu-chen »Große Kerle«, Nomadenvolk aus dem Pin Valley in Spiti

Chakras Energiefelder im Körper

Chakrasamvara Persönliche Schutzgottheit

Chai Indischer Milch-Gewürz-Tee

Cham Religiöse Maskentänze in Klöstern

Chamba Tibetischer Name für Maitreya

Chang Tibetisches Gerstenbier

Chhanli Kinnauri-Schal

Chheru Hindi für »Stark«

Chini Hindi für »Zucker«

Chitna Hindi für »Süß«

Choeling Tibetisches Nonnenkloster

Chörten, Tibetische Ausprägung des buddhistischen Stupa, symbolisches Bauwerk, Heiligtum und kosmisches Abbild

Chomo Buddhistische Nonne

Chos-Khor »Ort der Unterweisung«, Klostergelände

Chowkildar Schlüsselverwalter für Tempel

Chu Wasser, Fluß

Chuba Mantel der Ladakhis und Tibeter

Dainichi Nyorai Japanische Form des Vairocana

Dakini Himmels- oder Luftwandlerinnen, repräsentieren das weibliche Element auf dem Erlösungsweg

Dalai Lama »Weltmeer-Lehrer«, geistliches und weltliches Oberhaupt Tibets, Oberhaupt der Gelug-pa-Schule

Damaru Schamanen-Handtrommel, die von den tibetischen Mönchen aus der Bön-Religion übernommen wurde.

Deva Gyatso Mönch aus Zanskar, der Kloster Tayul in Lahaul gründete

Dharma Weltgesetz im Hinduismus wie im Buddhismus

Dharmachakra Mudra Geste der Predigt

Dharmakaya Himmlische Region der Formlosigkeit

Dharmapala Beschützer der buddhistischen Lehre

Dhoti Indisches Gewand

Dhyanibuddha Siehe Tathagata

Digra Gürtelbrosche der Kinnauris

Domton Schüler des Atisha (1008–1064), der die Kadam-pa-Schule begründete

Dong Yur Gebetsmühle

Dorje Tibetisch für »Vajra«

Druk Tibetisch für »Drachen«

Druk-pa Eine aus der Kagyü-pa-Sekte hervorgegangene Schule des tibetischen Buddhismus

Dugpo Knielanger Mantel der Lahaulis

Du-Khang Versammlungshalle im tibetischen Kloster

Dung-Kar Muschelhorn

Durga Schreckliche Form der hinduistischen Göttin Parvati

Dzo Kreuzung zwischen tibetischem Yak und indischem Hausrind

Dzong Festung

Gachhang Gürteltuch der Kinnauris

Gandhara Altes Königreich im Gebiet des heutigen Peshawar in Pakistan

Ganesh Elefantenköpfiger Sohn der hinduistischen Götter Shiva und Parvati

Ganga Der Ganges, heiligster Fluß der Hindus

Ganta Die Glocke als Symbol des weiblichen Prinzips von Weisheit und Mitgefühl

Garuda Mythologisches geflügeltes Götterreittier

Ga'u Tibetisches Amulettkästchen

Gelug-pa Die »Gelbmützen«, »Gelbe Kirche«, Tibets reformierte Sekte von Tsongkhapa gegründet

Gesar König des mystischen Königreiches Ling

Gompa »Einsame Wohnstätte«, Kloster oder Einsiedelei

Gon-Khang Tempel der Schutzgottheiten

Guge Westtibetisches Königreich, von dem die zweite große Verbreitung des Buddhismus in Tibet ausging

Guru Spiritueller Lehrer

Guru Rinpoche Tibetischer Name für Padmasambhava

Gyalpo Tibetisch für »siegreich«, »König«

Gzi »Kostbar, funkelnd«, gebänderte Achate, rund oder walzenförmig, denen magische Kräfte zugeschrieben werden

Hayagriva Mandala-Wächtergottheit

Herukas Schutzgottheiten

Hinayana »Kleines Fahrzeug« ursprüngliche buddhistische Lehre mit dem Ziel des persönlichen Eingangs ins Nirwana

Hinduismus Indische Hauptreligion mit einer Vielzahl von Göttern im Volksglauben, auch Brahmanismus genannt.

Hiranyagarbha Das kosmische Ur-Ei im Hinduismus

Ibex Steinbock

Indus Fluß, der am Kailash in Westtibet entspringt

Jataka-Zyklus Erzählungen der 500 früheren Existenzen Buddhas

Jina-Buddha Siehe Tathagata

Jullay Ladakhi für »Hallo« oder »Guten Tag«

Kadam-pa Erste reformierte Sekte des tibetischen Buddhismus, auf die Lehren Atishas und Rinchen Zangpos zurückgehend, von Domton gegründet

Kailash Tibetisch »Kang Rinpoche«, »Schneejuwel«, 6714 Meter hoher Berg in Westtibet, fur die Tibeter Verkörperung des heiligen Berges Meru auf Erden und daher Weltachse sowie Zentrum der Welt

Kali Schreckliche Form der hinduistischen Göttin Parvati

Kaliya Mystische Schlange im Hinduismus

Kalachakra Höchste Lehre der Gelug-pa

Kamakshi Hinduistische Gottheit in Kinnaur

Kangyur »Worte des Buddha«, die kanonischen Schriften des tibetischen Buddhismus in 108 Bänden

Kankani Dorfeingang in Chörten-Form in Kinnaur

Kapilavastu Geburtsort Buddhas in Nepal, heute Tiraulakot

Karbyun-Lhakang Andachtsstätte für buddhistische Nonnen

Kargyü-pa Von Marpa (1012–1097) gegründete Sekte des tibetischen Buddhismus

Karma Summe der Taten im Leben eines Menschen, Gesetz von Ursache und Wirkung

Karnali Fluß, der am Kailash in Westtibet entspringt

Kashgar Ort in Turkestan, heute Sinkiang/Westchina

Kata Zeremonienschal

Khir Reispudding

Kor-lam Umwandeln eines Heiligtums

Krishna Inkarnation des hinduistischen Gottes Vishnu

Kshatriyas Kriegerkaste

Kunga Zangpo Begründer der Ngor-Sekte, wird in Lahaul verehrt

Kun-rig Tibetischer Name für Saravid Vairocana

Kunzum Lhamo Schreckliche Gottheit am Kunzum-Paß/Spiti

Kyang Tibetischer Wildesel

Kyil-Khang »Mandalatempel«

La Tibetisch für »Gebirgspaß«

Lama »Geistiger Freund«, »Der Obere«, religiöser Lehrer

Lama Norbu Wichtige Figur der lahaulischen Religionsgeschichte (ca. 1900–1952), baute Khardang Gompa wieder auf.

Lhakhang Tempelhalle

Lhakang Chenmo (oder **C'enpo**) »Große Tempelhalle«

Lhakang Gongma »Obere Tempelhalle«

Lhakang Kharpo »Tempelhalle der weißen Götter«

Lhasa Hauptstadt Tibets

Lhato Geisterfalle

Lho Tibetisch für »Gott«

Lingam Phallussymbol im Hinduismus, Verkörperung Shivas

Lo-chen Hauptlama der Bu-chen im Pin Valley/Spiti

Lokapalas Die vier Weltenhüter, Beschützer der Himmelsrichtungen

Lotsava »Der Große Übersetzer«, Titel für Rinchen Zangpo

Lung-gom Phänomen des »Trance-Schnellaufs«

Mahabharata Indisches Nationalepos, Teil der heiligen hinduistischen Schriften

Mahakala Eine der acht Hauptschutzgottheiten

Mahasiddha Mensch, der übernatürliche Fähigkeiten erlangt hat

Mahasthamaprapta Aspekt des Bodhisattwa Avalokiteshvara

Mahayana »Das große Fahrzeug«, im 1. Jh. v. Chr. entstandene buddhistische Heilslehre, durch das Bodhisattwa-Ideal gekennzeichnet.

Maitreya Buddha des zukünftigen Weltzeitalters

Makara Mythologischer Wassergeist

Mala Der tibetische Rosenkranz mit 108 Perlen

Manasarovar Heiliger See des Guten südlich des Kailash

Mandala »Magischer Kreis«, (psycho)kosmisches und mystisches Diagramm

Mandir Hinduistischer Tempelschrein

Mandgalya-Yana Lieblingsschüler Buddhas

Mani Gebetsmühle, aber auch Feldstein mit eingravierten Gebeten oder verschiedenen Bildmotiven

Manjughosa Der »Sanftstimmige«, Form des Manjusri

Manjusri, Bodhisattwa-Verkörperung der Weisheit und Literatur

Mantra Zauberformel, mystische Silbe

Marpa Gelehrter Tibets (1012–1097), Gründer der Kagyü-pa-Sekte

Maya Illusion, Trugbild, Scheinwelt

Mendong Tibetisch für Mani-Mauer

Meru Weltenberg der buddhistischen Kosmologie, Weltachse

Milarepa Größter Mystiker und Dichter Tibets (1040–1123)

Moghuln Indische Herrscherdynastie

Moksha Die Erlösung im Hinduismus

Mudra Rituelle Handgeste

Mustang Tibetisches Königreich in Nordwest-Nepal

Naga Mythologische Schlange

Nagarjuna Großer indischer Philosoph im 2. Jh. n. Chr. Begründer des Mahayana

Namchu-Wangdan Zusammenstellung von tibetischen Schriftzeichen und Symbolen zu den »Zehn Mächtigen«, repräsentiert die buddhistische Lehre

Nandi Mythologischer Stier, Reittier Shivas

Naropa Indischer Mahasiddha und Gelehrter (1076–1100)

Nawang Namgyal Begründer der Druk-pa-Sekte

Ngor-Sekte Unterart der Sakya-pa, die ihre Lehre einzig auf die Tantras begründet

Nirmanakaya Himmlische Region der Wiedergeburt

Nirwana, Erlösungsziel der Buddhisten, Zustand jenseits des Leidens, das »formlose Nichts«

Nono König von Spiti

Nor-zang Tibetischer Name für den indischen Prinzen Sudhana

Nyingma-pa Ältester, unreformierter Orden des tibetischen Buddhismus, gegründet von Padmasambhava im 8. Jh.

Obo Steinaufschichtung zum Banne böser Geister

Om heilige Ursilbe im Hinduismus und Buddhismus

Padmapani Der »Lotosträger«, eine Form des Avalokiteshvara

Padmasambhava Buddhistischer Lehrer, Magier und Heiliger, der im 8. Jh. die erste Verbreitung des Buddhismus im tibetischen Kulturraum auslöste

Panchen Lama Zweithöchste Autorität nach dem Dalai Lama in Tibet, mit Sitz in Tashilhunpo

Parias Kaste der Unberührbaren

Parvati Gattin von Shiva, die »Tochter der Berge«, »Tochter des Himalaya«

Pelden Lhamo Einzige weibliche Gottheit unter den acht Beschützern der Lehre, Schutzgöttin von Lhasa sowie der Panchen Lamas und Dalai Lamas

Perak Türkisbesetzter Kopfschmuck der Ladakhis

Phobar-Dochog Ritual des Steinebrechens im Pin Valley/Spiti

Phulaich Blumenfest in Kinnaur zu Ehren Kalis

Phurpu Tibetischer Ritualdolch

Potala Palast des Dalai Lama in Lhasa

Prajnaparamita weiblicher Bodhisattwa, der die höchste oder transzendente Weisheit verkörpert

Puja Gottesdienst

Pulao Gemüsereis

Puranas, Teil der heiligen hinduistischen Schriften

Purang Westtibetisches Königreich

Ragunathji Krishna-Heiligtum im Bhimakali-Tempel, Sarahan, Kinnaur

Radscha Indischer Fürst

Rajputen Indische Herrscherdynastie

Rakas Tal Heiliger See des Bösen in der Nähe des Kailash in Westtibet

Rakshasa Elfe

Rakshasani Fee

Ramayana Indisches Nationalepos, Teil der heiligen hinduistischen Schriften

Rangdum Große tibetische Langtrompete

Ratnasambhava Der »Juwelengeborene«, transzendenter Buddha des Südens, Personifikation der Freigebigkeit, symbolisiert im Vajradhatu-Mandala das Erlöschen der Empfindung

Rigsum-gompo Drei-Chörten-Kult, steht für die Bodhisattwa-Tugenden Stärke, absolute Weisheit und mitleidvolle Barmherzigkeit

Rinchen Zangpo Bedeutender tibetischer Reformator, Gelehrter und Übersetzer zahlreicher buddhistischer Sanskrit-Texte (958–1055), gründete die größte Anzahl (108) buddhistischer Heiligtümer im Himalaya

Rinpoche Der »Wertvolle«, hohe Reinkarnation, oft als Klosterabt eingesetzt

Sabdag Schutzherr der Erde

Sakya-pa Alte tibetisch-buddhistische Sekte, benannt nach ihrem Stammkloster in Sakya/Tibet, die Äbte gelten als Inkarnationen des Bodhisattwa Manjusri

Sai Baba Hinduistischer Heiliger, residiert in der Nähe von Bangalore/Südindien

Samadhi Zustand der Erlösung im Hinduismus

Sambhogakaya Himmlische Region der reinen Formen

Samsara Kreislauf der Wiedergeburten

Samye Erstes buddhistisches Kloster in Tibet

Sangha Der buddhistische Mönchsorden

Sanskrit Altindische Hochsprache der religiösen Texte

Saravid Vairocana Viergestaltige Ausprägung des Vairocana

Sariputra Lieblingsschüler Buddhas

Sarnath Gazellenhain nördlich von Benares, in dem Buddha seine erste Predigt hielt

Sengge Namgyal »Der Löwe«, berühmtester ladakhischer König (ca. 1590–1620)

Ser-Khang »Goldener Tempel«

Serkong Rinpoche Debattiermeister des Dalai Lama, seine Reinkarnation wurde 1988 in Tabo inthronisiert

Shakyamuni Der historische Buddha aus dem Geschlecht der Sakya

Shambala Mystisches Paradies

Shanti Hindi für »Frieden«

Shigatse Hauptstadt der Provinz Tsang in Tibet

Shikhara Hinduistischer Tempelturm mit kleiner cella

Shingedongma Göttin des Todes

Shingon Esoterische Form des japanischen Buddhismus

Shiva Hinduistischer Gott, der »Zerstörer« und »Erneuerer«

Shullo Bergblume in Kinnaur

Siddha Mensch, der übernatürliche Fähigkeiten entwickelt hat

Siddhartha Gautama Bürgerlicher Name des historischen Buddha (560–480 v. Chr.)

Sikhs Bevölkerungsgruppe Indiens mit eigener Religion

Sikkim Tibetisches Königreich im Osthimalaya

Singheda Indischer Asket

Sita Gemahlin des hinduistischen Gottes Rama

Skyerag Gürtelwolltuch der Lahaulis

Songtsen Gampo Tibetischer Großkönig im 7. Jh.

Stupa Buddhistisches Bauwerk mit kosmischer Symbolik, Grabmal des Buddha, Reliquienschrein

Sudhana Indischer Prinz (tib. Nor-zang), der sich zur Gottheit Vairocana entwickelte

Sudras Bauern- und Handwerkerkaste

Sumtsek Haupttempel des Klosters Alchi/Ladakh

Sutlej Fluß, der am Kailash in Westtibet entspringt

Swastika Glückssymbol in Form des Hakenkreuzes

Tangyur Kommentare zum Kangyur

Tantra Geheimlehren des tibetischen Buddhismus

Tara Schutzgöttin Tibets, glücksverheißende weibliche Gottheit

Tashi Deleg Tibetisch für »Guten Tag«

Tashilhunpo Großkloster bei Shigatse in Tibet, Sitz des Pantschen Lama

Tathagata Familie der transzendenten Buddha

Tehsil Verwaltungsdistrikt in Kinnaur

Thab-Khang Klosterküche

Thakurs Könige von Kinnaur und Lahaul

Thangka Tibetisches Rollbild

Thang Tong Gyalpo Tibetischer Heiliger, Wundertätiger, Künstler und Architekt (1385–1509)

Thepang Kinnauri-Kappe

Thika Hindustirnpunkt als »Drittes Auge«, Symbol der Erkenntnis

Tholing Religiöses Zentrum während und nach der zweiten Verbreitung des Buddhismus in Westtibet am Sutlej

Thug Wächter in Form eines Totenschädels

Tilopa Indischer Siddha (988–1069)

Togdon Sakya Sri Wichtige Figur der lahaulischen Religionsgeschichte

Torma Aus Butter und Tsampa geformte Opferfigur als Manifestationen von Dämonen und Gottheiten auf Altären

Tsampa Gerstenmehl

Tsangpo Tibetischer Name für den Brahmaputra

Tsaparang Ein von Rinchen Zangpo gegründetes Kloster in Westtibet, Hauptstadt des Königreiches Guge bis zum 17. Jh.

Tsa tsa Votivgabe aus Lehm und Asche verstorbener Lamas

Tso Tibetisch für »See«

Tsongkhapa Begründer der Gelug-pa-Sekte

Tsug-Lhakang Zentraler Tempel in einer tibetischen Klosteranlage

Tulku Hohe Reinkarnation

Ukhyang Siehe Phulaich

Upanishaden »Geheimlehren«, Teil der heiligen hinduistischen Schriften

Usnisavijaya Die »siegreiche Göttin der Erleuchtungserhöhung«, aus Vairocana emaniert

Vairocana Der »Glänzende«, der »Große Sonnengleiche«, transzendenter Buddha, Zentrum des Vajradhatu-Mandala, in dem er für die absolute Erkenntnis steht

Vaisyas Künstler- und Händlerkaste

Vajra Donnerkeil des indischen Gottes Indra, im tibetischen Buddhismus Symbol für das männliche Prinzip der Methode

Vajradhara »Halter des Diamantzepters«, transzendenter Bodhisattwa

Vajradhatu-Mandala Mandala des Vairocana mit Ziel absoluter Erkenntnis

Vajrapani Der »Schwinger des Diamantzepters«, transzendenter Bodhisattwa

Vajrasattva Das »Diamantwesen«, transzendenter Bodhisattwa

Vajravarahi Die »Diamantsau«, schweineköpfige weibliche Dakini, die die Essenz der fünf Weisheitsarten symbolisiert

Vajrayana Das »diamantene Fahrzeug«, Buddhismus tibetischer Ausprägung

Veda Die Veden, die »Schriften des religiösen, theologischen Wissens« im Hinduismus

Vijaya Der »Siegreiche«, gehört zu den vier Weltenhütern

Vishnu Hinduistische Gottheit, der »Erhalter«

Yak Zentralasiatisches Hochgebirgsrind

Yama Gott des Todes, Dharmapala

Yamantaka Furchterregender Aspekt von Manjusri, der Yama besiegt hat

Yangthang Dorf zwischen Indus und Nubratal

Yeshe-ö »Glanz der Weisheit«, König von Purang, Erneuerer der Mönchsdisziplin und großer Förderer des Buddhismus in Westtibet (10./11. Jh.)

Yab Yum Mystische Vereinigung der Polaritäten, Aufhebung der scheinbaren Gegensätze

Yidam Persönliche Schutz- und Initiationsgottheit

Yoga Körperliche Meditationsübungen

Yoni Symbolische Darstellung des weiblichen Prinzips und Geschlechts in Form einer Muschel im Hinduismus

Yul Tibetisch für »Land«

Z'alma Vorraum der klösterlichen Versammlungshalle

Zen Japanische Form des Buddhismus

Zim-Chung Privaträume des Abts in einem Kloster

Danksagung

Für ihre Bemühungen und ihr Entgegenkommen danke ich

In Indien: Dem ehrwürdigen Geshe Sonam Angrup, dem ehrwürdigen Lama Dawa Norbu, dem ehrwürdigen Lama Paljor Larje, Paldan Bodh, Sonam Rabgay, Vicky und »Great Himalayan Travels« sowie meinem Reisegefährten Andreas Brix.

In Deutschland: Meiner Familie, Vanessa Voigtmann, Holger Lindner, Andrea Bresson, Daniel Oschatz (Großfoto Oschatz, Wiesbaden), Ngawang Tsering, Wolf Kahlen, Hans Weihreter, Daniel Waldschmitt, Volker Weber und Lothar G. Voigtmann.

Dank gebührt nicht zuletzt den Menschen der bereisten Regionen für ihre gastliche Aufnahme. Ihnen sei dieses Buch gewidmet.

WIR MACHEN LUST
AUF ABENTEUER
Jeden Monat neu!
Reise- und Rallyeberichte,
sowie Test und Technik
aus der Allradszene
TY 12493 E
7/94
3.Jhg./Juli 1994
ALLRAD ABENTEUER
DAS TRENDMAGAZIN FÜR GELÄNDEWAGEN, REISEN & RALLYES
Mercedes 320 GE
Test: Der neue Leisetreter
Wir haben ihn schon gefahren

REISEABENTEUER

Spannende und informative Berichte von ungewöhnlichen Reisen mit zahlreichen Farb- und Schwarzweißfotos.

Christine Cerny
Ägyptenreise
Wo Vergangenheit und Gegenwart sich treffen
ISBN 3 89405 320 8

Jean-Louis Etienne
Transantarctica
Expedition durchs Eis (Antarktis)
ISBN 3 89405 310 0

Christian E. Hannig
Polarlicht
Rad-Abenteuer in Skandinavien, Island und Grönland
ISBN 3 89405 321 6

Bill Irwin
David McCasland
Dunkle Nacht am hellen Tag
Ein Blinder auf dem Appalachian Trail (USA)
ISBN 3 89405 317 8

Werner Kirsten
Westcoast-Story
Auf dem Pazifik-Highway nach Süden (Nordamerika)
ISBN 3 89405 314 3

Dieter Kreutzkamp
Husky-Trail
Mit Schlittenhunden durch Alaska
ISBN 3 89405 312 7

Carmen Rohrbach
Jakobsweg – Wandern auf dem Himmelspfad
ISBN 3 89405 305 4

Carmen Rohrbach
Botschaften im Sand
Reise zu den rätselhaften Nazca-Linien (Peru)
ISBN 3 89405 313 5

Christina Dodwell
Jenseits von Sibirien
Mit Rentier-Nomaden durch die weiße Tundra
ISBN 3 89405 328 3

Rainer M. Schröder
Zwischen Kapstadt und Kalahari
Spurensuche im südlichen Afrika
ISBN 3 89405 318 6

Mark Shand
Auch Elefanten weinen
Auf einem Dickhäuter durch Indien
ISBN 3 89405 311 9

FREDERKING & THALER